I N V E S T I G A Ç Ã O

I

IMPRENSA DA UNIVERSIDADE DE COIMBRA
COIMBRA UNIVERSITY PRESS

U

EDIÇÃO

Imprensa da Universidade de Coimbra
Email: imprensauc@ci.uc.pt
URL: http//www.uc.pt/imprensa_uc
Vendas online: http://livrariadaimprensa.uc.pt

COORDENAÇÃO EDITORIAL

Imprensa da Universidade de Coimbra

CONCEPÇÃO GRÁFICA

António Barros

IMAGEM DA CAPA

"Silhueta" by Joana Pereira

INFOGRAFIA

Mickael Silva

PRINT BY

CreateSpace

ISBN

978-989-26-0856-3

ISBN DIGITAL

978-989-26-0857-0

DOI

http://dx.doi.org/10.14195/978-989-26-0857-0

DEPÓSITO LEGAL

380773/14

TÍTULO ORIGINAL

Tools of the Mind: The Vygotskian Approach to Early Childhood Education

ANA PAULA COUCEIRO FIGUEIRA
MARIA LURDES CRÓ
ISABEL POÇO LOPES

FERRAMENTAS DA MENTE

A PERSPETIVA DE VYGOTSKY SOBRE A EDUCAÇÃO DE INFÂNCIA

IMPRENSA DA
UNIVERSIDADE
DE COIMBRA
COIMBRA
UNIVERSITY
PRESS

SUMÁRIO

Capítulo 6

Tática: a utilização da linguagem......123

Capítulo 9

Suportes às Realizações Desenvolvimentais:
crianças dos 0 aos 3 anos

Capítulo 10
Realizações Desenvolvimentais (*Developmental Accomplishments*) e Atividade Principal (*Leading Activity*): crianças em idade de jardim de infância

Capítulo 11

Suportes às Realizações Desenvolvimentais:
crianças em idade pré-escolar, no jardim de infância 241

Capítulo 12

Realizações Desenvolvimentais e Atividade Principal:
crianças em idade das aprendizagens básicas (1º ciclo do ensino básico)......271

PREFÁCIO

Trata-se da tradução de uma obra que advém, para além de reflexões teóricas das autoras, de muitos relatos, até exemplificativos, resultantes da observação de situações educativas em contexto.

Será, pois, por várias razões, um documento fundamental e bastante acessível de adesão e apreensão.

Pretende ser um manual didático, um orientador, fundamentado, de sugestões, ilustrativo, para educadores, professores, psicólogos, pais, educadores, em geral, sobre a educação de infância, à luz de uma grande referência, Vygotsky. É a base de fundamentação de um programa estruturado de educação de infância com vasta implementação e avaliação. Sem expressão em Portugal, o programa *Tools of Mind* é, tanto quanto o *High Scope Curriculum*, de inspiração Piagetiana, dos programas para a educação de infância mais implementados mundialmente.

Tentamos, na tradução, ser completamente fiéis ao texto inicial, não desvirtuando a perspetiva desenvolvimental vygotskiana, transmitida por Elena Bodrova, da *Metropolitan State College, Denver,* e Deborah J. Leong, da *Metropolitan State College of Denver,* muito orientado para a intervenção.

Igualmente, na tradução de alguns termos, que nos parecem bem idiossincráticos da perspetiva sob apreço, tentámos ser fiéis à tendência de tradução, e/ou sugerindo novos termos, mantendo, nestes casos, entre parêntesis, a palavra ou expressão original. No mesmo sentido, tentámos manter a arquitetura do trabalho original e as suas regras de utilização de itálicos, aspas, tamanho, estilo e formato de letra. Foram, contudo, acrescentadas algumas situações de itálico quando apenas utilizamos palavras em outra língua que não o português.

Paula Couceiro

AGRADECIMENTOS:

Agradecimentos especiais aos alunos do Mestrado Integrado em Psicologia, da Faculdade de Psicologia e de Ciências da Educação, da Universidade de Coimbra, fundamentalmente, alunos da unidade Programas Psicoeducativos, de 2010, que connosco colaboraram no cumprimento desta tarefa.

À Professora Maria de Lurdes Cró, especialista em educação de infância e na perspetiva desenvolvimental de Vygotsky, pela revisão teórica do texto.

À Professora Isabel Poço Lopes, especialista em língua portuguesa, muito agradecemos, em especial pela revisão total do texto.

Agradecemos, igualmente, o patrocínio da Caixa Geral de Depósitos e todo o incentivo da Imprensa da Universidade de Coimbra.

Ana Paula Couceiro Figueira

PRÓLOGO

Muito poucos podem discordar com o famoso adágio, várias vezes atribuído a William James e Kurt Lewin, de que não há melhor prática do que uma boa teoria. Simultaneamente, considera-se que os professores, raramente, encontram utilidade, para o seu trabalho diário, nas teorias do desenvolvimento e psicologia educacional. Uma exceção a esta situação parece ser a obra de Elena Bodrova e Deborah Leong, de introdução à teoria de Lev Vygotsky, em *Tools of Mind*. No primeiro capítulo deste livro, escrito especificamente para educadores da primeira infância, Bodrova e Leong fornecem uma introdução clara às ideias base da teoria de Vygotsky, nos seus quatro princípios chave:

1. As crianças constroem o conhecimento, recorrendo às ferramentas culturais, tornadas ferramentas da mente;
2. O desenvolvimento deve ser sempre analisado, no seu contexto sociocultural;
3. A aprendizagem pode ser organizada de forma a promover o desenvolvimento;
4. O desenvolvimento da linguagem é fundamental para o desenvolvimento intelectual da criança.

Estas ideias encontram-se explicitadas, de forma clara, acessível, sendo realizadas comparações com outras perspetivas e teorias importantes do desenvolvimento, como as de Montessori, Piaget e outros autores, que enfatizam a utilização de técnicas de modificação do comportamento, em contextos de aprendizagem, como, por exemplo, a sala de aula. São apresentados vários exemplos, com o objetivo de operacionalizar conceitos básicos. Exemplos relacionados com práticas de sala de aula, que os próprios educadores e professores podem implementar.

Nesta edição, cuidadosamente revista, e traduzida, de *Tools of the Mind*, Bodrova e Leong mantiveram todos os tópicos da primeira edição, tendo realizado algumas adições, que tornam este livro ainda mais útil para educadores e professores em exercício e em formação. Adicionalmente, para a compreensão cabal da teoria de Vygotsky, esta nova edição torna-se um ótimo guia orientador, pois apresenta imensos exemplos práticos, que transformam a ideologia, a teoria, em atividades práticas, facilmente passíveis de implementação. Contempla, igualmente, um tópico sobre as crianças com necessidades educativas especiais, apresentando atividades práticas para os educadores/professores. Todo o texto enfatiza e clarifica a perspetiva de Vygotsky sobre a relação entre a organização do ambiente social das crianças na sala de aula e as vias que possibilitam a criação de zonas de desenvolvimento proximal.

A primeira edição de *Tools of the Mind* foi um marco muito importante, proporcionando aos educadores/professores um conjunto de ferramentas, muito válidas, para o seu trabalho. Esta nova edição, parece-nos, revela-se mais útil ainda (Michel Cole, da versão original).

SOBRE OS AUTORES, DA VERSÃO PORTUGUESA

Ana Paula Couceiro Figueira é professora auxiliar da Faculdade de Psicologia e de Ciências da Educação da Universidade de Coimbra. Tem o curso de Educadores de Infância, pela Escola de educadores de Infância de Coimbra, licenciatura, mestrado e doutoramento em Psicologia, área de Psicologia da Educação, pela Faculdade de Psicologia e de Ciências da Educação da Universidade de Coimbra. http://www.degois.pt/visualizador/curriculum.jsp?key=8024514314583808;

Isabel Poço Lopes é Professora Auxiliar do Departamento de Línguas, Literaturas e Culturas (Secção de Português), da Faculdade de Letras da Universidade de Coimbra. http://www.degois.pt/visualizador/curriculum.jsp?key=4508731282173643;

Maria de Lurdes Cró é Professora Coordenadora Principal (Eq. a Professora Catedrática - D.L.207/2009), Escola Superior de Educação de Coimbra, Instituto Politécnico de Coimbra, College of Education, Polytechnic Institution of Coimbra.

SOBRE OS AUTORES, DA VERSÃO ORIGINAL

Elena Bodrova e Deborah J. Leong foram coautoras de um número significativo de livros e artigos sobre a perspetiva de Vygotsky, desde que começaram a escrever juntas, em 1995. Elas escreveram sobre o brincar, o jogo, o desenvolvimento da autorregulação e sobre o desenvolvimento precoce da literacia, bem como artigos sobre avaliação da primeira infância.

Com Oralie McAfee, foram coautoras do livro *Basics of Assessment: A Primer for Early Childhood Educators*, publicado pela *National Association for the Education of Young Children*. Possuem uma série de vídeos, editados pela *Davidson Films,* sobre: "Vygotsky's Developmental Theory: An Introduction; Play: A Vygotskian Approach; Scaffolding Self-Regulated Learning in the Primary Grades; and Building Literacy Competencies in Early Childhood". O trabalho talvez mais reconhecido e premiado foi apresentado no vídeo *Growing and Learning in Preschool* (Investigação do Instituto Nacional para a Educação Precoce) (UNESCO), em 2001.

Elena Bodrova é investigadora sénior na *Mid-Continent Research for Education and Learning* (McREL), em Denver, Colorado, Estados Unidos da América. Antes de emigrar para os Estados Unidos da América, era investigadora sénior no *Russian Center for Educational Innovations and the Russian Institute for Preschool Education*. Tem o grau Ph.D. pela Academy of Pedagogical Sciences, Moscow, Russia, e o grau de Master, pela Moscow State University. Além das publicações com Leong, foi coautora do livro *For the Love of Works: Vocabulary Instruction That Works, Grades K-6* (Editora Jossey-Bass), com Diane E. Paynter e Jane K. Doty.

Deborah J. Leong é Professora de Psicologia e Diretora do Center for Improving Early Learning (CIEL), na Metropolitan State College of Denver, Colorado, Estados Unidos da América. Tem o Ph.D. pela Stanford University e o grau de Master pela Harvard University. Para além do seu trabalho com Bodrova, foi coautora, com Oralie McAfee, do livro *Assessing and Guiding Young Children's Development and Learning* (Editora Allyn & Bacon), que está agora na 4ª edição.

PREFÁCIO (DO ORIGINAL)

Na segunda edição deste livro, procurou manter-se a mesma linha e objetivos da primeira edição, adicionando-se novas informações decorrentes dos trabalhos de autores pós-Vygotskyanos Russos, que têm impulsionado esta ideologia, pela aplicação da teoria nas salas de aula. Temos verificado um interesse crescente sobre Vygotsky e sobre os trabalhos que se seguiram à sua morte, muito, desde a primeira publicação desta obra, em que os seus seguidores tentam a aplicação das suas ideias à sala de aula, desenvolvendo intervenções, verificando e expandindo as suas perspetivas. Neste sentido, conduziu-nos à adição de novos capítulos, fundamentalmente, de uma secção sobre a educação especial.

O título desta obra, ferramentas da mente, reflete o objetivo, sensibilizando os educadores/professores para o desenvolvimento e a aprendizagem de recursos mentais nas crianças. "As ferramentas mentais são ideias que aprendemos dos e com os outros, transmitidas e modificadas por cada um de nós". Vygotsky e os seus seguidores proporcionam-nos instrumentos poderosos que esperamos partilhar com os leitores. Este trabalho e quatro vídeos[1] - *Vygotsky's Developmental* – proporcionam aos educadores/professores uma grande fundamentação da ideologia Vygtskyana.

O livro está organizado em espiral, em termos de encadeamento e grau de complexidade, em que os conteúdos se articulam progressivamente.

---

[1] Para mais informações, contactar Davidson Films, Inc., 735 Tank Farm Road, Suite 110, San Luis Obispo, CA 93401. Telefone: (805) 594-0422. FAX (805) 584-0532. Número de telefone gratuito: (888) 437-4200.

Na secção I (capítulos de 1 a 3), introduzem-se as principais ideias de Vygotsky, comparando-as com outras perspetivas, familiares aos educadores de crianças pequenas e aos estudantes de Psicologia. O capítulo 2 contém uma nova secção, em que é descrita a abordagem de Vygotsky para a educação especial. A secção II do livro (capítulos 4, 5, 6 e 7) revisita os pontos referidos na primeira secção, tentando ensaiar aplicações aos processos de ensino/aprendizagem. A secção II foi substancialmente reorganizada, descrevendo, agora, estratégias gerais de abordagem do ensino/aprendizagem e táticas específicas que podem ser utilizadas neste processo. A secção III (capítulos 8 a 14) é, talvez, a mais detalhada, proporcionando exemplos de aplicações específicas. Esta segunda edição estende a primeira, na cobertura dos aspetos específicos do desenvolvimento das crianças de várias idades, desde bebés a crianças do primeiro ciclo do ensino básico. Foram acrescentados capítulos diferentes para especificar a natureza da aprendizagem e ensino que as diferentes idades desenvolvimentais requerem ou apresentam. Os exemplos de práticas de sala de aula, baseadas em Vygotsky, que foram previamente discutidas num único capítulo, são, agora, desenvolvidas e apresentadas em três capítulos separados, de acordo com as idades das crianças. A segunda edição termina com um capítulo especial sobre avaliação dinâmica.

Os exemplos de atividades deste livro são o resultado de 15 anos de colaboração com infantários, jardins de infância, e professores dos primeiro e segundo ciclos de todos os Estados Unidos. A partir de programas e projetos, desde o *Head Start* às escolas públicas de educação pré-escolar, programas de educação pré-K apoiados pelo Estado, escolas privadas, serviços de cuidados da infância, bem como programas federais de apoio à leitura. A grande maioria dos programas é dirigida a crianças em risco. As salas de aula ou atividades também são de vários tipos, desde grupos tradicionais a grupos de várias idades (combinando crianças de 3 e 4 anos de idade, mas também jardins de infância, primeiro e segundo ciclos), de diversas filosofias e filiações. Por exemplo, em algumas salas são utilizadas dinâmicas tradicionais de ensino da leitura e em outras a abordagem global da linguagem. Algumas das salas de aula proporcionam educação bilingue.

Um dos aspetos a realçar, do trabalho direto com os educadores, é o seu *feedback*, relativo ao grau de satisfação com o funcionamento das propostas sob esta orientação, em todos os ambientes de sala de aula descritos. "Vygotsky ajuda-nos, fornecendo mais alternativas para a nossa ação". "Este autor ajuda a vermo-nos, enquanto parceiros das crianças na grande jornada da aprendizagem, mais do que como supervisor ou apoiante". O trabalho com os educadores/professores, nas diversas salas de aula, tem-se demonstrado estimulante, reforçador e emocionante.

O livro está recheado de exemplos, tentando representar todas as faixas etárias.

SECÇÃO I
A ABORDAGEM DE VYGOTSKY: A TEORIA
HISTÓRICO-CULTURAL DO DESENVOLVIMENTO

Esta secção introduz os princípios mais importantes da Teoria Histórico--Cultural do Desenvolvimento, proposta por L. S. Vygotsky e implementada por académicos, na Rússia e Estados Unidos. Compara, ainda, a perspetiva de Vygotsky com outras teorias do desenvolvimento da infância. Existem três capítulos nesta secção:

Capítulo 1	Introdução à abordagem Vygotskiana
Capítulo 2	Aquisição de ferramentas mentais e funções mentais superiores
Capítulo 3	A perspetiva de Vygotsky e outras teorias do desenvolvimento e da aprendizagem

CAPÍTULO 1
INTRODUÇÃO À ABORDAGEM VYGOTSKIANA

A Sara, que tem quatro anos, desenha o que quer fazer, quando ela e o João vão para área da expressão dramática para brincarem às naves espaciais. Ela desenha uma figura de si própria e do João, com capacetes. Depois, desenha uma pedra. "Nós vamos fazer uma caminhada no espaço e olhar para as rochas lunares. Nós somos cientistas da nave", responde ela, quando a professora lhe pergunta o que está a fazer. Quando vão para o recreio, ela e o João continuam a brincar às naves espaciais, começando com pedras lunares, fazendo reparações na nave... . Eles ficam envolvidos mais de uma hora, continuando a sua brincadeira sobre as naves espaciais.

Janica, com sete anos de idade, escreveu a sua própria versão da história que tinha lido. A professora disse-lhe para editar o seu trabalho, tentando ver os eventuais erros de redação e de sintaxe. Ele coloca um par de óculos especiais, chamados "Óculos de editor", para o ajudar a sair do seu papel de escritor e entrar no seu papel de editor. Com os óculos colocados, ele tem probabilidades de encontrar mais erros na sua própria redação.

A Maria, aluna do sexto ano de escolaridade, é uma pensadora, resolvedora de problemas, persistente. Quando tem de responder a uma questão, as suas respostas são refletidas, pensando antes de responder. Ela pondera sobre problemas complexos, planeando a sua abordagem, antes de começar, olhando para o seu trabalho.

O que é que estas crianças têm em comum? Cada uma está a utilizar ferramentas da mente para as ajudar a resolver problemas e a recordar.

A ideia de ferramentas da mente foi desenvolvida por Lev Vygotsky, psicólogo russo (1896-1934), para explicar como as crianças adquirem e desenvolvem as capacidades mentais.

Ferramentas da Mente (*Tools of the Mind*)

Uma ferramenta é algo que nos ajuda a resolver problemas, um instrumento que facilita o desempenho. Uma alavanca ajuda-nos a levantar uma pedra que é demasiado pesada para ser levantada com os nossos braços. Uma serra ajuda-nos a cortar a madeira que não conseguimos partir com as nossas mãos. Estas ferramentas físicas potenciam as nossas capacidades, auxiliando-nos a fazer coisas, para além das nossas capacidades naturais.

Assim, como nós humanos inventamos ferramentas físicas, tais como martelos e empilhadoras, para aumentar as nossas capacidades físicas, também, nós criamos ferramentas mentais, ou ferramentas da mente, para potenciar as nossas capacidades mentais. Estas ferramentas mentais ajudam-nos a focalizar a nossa atenção, a recordar, e a pensar melhor. Por exemplo, ferramentas mentais, tais como estratégias de memória, capacitam-nos a duplicar e triplicar a informação que recordamos. Ferramentas mentais, contudo, fazem mais do que potenciar as nossas capacidades mentais. Vygotsky considerava que elas modificam a forma como prestamos atenção, recordamos e/ou pensamos.

Os Vygotskianos acreditam que as ferramentas mentais têm um papel importante no desenvolvimento da mente, e sugerem as formas como estas ferramentas são adquiridas. Propõem que são aprendidas, por ação dos adultos e sugerem que o papel do professor é o de "armar crianças" com estas ferramentas. Isto parece simples, mas o processo envolve mais do que o ensino direto de factos ou capacidades. Envolve capacitar a criança na utilização da ferramenta, de forma autónoma e criativa. À medida que as crianças crescem e se desenvolvem tornam-se utilizadoras e construtoras mais ativas de ferramentas; ou seja, tornam-se peritas. Eventualmente, elas serão capazes de utilizar ferramentas mentais, de forma adequada, inventando, mesmo, novas ferramentas, quando necessário (Paris & Winograd, 1990). O papel do professor é o de "fornecer o caminho para a independência", sendo este o objetivo de todos os educadores.

Porque são importantes as ferramentas mentais

Quando as crianças têm falta de ferramentas mentais, estas não sabem como aprender, de forma deliberada. Não são capazes de focar as suas mentes num propósito, e, consequentemente, a sua aprendizagem é menos efetiva e eficiente. Como veremos, as crianças desenvolvem a capacidade para utilizar diferentes ferramentas mentais em diferentes idades. As suas "malas de ferramentas" não são cheias de uma só vez, mas gradualmente. Vamos apresentar alguns exemplos de crianças que não têm ferramentas mentais.

A Armanda, de quatro anos de idade, está sentada com um grupo, quando a educadora pede para levantarem a mão se estiverem vestidas de amarelo. A Armanda olha para o seu vestido e vê um enorme gato castanho. Ela esquece-se do "amarelo", mas mesmo assim levanta a sua mão.

A Joana, de cinco anos, sabe que é suposto levantar a sua mão, quando outra criança está a falar e esperar até que a educadora a interpele. Contudo, ela parece não conseguir parar de falar, mesmo que não seja na sua vez. Quando se lhe pergunta, ela é capaz de dizer a regra. De facto, ela está sempre a dizer às outras crianças a regra, mas não a consegue aplicar, quando a situação é com ela.

O Bernardo, do segundo ano de escolaridade, está a trabalhar no seu jornal, num grupo pequeno. Ele levanta-se para afiar o lápis, mas à medida que anda e passa na secção de livros, ele pára e olha para um livro. Rapidamente, outro livro lhe chama a atenção. Quando está na altura de mudar de atividade, ele repara que ainda está a agarrar o lápis, e que não tem mais tempo para acabar o seu trabalho.

O Tony, de oito anos, está a resolver um problema: existem alguns pássaros pousados numa árvore. Três voaram e sete ficaram. Quantos pássaros estavam na árvore, no início? O Tony continua a subtrair 3 a 7. Em vez de somar, ele subtrai, por causa da palavra "voaram". Ele não autorregula ou verifica o seu raciocínio. Mesmo que o seu professor lhe tenha explicado a estratégia de aproximação, ele não aplica esta estratégia ao problema.

As crianças mais novas são capazes de pensar, prestar atenção e recordar. O problema é que o seu pensamento, atenção e memória são bastante reativos; o que acaba por prender a sua atenção pode ou não ter nada a ver com a tarefa que têm que realizar. Pensemos quantas coisas as crianças aprendem por ver televisão, especialmente anúncios. Muito acessível, a televisão explora o raciocínio reativo, a memória e a atenção. A televisão é sonora, tem imensos movimentos, altera cenários em poucos segundos, e é colorida. Esta via é até utilizada por muitos programas educacionais e jogos educativos, para ensinar competências básicas e muitos professores consideram, até, que por este motivo, é difícil ensinar algumas crianças, de outras formas. De facto, muitos educadores queixam-se que têm de cantar, dançar ou fazer o pino, com o objetivo de captar a atenção e ensinar. Consideram, mesmo, que no caso de ausência de ferramentas mentais, estas seriam as únicas formas de conduzir a alguma aprendizagem, pois este tipo de crianças necessita de muita exposição à informação.

Quando as crianças possuem ferramentas mentais, deixam de ser tão reativas. Elas tornam-se mais responsáveis pela sua aprendizagem, passando esta a ser uma atividade auto dirigida. O professor já não é o único responsável, antes corresponsável. As ferramentas por um lado tornam a criança mais autónoma e podem ser bastante transversais, perpassando atividades como a leitura, a matemática, o jogo dramático.

Uma das mais-valias da abordagem Vygotskiana é o facto dos mecanismos para ensinar ferramentas mentais terem sido experimentados e testados. "Em vez de esperar apenas que as ferramentas sejam aprendidas e deixar as crianças entregues a si mesmas, Vygotsky mostra-nos formas de facilitar a aquisição". Professores Americanos e Russos, que utilizam estas técnicas, relatam que se verificam mudanças na forma como as crianças pensam e aprendem (Cole, 1989; Davydov, 1991; Palincsar, Brown, & Campione, 1993).

A falta de ferramentas mentais tem consequências a longo prazo para a aprendizagem, pois elas influenciam o nível de pensamento abstrato que uma criança pode alcançar. Para compreender conceitos abstratos na ciência e matemática, as crianças têm de ter ferramentas mentais. Sem elas, as crianças podem relatar muitos factos científicos, mas não conseguem aplicar os conhecimentos a problemas abstratos ou a problemas que são um pouco diferentes dos apresentados na situação de aprendizagem inicial. Os Vygotskianos consideram e demonstram a importância das ferramentas mentais no processo de transferência dos conhecimentos. Os problemas abstratos são a principal preocupação dos professores, daí as ferramentas aprendidas durante a infância terem um impacto direto e importante nas capacidades e aquisições posteriores.

Em rigor, o pensamento abstrato é necessário não apenas na escola mas também nas tomadas de decisão informais, em muitas áreas da vida. Como comprar um carro, gerir as finanças, decidir como votar, participar num júri, criar filhos, todas estas ações requerem competências, pensamento reflexivo.

História da abordagem Vygotskiana

A vida de Vygotsky

O psicólogo russo Lev Vygotsky viveu de 1896 a 1934 e produziu mais de 180 artigos, livros e estudos de investigação. Vygotsky sofria de tuberculose, desde criança, tendo morrido com apenas 37 anos. Durante a sua vida, ele venceu dificuldades, enfrentando-as graças à boa educação e formação. Nascido na pequena cidade de Orshe, perto de Gomel (atualmente República Bielorussia), Vygotsky era judeu. Na Rússia pré revolução, existiam limites estritos, estabelecendo um número reduzido de judeus que podiam ingressar na universidade, todavia, Vygotsky ganhou um lugar e tornou-se um estudante excecional. Como psicólogo, Vygotsky enfrentou imensa pressão para modificar a sua teoria, para se adaptar ao regime político vigente. Ele não sucumbiu à pressão. Alguns anos depois da sua morte, contudo, as suas ideias foram repudiadas e expurgadas. As questões políticas também afetaram o trabalho dos seus seguidores, que corajosamente continuaram a expandir e a elaborar a sua teoria, apesar dos riscos. Há que agradecer a estes discípulos por manterem vivas as ideias de Vygotsky. Quando o "descongelamento intelectual", dos finais dos anos 50 e início dos anos 60, ocorreu, estes discípulos reavivaram as ideias de Vygotsky, aplicando-as em muitas áreas da educação.

Os interesses de Vygotsky variaram entre o desenvolvimento cognitivo e da linguagem, a análise literária e a educação especial. Ensinou literatura numa escola secundária e posteriormente ingressou como professor num instituto de formação de professores. Tornou-se bastante interessado em psicologia, tendo realizado uma apresentação em S. Petersburgo, onde foi muito aclamado. Depois de se mudar com a sua família para Moscovo, iniciou uma colaboração com Alexander Luria e Alexei Leont'ev, que resultou numa teoria rica e num corpo de investigação que viemos a conhecer como a abordagem Vygotskiana.

Para mais informações sobre Vygotsky e os seus colaboradores, podemos consultar Van der Veer, Valsiner e Kozulin (Kozulin, 1990; Van der Veer & Valsiner, 1991). Igualmente, a autobiografia de Alexander Luria (1979) é uma leitura fascinante. Finalmente, as memórias escritas pela filha de Vygotsky, Gita Vygodskaya, disponibilizam um retrato único e pessoal do pensador (Vygodskaya, 1995, 1999).

A teoria do desenvolvimento de Vygotsky, que é única e distinta da dos seus contemporâneos, é, por vezes, denominada Teoria Histórico--Cultural. Uma vez que a sua vida foi tão curta, a sua teoria deixa muitas perguntas por responder e nem sempre é suficientemente suportada por dados empíricos. Ao longo dos anos, contudo, muitos dos seus conceitos foram elaborados e estudados por académicos, quer na Rússia quer no Ocidente. Atualmente, a perspetiva Vygotskiana está a mudar a forma como os psicólogos pensam o desenvolvimento e a forma como os educadores trabalham com crianças pequenas.

Em sentido estrito, a teoria Vygotskiana permite um interessante enquadramento para compreender a aprendizagem e o ensino. Possibilita uma "nova" visão do crescimento e desenvolvimento da criança, contudo, não define premissas nem apresenta estudos empíricos que equacionem receitas para implementação em contexto de sala de aula.

Contemporâneos de Vygotsky

De entre os maiores teóricos ocidentais que Vygotsky estudou e refutou, salientamos Piaget (construtivismo), Watson (behaviorismo), Freud (psicanálise), Kohler e Koffka (Gestaltismo), assim como educadores, antropólogos, e linguistas. Nos seus trabalhos teóricos e estudos empíricos, Vygotsky propôs explicações alternativas para alguns trabalhos de Piaget, que abordavam o desenvolvimento da linguagem, na primeira infância. Vygotsky, frequentemente, referia o trabalho de Kohler, na utilização de ferramentas por macacos, para discutir várias semelhanças e diferenças no comportamento humano e animal. Vygotsky também comentou o trabalho de Montessori. Para uma discussão sobre as semelhanças e diferenças entre a fundamentação Vygotskiana e de outros psicólogos do desenvolvimento, ver o capítulo 3.

Pós Vygotskianos: colaboradores russos

Vygotsky teve a colaboração de Alexander Luria (1902-1977) e Alexei Leont'ev (1903-1979), em muitos dos seus primeiros trabalhos, tendo eles contribuído, posteriormente, para o desenvolvimento da sua teoria. Depois da morte de Vygotsky, Luria, Leontev e outros Vygotskianos enfrentaram uma grande pressão para terminar as suas investigações. Muitos deles continuaram, mas não assumiram abertamente o vínculo a Vygotsky, até à mudança do regime político. Trabalharam sobre os principais princípios e aplicaram-nos a várias áreas da psicologia.

Luria, um dos colaboradores mais próximos de Vygotsky, foi pioneiro, tendo explorou as ideias em muitos estudos em áreas várias, como psicologia, neuropsicologia, e psicolinguística, e em várias culturas. Aplicou os princípios de Vygotsky ao estudo da neuropsicologia, através da observação de danos cerebrais e formas possíveis de os compensar (Luria, 1973). Em psicologia cultural, Luria (1976) também estudou como as diferenças culturais podem ter implicações na cognição. A investigação de Luria em psicolinguística provou o papel do discurso privado (*private*) na regulação de ações motoras e permitiu ver as relações entre a linguagem e a cognição, quer sob uma perspetiva desenvolvimental quer clínica. Vocate (1987) realiza uma excelente sinopse do trabalho de Luria.

Leont'ev estudou a memória intencional e a atenção, e desenvolveu a sua própria teoria de atividade, que relaciona o contexto social ou ambientes a tarefas desenvolvimentais, no decurso das próprias ações da criança (Leont'ev, 1978). A teoria de Leont'ev é a base de muita da investigação atual na Rússia, especialmente nas áreas do jogo e da aprendizagem. Alguns destes estudos e a sua aplicação à primeira infância serão discutidos em detalhe nos Capítulos 10 e 12.

Piotr Gal'perin (1902-1988), Daniel Elkonin (1904-1985) e Alexander Zaporozhets (1905-1981), três discípulos de Vygotsky, focaram-se na estrutura e desenvolvimento dos processos de ensino/aprendizagem. Zaporozhets fundou o Instituto de Educação Pré-escolar, onde se ensaiaram os princípios da abordagem Vygotskiana.

Hoje, a tradição Vygotskiana na psicologia educacional e desenvolvimental, na Rússia, já vai na terceira e quarta geração (Karpov, 2005). A categoria dos neovygotskianos inclui, entre outros, alguns académicos como Vasili Davydov, Maya Lisina, Leonid Venger, Vitali Rubtsov, Galina Zuckerman e Kravtsova. Os seus trabalhos sobre as ideias originais do mestre conduziram a muitas inovações nas práticas de ensino, discutidas neste livro.

Investigações e Aplicações da teoria de Vygotsky, no Ocidente

Inicialmente, por volta dos finais dos anos 60, os Psicólogos ocidentais interessaram-se por Vygotsky, seguindo a tradução do seu *Thought and Language* (Pensamento e Linguagem) (Vygotsky, 1962). Psicólogos na Escandinávia, Alemanha e Holanda adotaram os aspetos filosóficos da sua abordagem. Os psicólogos americanos, Michael Cole e Sylvia Scribner (1973), Jerome Bruner (1985) e Uri Bronfenbrenner (1977), foram os primeiros a chamar a atenção para as ideias de Vygotsky, nos Estados Unidos. Nos anos 70 a 90, o interesse pelos aspetos sócio cognitivos da teoria Vygotskiana foi promovido por outros investigadores, como Wertsch (1991), Rogoff (1991), Tharp e Gallimore (1988), Cazden (1993), Campione e Brown (1990) e John-Steiner, Panofsky e Blackwell (1990).

Inicialmente, os investigadores americanos dedicaram-se mais aos aspetos globais da teoria de Vygotsky, mas a investigação mais recente está mais focalizada, ou específica, nas aplicações ou implicações práticas, na psicologia e na educação, da perspetiva teórica Vygotskiana. Por exemplo, muitos investigadores focaram-se na comparação das abordagens Vygotskianas e não Vygotskianas relativamente à atividade jogo (Berk, 1994; Berk & Winster, 1995) ou na resolução de problemas (Newman, Griffin, & Cole, 1989). Igualmente, nos Estados Unidos e em outros países que não a Rússia, a abordagem Vygotskiana foi utilizada enquanto quadro de fundamentação de um elevado número de programas, a maioria orientada para alunos do ensino básico e secundário (Campione & Brown, 1990; Cole, 1989; Feuerstein & Feuerstein, 1991; Moll, 2001; Newman, Griffin, & Colle, 1989). Contudo, também existiam e existem programas para crianças mais pequenas, da educação pré-escolar, de jardim de infância, como os programas Reggio Emilia, o *Tools of the Mind* (Bodrova & Leong, 2001) e o *Scaffolding Early Literacy Programs* (Bodrova, Leong, Paynter, & Hensen, 2001; Bodrova, Leong, Paynter, & Hughes, 2001). Múltiplos artigos sobre a utilização das ideias de Vygotsky foram publicados, e a popularidade da abordagem cresceu muito nos últimos anos.

Este livro sintetiza os trabalhos Vygotskianos; o trabalho dos seus discípulos; e a investigação atual na Rússia, Estados Unidos, e Europa, revelando como a abordagem de Vygotsky se aplica às atividades das crianças. As ideias de Vygotsky permitem e fundamentam quer uma avaliação ou observação do desenvolvimento das crianças, quer a intervenção com vista à potenciação do desenvolvimento.

O quadro concetual Vygotskiano: princípios da Psicologia e da Educação

Os princípios básicos, subjacentes à abordagem de Vygotsky, podem ser sumariados deste modo:

1. As crianças constroem o conhecimento;
2. O desenvolvimento não pode ser analisado fora do contexto social em que ocorre;
3. A aprendizagem pode conduzir ao desenvolvimento.
4. A linguagem assume um papel central no desenvolvimento mental.

A construção do conhecimento

Como Piaget, Vygotsky acreditava que as crianças constroem a sua própria compreensão e não reproduzem passivamente o que lhes é apresentado. Contudo, para Piaget, a construção cognitiva ocorre fundamentalmente pela interação com objetos físicos (Ginsberg & Opper, 1998). As pessoas possuem um papel indireto, por exemplo, na organização do ambiente ou criando dissonância cognitiva. Para Vygotsky, a construção cognitiva é sempre socialmente mediada; é influenciada por interações sociais presentes e passadas (Karpov, 2005). Por exemplo, as coisas que um professor enfatiza irão influenciar o que os alunos constroem. Se um professor refere e realça que os blocos são de tamanhos diferentes, o aluno irá construir um conceito que é diferente do construído pelo aluno a quem o professor realça a cor dos blocos. A ideia do professor medeia o que e o como a criança irá aprender; eles atuam como um filtro, orientando e selecionando as ideias que o aluno irá aprender.

Vygotsky acreditava que a manipulação física e a interação social são ambas necessárias para o desenvolvimento. As crianças devem tocar, comparar fisicamente, organizar, e reorganizar os blocos, antes de adquirir o conceito de grande e pequeno e incorporá-lo no seu repertório cognitivo. Sem a manipulação e experiências manuais, a criança não irá construir a sua compreensão. Se apenas tivesse as ideias ou palavras da sua professora ou educadora, as probabilidades da criança não ser capaz de aplicar o conceito a materiais ligeiramente diferentes são grandes. Por outro lado, sem a sua professora ou educadora, a aprendizagem da criança não seria a mesma. Através da interação social, a criança aprende que existem diferenças e que algumas caraterísticas são mais importantes que outras. A professora/educadora tem uma influência direta na aprendizagem da criança, através da atividade partilhada. Na tradição Vygotskiana, é comum pensar-se na aprendizagem como uma *apropriação* do conhecimento, que sublinha o papel ativo que o aprendiz tem no processo.

Enfatizando-se a construção do conhecimento, a abordagem Vygotskiana preconiza, igualmente e decorrente, a observação das crianças, em contexto.

A importância do Contexto Social

Para Vygotsky, o contexto social é grande fator de desenvolvimento; tem uma profunda influência no como e no que se pensa. O contexto social modela os processos cognitivos e faz parte dos processos desenvolvimentais. O contexto social significa todo o meio social; isto é, tudo o que no ambiente da criança é influenciado diretamente e indiretamente pela cultura (Brofenbrenner, 1977). O contexto social deve ser considerado a diferentes níveis:

1. O nível interativo imediato, que é o(s) sujeito(s) com quem a criança está a interagir no momento;
2. O nível estrutural, que inclui as estruturas sociais que influenciam a criança, como a família e a escola;
3. O nível cultural ou social, que inclui caraterísticas da sociedade em geral, tais como a linguagem, o sistema numérico, e a utilização de tecnologia.

Todos estes contextos influenciam a forma como uma pessoa pensa. Por exemplo, a criança cuja mãe enfatiza a aprendizagem de nomes de objetos irá pensar de forma diferente da criança cuja mãe apenas dá ordens e não fala com o seu filho. A primeira criança terá não só um vocabulário mais vasto mas também irá pensar e falar de forma diferente (Luria, 1979; Rogoff, Malkin & Gilbride, 1984).

As estruturas sociais também influenciam os processos cognitivos da criança. Investigadores russos descobriram que as crianças educadas em orfanatos não têm a mesma capacidade de planear, nem competências de autorregulação, que as crianças educadas no seio familiar (Sloutsky, 1991). No mesmo sentido, investigadores americanos verificaram que as escolas, uma das muitas estruturas fora da família, têm um impacto direto nos processos cognitivos que sustentam o QI (Ceci, 1991).

As caraterísticas gerais da sociedade influenciam, também, a forma como pensamos. Crianças asiáticas que utilizam um ábaco têm uma conceção de número diferente, quando comparadas com crianças que não o utilizam (D'Ailly, Hsiao, 1992). Estes exemplos ilustram a pertinente influência do contexto social na cognição.

As caraterísticas da cognição: conteúdo e processos.

Alguns teóricos consideram que o desenvolvimento requer aquisição de conhecimento, gerado culturalmente. Vygotsky estendeu esta ideia (do culturalmente dependente), à verdadeira natureza dos processos mentais, quer ao nível do conteúdo, quer da forma do conhecimento. Por exemplo, as crianças de Papua, na Nova Guiné, comparadas com as crianças americanas, não saberão e conheceram, apenas, diferentes tipos de animais, mas, também, as estratégias que utilizam para recordar essa informação pode ser, igualmente, diferente. As crianças que vão à escola e lhes são ensinadas categorias para classificar animais irão agrupá-los de forma diferente das crianças que não frequentam a escola. Luria verificou que adultos iletrados de uma comunidade da Ásia Central utilizavam categorias, baseadas no contexto ou situação, colocando o martelo, serra, toro de madeira e machado na mesma categoria, pois são todos utensílios necessários para trabalhar (Luria, 1976, 1979). De facto, adultos com diferentes e variadas experiências de escolaridade podem agrupar os objetos em duas categorias: ferramentas (martelo, serra e machado) e objetos com os quais se vai trabalhar (toro de madeira).

A ideia de que a cultura influencia a cognição é importante, pois todo o mundo social da criança molda, não apenas o que sabe, mas como também a forma como pensa. O tipo de lógica que utilizamos e os métodos que utilizamos para resolver problemas são influenciados pela nossa experiência cultural. Ao contrário de muitos teóricos ocidentais, Vygotsky considerava que existem muito poucos processos lógicos que sejam universais ou independentes da cultura. A criança não se torna simplesmente um pensador e um solucionador de problemas; ela torna-se um tipo especial e específico de pensador, recordador, escutador e comunicador, sendo reflexo do contexto social.

O contexto social é um conceito histórico. Para Vygotsky, a mente humana é o produto da história humana, ou filogénese, e da história individual do sujeito, ou ontogénese. A mente humana moderna evoluiu com a história da espécie humana. E, a mente de cada sujeito é também produto das experiencias pessoais, únicas. É, por estas razões que a perspetiva de desenvolvimento de Vygotsky é, muitas vezes, designada por Teoria Histórico-Cultural.

Antes de começarem a utilizar ferramentas e a desenvolver o sistema social, cooperando, os seres humanos evoluíram de forma similar a outros animais. Quando os humanos começaram a utilizar a linguagem e a desenvolver ferramentas, a evolução cultural (*cultural evolution*) tornou-se o mecanismo que revela o nível de desenvolvimento. É através da cultura que o conhecimento e as competências passam de geração a geração. Cada geração acrescenta novas coisas, passando a existir uma experiência cumulativa, que se vai transmitindo. A criança em desenvolvimento adquire esta informação, utilizando-a nos seus pensamentos e raciocínios. A história cultural dos nossos antecessores influencia não só o nosso conhecimento (conteúdos), mas também os nossos processos de pensamento (formas ou estratégias).

Vygotsky considerava, igualmente, que a mente do sujeito é formada pela história individual. Contudo, há aspetos comuns aos processos mentais;

a mente de uma criança é o resultado das suas interações com os outros, num contexto social específico. As tentativas da criança para aprender e as tentativas da sociedade em ensinar, através dos pais, professores e pares, contribuem para a caraterização do funcionamento da mente humana.

O Desenvolvimento dos Processos Mentais.

O contexto social desempenha um papel central no desenvolvimento, pois é importante para a aquisição de processos mentais. O contributo único de Vygotsky foi ver a possibilidade de partilha dos processos mentais superiores. Os processos não existem apenas internamente, no indivíduo, mas podem ser atualizados, ou partilhados, por várias pessoas, em interação. As crianças aprendem ou adquirem os processos mentais pela partilha, ou utilizando-os quando interagem com os outros. Só depois deste período de experiência partilhada, a criança pode internalizar e utilizar os processos mentais de forma independente.

A ideia da cognição social partilhada é bastante diferente da ideia de cognição comummente aceite na psicologia ocidental. A tradição ocidental percebeu a cognição como um conjunto de processos mentais internos, apenas acessíveis ao indivíduo. Contudo, os investigadores que estudaram e desenvolveram a perspetiva Vygotskiana concebem a cognição como um processo partilhado e reconhecem a importância do contexto social na aquisição destes processos mentais (Karasavvidis, 2002; Rogoff, Topping, Baker-Sennett, & Lacasa, 2002; Salomon, 1993).

Para compreender melhor o processo mental partilhado, iremos confrontar as perspetivas, Vygotskianas e Ocidentais, de desenvolvimento da memória. Na tradição Ocidental, atribuiríamos a capacidade da Ana recordar alguma coisa ao facto de possuir um conjunto de estratégias de memória, e ao facto de ela codificar a informação. A memória é algo que é interno. Uma vez que Ana tem 4 anos, ela provavelmente não se lembrará de algumas coisas, pois as suas estratégias são imaturas. Como é que ela irá adquirir, então, estratégias maduras? Com a idade, a sua mente irá amadurecer.

Contrariamente, ao invés de ver a memória apenas como um processo interno, Vygotsky considerava que a memória pode ser partilhada entre duas pessoas. Por exemplo, a Ana e a sua educadora partilham memória; as suas interações contêm o processo mental, a memória. A Ana esqueceu-se das diretivas para jogar um jogo. A informação é guardada algures na sua memória, mas ela não a consegue recuperar, por si só. A sua educadora, por outro lado, conhece algumas estratégias para recordar a informação, mas não conhece esse jogo em particular. Para a concretização da tarefa, é necessário recordar as diretivas do jogo, requerendo ambos os participantes. A criança não consegue fazê-lo sozinha, mas o educador, provavelmente, também não. É através da troca social, partilha, diálogo e interação que eles se conseguem recordar. A educadora diz, "O que fazes com o dado?". A criança diz, "Tu atira-lo e eles dizem-te em quantos podes mexer.". É nesta troca que a aprendizagem se verifica. À medida que a Ana cresce, ela irá apropriar-se da estratégia que agora partilha. Posteriormente, ela irá colocar, a si mesma, questões sobre as possíveis regras do jogo. Contudo, nesta fase do seu desenvolvimento, ela não consegue colocar, ainda, as questões de forma independente.

André, do primeiro ano de escolaridade, está a tentar ler uma passagem particularmente difícil de um livro. Ele vê uma palavra que consegue ler mas não compreende. A sua mãe propõe duas estratégias diferentes de leitura para o ajudar a descobrir o que a palavra significa. Ele pode conseguir adivinhar o significado baseado no sentido da frase ou pode procurar a palavra no dicionário. André escolhe uma das estratégias e confirma o sentido da frase com a sua mãe. Alguns dias depois, quando se encontra numa situação análoga, ele pensa nas estratégias que a sua mãe lhe ensinou. Ele utiliza as duas estratégias de forma independente.

Sara, do segundo ano de escolaridade, está a tentar resolver um problema de xadrez. O seu pai identifica o problema e sugere alguns movimentos alternativos. A criança escolhe o movimento e ganha o peão. O problema é resolvido de forma partilhada, com ambos a participar. Ao jogar xadrez, alguns dias mais tarde, a Sara utilizou os movimentos que o pai referiu, de forma independente.

A Natasha e o José estão a trabalhar juntos num projeto. Nenhum deles se recorda exatamente do que o professor quer que eles façam. "Eu penso que o professor disse que devíamos procurar primeiro na biblioteca", diz a Natasha. "Certo, mas primeiro temos que escolher um destes tópicos", refere o José. Juntos reconstroem os passos que é suposto seguirem para criar o projeto.

Para Vygotsky, todos os processos mentais existem, em primeiro lugar, num espaço partilhado, e somente depois passam para o plano individual. O contexto social é, pois, parte fundamental do processo de aprendizagem e de desenvolvimento. A atividade partilhada é a estratégia ou medida que facilita a internalização de processos mentais complexos, da criança. Vygotsky não negou o papel da maturação, no desenvolvimento cognitivo, mas enfatizou a importância da experiência partilhada.

A relação entre aprendizagem e desenvolvimento

Aprendizagem e desenvolvimento são dois processos diferentes que se relacionam de forma complexa. Ao contrário dos behavioristas, que acreditavam que aprendizagem e desenvolvimento são a mesma coisa (ver e.g. Horowitz, 1994), Vygotsky considerou que existem mudanças qualitativas no pensamento que não são tidas em conta pela acumulação de factos ou competências. Vygotsky considerava que o pensamento da criança se torna gradualmente mais estruturado e intencional.

Embora Vygotsky considerasse que há pré-requisitos, decorrentes da maturação, para as realizações cognitivas, não lhe atribuía um papel determinante no desenvolvimento. A maturação influencia apenas o que a criança consegue fazer. Por exemplo, as crianças não podem aprender o raciocínio lógico sem dominarem a linguagem. Contudo, os teóricos que enfatizam o papel da maturação no processo desenvolvimental acreditam que um nível específico de desenvolvimento tem de existir *antes* que a criança possa aprender nova informação (Thomas, 2000). Por exemplo, Piaget (1977) considerava que a criança tem que atingir o estádio das operações concretas antes de conseguir pensar logicamente. Neste sentido, a reorganização interna do pensamento precede a capacidade para aprender coisas novas. Assim, quando a informação é apresentada a um nível superior, a criança não consegue apreendê-la até te atingido um determinado nível de desenvolvimento.

Na abordagem Vygotskyana, não é apenas o desenvolvimento que tem impacto na aprendizagem, mas, igualmente, a aprendizagem pode ter impacto no desenvolvimento. Existe uma relação complexa e não linear entre aprendizagem e desenvolvimento. Contudo, Vygotsky não nega o papel de pré-requisitos desenvolvimentais que limitam a capacidade da criança em aprender novas informações. Considerava, igualmente, que a aprendizagem potencia, acelera e até pode ser causa do desenvolvimento. Por exemplo, Cecília de 3 anos de idade está a classificar objetos, mas não consegue enquadrá-los nas respetivas categorias. A sua educadora ajuda-a, dando-lhe duas caixas, cada uma etiquetada com uma palavra e uma imagem. Uma caixa tem a palavra "grande", em letras grandes, com a imagem de um urso de peluche enorme. A outra tem a palavra "pequeno", com letras pequenas, com a imagem de um urso de peluche pequeno. A educadora auxilia a Cecília a aprender, dando--lhe as caixas para ela categorizar os objetos. Posteriormente, a Cecília estará a categorizar outros objetos sem a ajuda das caixas. A aprendizagem das palavras "grande" e "pequeno", em associação com as imagens, irá acelerar e potenciar o desenvolvimento do pensamento categorial.

Vygotsky considerava que devemos atender ao nível de desenvolvimento da criança mas também apresentar informação desafiante, a um nível que a desenvolva. Em algumas áreas, uma criança pode acumular uma grande quantidade de aprendizagens mesmo antes do desenvolvimento ou mudança qualitativa ocorrer. Em outras áreas, um passo na aprendizagem pode causar dois passos no desenvolvimento. Caso se considere que o desenvolvimento está primeiro, corremos o risco de reduzirmos o ensino à apresentação de material que a criança já conhece. Como os educadores experientes sabem, as crianças depressa se aborrecem, se se abordam matérias ou assuntos que estas já sabem ou dominam. Mas, igualmente, se ignorarmos o nível de desenvolvimento da criança, podemos perder o momento em que a criança está pronta para aprender e consequentemente apresentar material que pode ser frustrantemente difícil. Um exemplo deste tipo de erro seria introduzir a adição antes da criança conseguir contar corretamente.

A perspetiva de Vygotsky sobre a relação entre aprendizagem e desenvolvimento é igualmente útil para perceber porque ensinar é tão difícil. Não se consegue fazer prescrições exatas, para cada criança, que conduzam a mudanças desenvolvimentais, uma vez que as diferenças individuais são muitas vezes inesperadas e não percebidas. Não podemos dizer a um educador, "Se fizer isto seis vezes, cada criança irá desenvolver uma competência específica.". A relação exata entre aprendizagem e desenvolvimento pode ser diferente, de criança para criança, e para as diferentes áreas do desenvolvimento. Os educadores devem ajustar constantemente os seus métodos e processo de ensino a cada criança para que aconteça aprendizagem. Isto é um grande desafio para todos os educadores.

O papel da linguagem no desenvolvimento

Tendencialmente, pensamos que o impacto e o papel principal da linguagem são no conteúdo do conhecimento do sujeito. O que pensamos e o que sabemos é influenciado por símbolos e conceitos que conhecemos. Vygotsky considerava que a linguagem tem um papel importante na cognição. A linguagem é um mecanismo fundamental para o pensamento, uma ferramenta mental. É um dos processos através do qual a experiência externa é convertida em compreensões internas. A linguagem torna o pensamento mais abstrato, flexível, e independente do estímulo imediato. Através da linguagem, as memórias e antecipações do futuro são recuperadas para perceber a nova situação, influenciando, assim, o seu resultado. Quando as crianças utilizam símbolos e conceitos para pensar, elas já não precisam de ter um objeto presente para pensar sobre ele. A linguagem permite à criança imaginar, manipular, criar novas ideias, e partilhar essas ideias com os outros. É pela linguagem que trocamos informação social uns com os outros. Neste sentido, a linguagem tem dois papéis: é instrumental para o desenvolvimento da cognição e é também parte do processamento cognitivo.

Uma vez que a aprendizagem ocorre em situações partilhadas, a linguagem é uma ferramenta importante para o indivíduo se apropriar de outras ferramentas mentais. Para partilhar uma atividade, temos que falar sobre essa atividade. Se não falarmos, nunca seremos capazes de saber ou conhecer os pensamentos dos outros. Por exemplo, o José e o seu professor estão a trabalhar com material Cuisenaire. Se não forem verbalizando a relação entre os blocos, o professor não saberá se o José realizou a tarefa porque percebe a relação entre varas pequenas e varas grandes, ou se foi por mero acaso ou porque se foca na cor das varas mais pequenas. Apenas falando, o José consegue distinguir atributos relevantes de irrelevantes. Apenas falando, o professor consegue perceber como a criança compreende a atividade. Apenas falando, ambos conseguem partilhar esta atividade.

A linguagem facilita as experiências partilhadas necessárias para construir os processos cognitivos. A Lucília, de seis anos de idade, e o seu professor estão a ver borboletas a saírem do casulo e a baterem as suas asas. A criança diz, "Olha, elas não parecem brilhantes ...". O professor pergunta, "Quando é que elas se tornam brilhantes? Olha para aquela que está a sair agora... Porque é que as suas asas seriam de uma cor diferente, comparando com as asas da borboleta que tem estado ali a voar durante um bocado?". A Lucília e o professor discutem sobre as borboletas que estão a ver. Através de diálogos como este, a criança não irá aprender somente sobre borboletas e lagartas, mas também irá adquirir o processo cognitivo envolvido na descoberta científica.

Leituras adicionais

Karpov, Y. V. (2005). *The neo-Vygotskian approach to child development*. New York: Cambridge University Press.

Kozulin, A. (1990). *Vygotsky's Psychology: A biography of ideas*. Cambridge: Cambridge University Press.

Luria, A. R. (1979). *The making of mind: A personal account of Soviet Psychology*. Cambridge, MA: Harvard University Press.

Van der Veer, R., & Valsiner, J. (1991). *Understanding Vygotsky: A quest for synthesis*. Cambridge: Blackwell.

CAPÍTULO 2

AQUISIÇÃO DE FERRAMENTAS MENTAIS E FUNÇÕES MENTAIS SUPERIORES

Para Vygotsky, o propósito de aprender, de desenvolver, e de ensinar, é mais do que adquirir e transmitir um conjunto de conhecimentos; envolve a aquisição de ferramentas. Nós podemos ensinar ferramentas às crianças, e levá-las a que as adequem para dominar o seu próprio comportamento, a ganhar independência, e a atingirem níveis superiores de desenvolvimento. Vygotsky associou estes níveis superiores de desenvolvimento à utilização de ferramentas mentais e à emergência de funções mentais superiores.

O objetivo das ferramentas

Vygotsky considerava que a diferença entre os humanos e os animais reside no facto dos humanos possuírem ferramentas de processamento de informação. Os humanos são capazes de utilizar ferramentas mentais, criar novas ferramentas, e, ainda, capazes de as ensinar aos outros. Estas ferramentas expandem as capacidades humanas, permitindo que as pessoas façam coisas que não conseguiriam fazer se as não possuíssem. Por exemplo, embora consigamos cortar um pano com os dentes ou com as mãos, fazemo-lo mais facilmente e mais adequadamente, utilizando uma tesoura ou uma faca. As ferramentas físicas permitem que os humanos sobrevivam e dominem os ambientes em mudança.

Os humanos, ao contrário de todos os outros animais, incluindo os macacos, conseguem inventar quer ferramentas físicas, quer ferramentas mentais. De facto, toda a história da cultura humana pode ser vista como um desenvolvimento de ferramentas mentais, cada vez mais complexas:

"A utilização de varas, o início da escrita e os auxiliares de memória, demonstram que, mesmo nas fases iniciais da história do desenvolvimento humano, se ultrapassam os limites das funções psicológicas dadas pela natureza, revelando uma nova elaboração cultural, organizada pelos seus comportamentos." (Vygotsky, 1978, p. 39).

As ferramentas mentais podem ser desde os desenhos nas paredes das cavernas, representando números, a complexas categorias e conceitos utilizados na ciência moderna e na matemática. A utilização de ferramentas mentais, em processos como a memória ou a resolução de problemas, tem sido transmitida de geração em geração.

Estender as Capacidades Mentais

A ideia de extensão (ampliação) das ferramentas da mente humana, de Vygotsky, é uma forma nova e única de ver o desenvolvimento mental. Vygotsky considerava que as ferramentas mentais estão para a mente como as ferramentas mecânicas estão para o corpo. As ferramentas mentais estendem (ampliam) a capacidade humana, permitindo a adaptação do humano ao ambiente, tendo uma função semelhante ao das ferramentas mecânicas:

"Mesmo as operações relativamente simples, como amarrar nós ou fazer um pau, ou uma estratégia para recordar, mudam as estruturas psicológicas do processo de memória. Elas estendem a operação de memória, para além das dimensões biológicas do sistema nervoso humano e permitem incorporar, artificialmente, ou criar, estímulos." (Vygotsky, 1978, p. 39).

Tal como as ferramentas mecânicas, as ferramentas mentais podem ser utilizadas, inventadas, e ensinadas aos outros. Ao contrário das ferramentas mecânicas, contudo, as ferramentas mentais têm duas formas. Na fase inicial do desenvolvimento (filogenético e ontogenético), as ferramentas mentais têm uma manifestação externa, concreta e física. Na etapa mais avançada, internalizam-se, ou seja, existem na mente, sem necessidade de suporte externo. Um exemplo de uma manifestação externa de ferramentas mentais pode ser a utilização de um cordel em torno do dedo para auxiliar a lembrar de comprar maçãs no supermercado. Estaríamos a utilizar uma ferramenta mental internalizada se, mentalmente, realizássemos a lista de supermercado, a partir de uma categorização de comidas ou de refeições que se pretende cozinhar.

Dominar o comportamento

Outra diferença entre as ferramentas mentais e as mecânicas é o seu objetivo. As ferramentas mentais auxiliam os humanos a dominarem o seu próprio comportamento, e não apenas o ambiente. Segundo Vygotsky, "os humanos são mestres do seu exterior – através das ferramentas psicológicas" (Vygotsky, 1981, p. 141). Sem ferramentas mentais, os humanos estão limitados a reagir ao ambiente, como fazem os animais. As ferramentas mentais permitem aos humanos planear, projetar o futuro, criar soluções complexas para os problemas, e trabalhar com os outros para um objetivo comum.

A capacidade dos humanos em recordar como navegar longas distâncias é limitada, quando comparada com os pássaros ou com outros animais, que utilizam respostas, programadas biologicamente, aos estímulos exteriores, como, por exemplo, os padrões de luz. Os humanos utilizam ferramentas mentais para compensar a falta de capacidades inatas de navegação. Igualmente, eles podem, ao longo de um caminho, deixar um monte de pedras, como marcas, fazer um arranhão numa árvore, ou compor uma canção sobre marcos. Mapas e compassos são ferramentas físicas que refletem um avançado progresso mental sobre problemas de navegação de longas distâncias.

As ferramentas mentais auxiliam as crianças a dominarem a sua própria integridade física, cognitiva, e o comportamento emocional. Com as ferramentas mentais, as crianças agem, com um padrão específico, por exemplo, à música ou a um comentário verbal. Planear, resolver problemas, e a memória não eram possíveis sem ferramentas. As ferramentas auxiliam também as crianças a controlarem as emoções. Em vez de baterem noutra pessoa, quando estão zangadas, aprendem formas de pensar, ou estratégias, de controlo dos seus sentimentos. Contar até 10 e pensar em alguma tarefa atrativa podem ser ferramentas para dominar a fúria.

Vamos ver como as ferramentas mentais, como a linguagem, auxiliam as crianças a controlar o seu comportamento. As crianças pequenas não são capazes de resistir tocar em objetos com mostradores e saliências porque não têm controlo dos seus impulsos. Nas palavras de Vygotsky, a falta de autocontrolo das crianças deve-se ao facto de ainda não dominarem o seu próprio comportamento. As crianças adquirem este domínio quando conseguem fazer comentários, discurso, de si para si, que as ajuda a controlar alguns comportamentos. Aos dois anos e meio de idade, o Tomás diz "não, não", quando se aproxima da jarra e sabe que não lhe deve tocar. Seis meses antes, o Tomás, não possuía ainda estas ferramentas, correria para tocar na jarra. É pelas palavras da mãe e na presença da jarra que ele aprende a controlar o impulso. As suas ações são uma reação, funcionando como os botões e níveis de uma máquina. É quando o Tomás é capaz de controlar-se, dizendo "não, não", que Vygotsky considera que ele aprendeu uma ferramenta mental, tornando-se regulador e gestor do seu próprio comportamento. O discurso do Tomás é uma ferramenta mental que lhe permite regular as suas ações, por si mesmo (autorregulação).

Conquista de independência

A perspetiva Vygotskiana considera que, quando a criança adquire ferramentas mentais, ela vai utilizá-las, progressivamente, de forma independente. Inicialmente, as crianças começam a partilhar a utilização de ferramentas com os outros; o processo é, neste caso, interpessoal. Neste quadro de leitura, as palavras partilhado, distribuído e interpessoal suportam a ideia de que o processo mental existe entre duas ou mais pessoas. Como as crianças vão incorporando as ferramentas no seu próprio processo de pensamento, vão ocorrer mudanças e as ferramentas tornam-se intrapessoais ou individuais. Neste sentido, as crianças não precisam partilhar as ferramentas, porque conseguem utilizá-las de forma independente ou autónoma. A aquisição de independência está associada ao movimento que vai da partilha à utilização individual de ferramentas, em que estas passam a estar, de certo modo, no interior da criança.

Nádia tem pouca capacidade de concentração, mesmo durante a reunião de grupo, da manhã. Ela deita-se sobre as outras crianças, as outras empurram, e falam constantemente, interrompendo o educador. O educador diz, "eu gosto da maneira como a Maria presta atenção", ou diz, "Presta atenção", centenas de vezes. Mas sem o menor impacto no comportamento da Nádia. O educador percebe que a Nádia não possui as ferramentas que a podem ajudar a concentrar-se na tarefa. Para que a Nádia se mantenha sentada, a única forma parece ser pôr a mão no seu ombro. Posteriormente, diz-lhe. "Nádia, presta atenção. Ouve...". O educador dá-lhe uma imagem de uma orelha para ela segurar, ajudando-a a lembrar-se de ouvir. Podemos dizer que, neste caso, a atenção ainda existe num estado partilhado, entre a Nádia e o educador. Aos poucos, a Nádia vai deixando de utilizar estas estratégias e começa a ser capaz de se concentrar, sem auxílio. Dizemos, então, que a atenção passa a ser individual. Nádia já é capaz de se concentrar, por si mesma, sem o auxiliar externo.

Atingir níveis mais elevados de desenvolvimento

Os níveis mais elevados de desenvolvimento estão associados à capacidade de se conseguir realizar e regular as próprias operações cognitivas complexas. As crianças não conseguem alcançar, sozinhas, estes níveis de desenvolvimento. A emergência destes níveis elevados de desenvolvimento cognitivo depende da apropriação de ferramentas de pensamento, por via de instrução formal e informal.

Linguagem: a ferramenta universal

A linguagem é uma ferramenta universal, que é desenvolvida em e por todas as culturas humanas. É uma ferramenta cultural porque é criada e partilhada por todos os membros de uma cultura específica. É também uma ferramenta mental porque cada membro do grupo cultural utiliza a linguagem para pensar.

A linguagem é uma ferramenta mental primária porque facilita a aquisição de outras ferramentas e é utilizada por várias funções mentais. As ferramentas são apropriadas ou aprendidas através das experiências partilhadas, que existem, em parte, porque falamos uns com os outros. Aos dois anos de idade, o Francisco e o seu educador estão a fazer um *puzzle*. Eles partilham experiências de pensamento a partir da interação física com o *puzzle*. Contudo, a aprendizagem que o Francisco retira da experiência depende da linguagem que ele e o seu educador partilharem. O educador diz, "olha para a peça azul, porque a peça a seguir a esta é a azul". O Francisco diz "esta?" e o educador responde, "Sim, esta é azul. Que corresponde aqui, a este lugar. Continua a rodar até ela encaixar.". O diálogo leva o Francisco a aprender a um elevado nível, apetrechando-o com estratégias para a realização de outros *puzzles*. Sem a linguagem, o Francisco não saberia que possuía ou havia estratégias!

A linguagem pode ser utilizada para gerar estratégias, para o domínio de várias funções mentais, como a atenção, a memória, os sentimentos, e a resolução de problemas. Dizendo para si mesmo "apenas a questão da cor" irá focar a sua atenção na cor de um objeto, auxiliando a ignorar os outros atributos. A linguagem desempenha um grande papel ao nível da memória, no que nós recordamos e no como nós recordamos. Porque pode ser aplicada a várias funções mentais, dedicamos todo o Capítulo 6 a discutir os vários aspetos da linguagem, na abordagem Vygotskiana.

A concetualização de funções mentais superiores

Tal como outros autores contemporâneos, Vygotsky divide os processos mentais em funções mentais inferiores e funções mentais superiores.

Contudo, ao contrário dos restantes autores contemporâneos, Vygotsky não considera as funções mentais superiores e inferiores completamente independentes umas das outras mas, ao invés, propõe uma teoria em que estas duas funções interagem.

Caraterísticas das funções mentais inferiores

As funções mentais inferiores são comuns aos animais superiores e aos seres humanos. As funções mentais inferiores são inatas e dependem, fundamentalmente, da maturação, do desenvolvimento. Como exemplos de funções mentais inferiores temos os processos cognitivos como as sensações, a atenção reativa, a memória espontânea e a inteligência sensório-motora. As sensações referem-se à utilização de qualquer um dos cinco sentidos, sendo determinadas anatomicamente e psicologicamente por um sistema sensorial particular. Por exemplo, só alguns animais é que são capazes de discriminar diferentes cores: dos animais marinhos daltónicos aos pássaros e peixes que conseguem discriminar mais cores do que os humanos. A atenção reativa refere-se à atenção que é dominada por estímulos do ambiente, como, por exemplo, quando um cão, de repente, reage a sons de carros subindo calçadas. A atenção dos cães é estimulada pelo som. A memória espontânea, ou memória associativa, é a capacidade de recordar alguma coisa depois de dois estímulos serem apresentados de várias formas, várias vezes. É como associar uma música de um comercial a um logótipo da empresa ou um cão que saliva quando associa a campainha à comida. A inteligência sensório-motora, numa leitura Vygotskiana, é descrita como a resolução de problemas em situações que envolvem manipulação física ou motora, com ensaio e erro. A tabela 2.1 proporciona alguns exemplos de funções mentais inferiores e superiores.

Tabela 2.1 Funções mentais inferiores e superiores

Funções Mentais Inferiores humanos e animais superiores	Funções Mentais Superiores só humanos
Sensação	Perceção mediada
Atenção reativa	Atenção focada
Memória espontânea ou associativa	Memória deliberada/intencional
Inteligência sensório-motora	Pensamento lógico

Caraterísticas das funções mentais superiores

Somente os humanos possuem funções mentais superiores. São processos cognitivos adquiridos através da aprendizagem e do ensino. A principal diferença entre funções mentais inferiores e funções mentais superiores é que estas envolvem a utilização de ferramentas mentais.

"A principal caraterística das funções elementares é que elas são, totalmente e diretamente, determinadas por estímulos do ambiente. Nas funções superiores, a principal caraterística é que a estimulação é gerada por si próprio, ou seja, o sujeito cria e utiliza os estímulos artificiais, que se tornam na causa imediata do comportamento." (Vygotsky, 1978, p. 39).

As funções mentais superiores são comportamentos intencionais, deliberados, mediatizados, internalizados. Quando os humanos adquirem funções mentais superiores, o pensamento torna-se qualitativamente diferente do dos animais superiores e do envolvido no desenvolvimento filogenético. As funções mentais superiores incluem a perceção mediada, a atenção focalizada, a memória intencional e o pensamento lógico. Quando distinguimos diferentes cores, colocando, por exemplo, o azul do céu numa categoria diferente da do azul-turquesa, do mar, estamos a utilizar a perceção mediatizada (*mediated perception*). Focar a atenção remete para a capacidade de centração num estímulo, quer seja saliente ou não. A memória deliberada ou intencional (*deliberate memory*) implica a utilização de estratégias para recordar qualquer coisa. O pensamento lógico envolve capacidades mentais de resolução de problemas, pela utilização de estratégias lógicas, entre outras. Todas estas funções mentais superiores são construídas com base nas funções mentais inferiores, de uma forma culturalmente específica. Em algumas teorias cognitivas, muitos dos processos mentais, descritos por Vygotsky como funções mentais superiores, são descritos ou designados de metacognitivos.

As funções mentais superiores são deliberadas ou intencionais na medida em que são controladas pelo próprio, e estão na base do pensamento e das escolhas; são utilizadas com um propósito, um objetivo, uma intenção. O comportamento pode ser orientado por aspetos específicos do ambiente, por algumas imagens, ideias, perceções, ignorando muitos outros. As crianças pequenas sem, ainda, esta intencionalidade reagem aos sons altos ou a imagens mais coloridas. Quando as crianças adquirem as funções mentais superiores, elas serão capazes de orientar o seu comportamento, de agir de forma intencional, focando-se nos aspetos mais pertinentes do ambiente para resolver os problemas. Todavia, estes aspetos, ou o comportamento, podem não ser, necessariamente, diretamente observáveis (ver tabela 2.2).

Tabela 2.2 Exemplos de comportamentos intencionais e não intencionais

Comportamento não intencional	Comportamento intencional
Não consegue encontrar uma figura numa foto pois procura de forma nada sistemática ou é distraída por outras figuras.	Procura uma figura escondida, de uma forma sistemática e deliberada, ignorando outros aspetos da gravura.
Não consegue ouvir o professor quando outra criança está a falar.	Ouve o professor, abstraindo-se de outros sons em redor.
Constrói uma torre com os blocos que lhe estão mais próximos da mão, colocando-os em cima uns dos outros, com ou sem ideia de que estrutura vai ter.	Constrói uma torre com blocos, servindo-se de um plano mental, somente com os elementos que servem a estrutura planeada.

Mediação (*mediation*) é a utilização de certos sinais ou símbolos para representar o comportamento ou objetos. Estes sinais e símbolos podem ser externos e internos (ver tabela 2.3). Vygotsky considera a mediação uma caraterística essencial das funções mentais superiores. "Todas as funções mentais superiores são processos mediados. Um aspeto central e básico da sua estrutura é a utilização de sinais como forma de orientar e dominar os processos mentais" (Vygotsky, 1987, p. 126). Os sinais ou símbolos podem ser universais, específicos de um pequeno grupo, como a família ou a turma, ou individual, pessoal, de uma pessoa em particular. Por exemplo, um sinal de *stop* ou uma luz vermelha é um sinal universal de parar, e é percebido em todo o mundo. Por outro lado, quando um professor coloca um sinal vermelho à frente do nome do aluno, isto pode significar diferentes coisas, dependendo da turma em específico. Numa turma pode querer dizer que todas as crianças com a sinalética vermelha irão ao quadro, enquanto as crianças com um sinal verde irão fazer um desenho. Contudo, numa turma diferente pode querer dizer que as crianças que possuem o sinal vermelho receberam um último aviso e se continuarem a portar-se mal irão ter uma sanção. Igualmente, por vezes, o sinal ou símbolo só tem significado para o indivíduo que o utiliza, não tendo sentido para mais ninguém. Por exemplo, um círculo numa data do calendário pode ser um importante lembrete para a pessoa que o fez (lembrar um aniversário ou uma consulta), mas poderá não dizer nada para uma outra pessoa.

Tabela 2.3 Exemplos de comportamentos mediados e não mediados

Comportamento não mediado	Comportamento mediado
Tentar recordar uma dança complicada que acabou de observar;	Dizer nomes de passos para si próprio tais como "dois para a direita, três para a esquerda, salto, salto";
Tentar visualizar um determinado número de itens;	Contar os itens;
Fazer um comentário depois de uma pergunta do professor.	Levantar a mão como um sinal de estar pronto para responder à questão.

Os comportamentos internalizados (*internalized*) existem na mente de uma pessoa e podem não ser observáveis. A internalização acontece quando os comportamentos externos (*external behaviors*), visíveis, "crescem dentro da mente", mantendo a mesma estrutura, focos e função das suas manifestações externas (Vygotsky & Luria, 1993). Fazer contas, recorrendo à contagem pelos dedos, é um comportamento externo. Fazer contas mentalmente tem o mesmo objetivo, sendo, basicamente, o mesmo comportamento, mas é interno.

Nas crianças pequenas, os comportamentos são, maioritariamente, externos e visíveis. Quando se inicia o processo de internalização, ainda é possível vermos que ferramentas estão subjacentes nas suas ações, como, por exemplo, na tentativa de memorizar uma determinada matéria ou assunto, a criança utilizar uma lengalenga, de forma autónoma. Porém, mais tarde, as crianças mais velhas, que possuem memória intencional, já conseguem processar intencionalmente, já não manifestando externamente as estratégias (*overt strategies*) utilizadas.

O desenvolvimento de funções mentais superiores

Vygotsky considerava que as funções mentais superiores se desenvolvem de uma forma específica, ou seja:

1. São dependentes das funções mentais inferiores;
2. São determinadas pelo contexto cultural;
3. Desenvolvem-se, de uma função partilhada a uma função específica/individual;
4. Envolvem a internalização de ferramentas.

Construção a partir das funções mentais inferiores

As funções mentais superiores são construídas a partir das funções mentais inferiores, e desenvolvidas a um nível específico. Aos dois anos de idade, a Helena não consegue recordar todas as palavras Pão, bola, casa, pois a sua memória espontânea não está suficientemente desenvolvida. Ou seja, a sua capacidade, a sua recordação intencional, subjacente às funções mentais inferiores, é limitada, fundamentalmente pela imaturidade, e não pela ausência de estratégias específicas.

Quando se desenvolvem as funções mentais superiores, ocorre uma reorganização fundamental nas funções mentais inferiores (Vygotsky, 1994). Isto é, quando as crianças iniciam a utilização de funções mentais superiores, as funções mentais inferiores não desaparecem completamente, apenas são menos utilizadas. Por exemplo, as crianças quando adquirem a linguagem, embora possam continuar a utilizar a memória associativa, espontânea, dependem menos dela, fazendo mais uso de várias estratégias de memória.

A influência do contexto cultural

A cultura influencia quer a essência das funções mentais superiores quer a forma como são adquiridas. Um exemplo clássico encontra-se nos estudos de classificação de Luria, de 1930. Luria refere as diferenças dos sistemas de classificação utilizados por pessoas com e sem escolaridade formal. As pessoas sem escolaridade formal baseiam o seu sistema de classificação na experiência pessoal. Provavelmente, quando lhes perguntam qual dos objetos não pertence à mesma categoria, maçãs, melancia, peras, prato, elas respondem que todos os elementos se inscrevem na mesma categoria. Por seu turno, as pessoas com escolaridade formal, que desenvolvem formas mais abstratas de pensamento, aprendendo a categorizar, são capazes de dicotomizar a fruta da não fruta, e, provavelmente, excluem o prato do conjunto. Luria confirmou estes dados em vários estudos interculturais (Ceci, 1991).

A aquisição de funções mentais superiores depende, pois, do contexto cultural. O pensamento abstrato, como a utilização de números, é aprendido de maneira diferente, consoante a experiência cultural. Em algumas culturas africanas, as crianças utilizam as mãos, num ritmo específico, para ajudar a contar; em determinadas zonas da Ásia utilizam um ábaco, e em algumas turmas do Norte da América, as crianças, para contar, utilizam as barras de Cuisenaire. As crianças destas três culturas podem aprender as mesmas competências mentais mas de formas diferentes. Os indivíduos podem possuir as mesmas funções mentais superiores, mas os caminhos do seu desenvolvimento podem ser diferentes.

Das funções partilhadas às funções individuais

As funções mentais superiores existem e manifestam-se primeiro em atividade partilhada, entre duas ou mais pessoas, e só depois são internalizadas pelo indivíduo. Vygotsky chama ao desenvolvimento das funções mentais superiores, à transição, ou passagem, de partilhada a individual, a lei geral do desenvolvimento cultural, enfatizando "as relações sociais, as relações reais das pessoas, encontram-se subjacentes às funções mentais superiores" (Vygotsky, 1997, p. 106).

A compreensão de um texto complexo é um processo que implica a utilização de funções mentais superiores. As crianças no primeiro ciclo da aprendizagem escolar aprendem estratégias, tais como fazer perguntas ou fazer previsões, havendo momentos em que o processo de aprendizagem é distribuído entre o professor e o grupo de estudantes. Nesta fase, é principalmente o professor que orienta, que funciona como modelo, que ensina as estratégias específicas, pois é ele que sabe qual a estratégia que melhor funciona para determinada tarefa. Somente mais tarde os alunos assumem o controlo de algumas partes deste processo. Por exemplo, na tarefa de compreensão de textos, primeiro, a criança é capaz de colocar uma questão sobre o texto; depois, é capaz de responder a questões do texto; posteriormente, é capaz de verificar da correção da resposta. Por fim, o aluno é capaz de realizar, de forma independente, todo o processo de compreensão do texto, quando dominar a utilização de estratégias de compreensão. Neste sentido, o que, inicialmente, foi partilhado torna-se, posteriormente, individual. Assim, segundo a perspetiva de Vygotsky, a relação professor-alunos, no contexto de compreensão de textos, transforma-se numa relação entre estratégias de compreensão específicas, que cada estudante é, agora, capaz de utilizar de forma independente. Este processo irá ser abordado com mais detalhe no Capítulo 7.

Para adquirir funções mentais superiores, a criança já deve ter aprendido as ferramentas mentais básicas da sua cultura. As crianças utilizam as ferramentas mentais para modificar e reestruturar as funções mentais inferiores, transformando-as em funções mentais superiores. As ferramentas mentais, tais como a linguagem, irão reorganizar as funções mentais inferiores. No ponto que se segue, iremos abordar as ferramentas inferiores e a sua relação com as funções mentais superiores.

Diferenças individuais no desenvolvimento das funções mentais

Funções mentais inferiores

Vygotsky considerou que as funções mentais inferiores são independentes da cultura, ou de qualquer contexto cultural. Segundo este autor, as funções mentais inferiores parecem fazer parte da nossa herança biológica. Todas as pessoas podem resolver os problemas sensório-motores, independentemente de viverem em Papua, Nova Guiné, ou nos E.U.A.. As funções mentais inferiores dependem, fundamentalmente, da maturação e do desenvolvimento, e não de um tipo particular de instrução ou ensino. Contudo, nem todas as pessoas atingem os mesmos níveis de desenvolvimento das funções mentais inferiores. A dificuldade pode ser orgânica ou devida a um subdesenvolvimento, ou a danos, numa área específica do cérebro. Há crianças cujas dificuldades de aprendizagem podem ser atribuídas a fragilidades ao nível das funções mentais inferiores, por exemplo, sensoriais, tais como ser capaz de discriminar entre alguns estímulos visuais ou auditivos ou ser capaz de armazenar uma quantidade de informação na memória. Igualmente, os estímulos sensório-motores, a oportunidade de manipular objetos e de explorar o ambiente também podem afetar as funções mentais inferiores. Por exemplo, uma extrema privação de estimulação, especialmente no primeiro ano de vida, quando as funções mentais inferiores se estão a desenvolver, pode conduzir a grandes limitações e diferenças de desenvolvimento.

Funções mentais superiores

As diferenças individuais nas funções mentais superiores podem ser influenciadas pelos fatores descritos anteriormente, mas, igualmente, por outros fatores. Um é a qualidade da linguagem contextual. Oportunidades de ouvir e praticar a linguagem estão diretamente relacionadas com o desenvolvimento das funções mentais superiores.

Outro fator é o contexto social. Alguns contextos sociais são mais favoráveis ao desenvolvimento das funções mentais superiores. Vygotsky considerava que a escolaridade formal, ou contexto social, é um dos fatores, mais potenciadores do desenvolvimento. Considera, ainda, que existem alguns aspetos das funções mentais superiores que apenas podem ser aprendidos na escola. Por exemplo, a aprendizagem e o desenvolvimento das categorizações taxonómicas (tipo mamífero, carnívoro) é um exemplo de comportamentos escolarizados ou escolarizáveis. Também é um facto que as experiências informais são importantes, mas, provavelmente, muito diferentes. Diferentes das formais e diferentes de sujeito para sujeito. Muito provavelmente, as crianças da classe média possuem um contexto informal que é, ou pode ser, no mínimo, mais próximo dos contextos formais, do que o contexto das crianças de classes mais desfavorecidas. Ou seja, as crianças numa mesma instituição formal podem ser oriundas e possuir contextos e experiências informais bastante diversos, o que pode ter algumas repercussões, nomeadamente, ao nível das eventuais reestruturações mentais necessárias à aquisição das funções mentais superiores. É um ponto importante que os pais e educadores devem ter sempre presente. Esta reestruturação mental requererá suportes diferenciados.

Compensações de défices no desenvolvimento de funções mentais superiores e inferiores: abordagem Vygotskyana da educação especial

Para Vygotsky, a educação especial é mais do que uma simples aplicação das suas ideias gerais de aprendizagem e de desenvolvimento. De facto, Vygotsky, a partir dos seus estudos sobre o desenvolvimento da criança e adultos com deficiência, reformulou alguns dos seus principais princípios teóricos. A perspetiva de Vygotsky sobre a deficiência é consistente com o seu principal princípio da determinação social da mente humana: para ele, a deficiência é um fenómeno sociocultural e de desenvolvimento e não um fenómeno biológico.

Natureza social e cultural das deficiências

Vygotsky contraria fortemente o ponto de vista dominante da educação especial da sua época, cujo foco do diagnóstico e de intervenção estava na própria deficiência. Vygotsky considerava que este ponto de vista reflete uma visão simplista – chama-lhe aritmética – do ser humano, como uma soma das suas partes. Nesta perspetiva, uma criança com uma deficiência auditiva ou visual é considerada ser não diferente da criança com desenvolvimento normal, com menos dificuldades (nas palavras das autoras, p.24). Contrariamente, para Vygotsky, o desenvolvimento das crianças com dificuldades sensoriais, cognitivas, ou na linguagem, tem um percurso completamente diferente do dos seus pares sem dificuldades. Enfatizando a natureza complexa e sistemática do desenvolvimento, Vygotsky utiliza o termo disontogénese (*disontogenesis*) ou desenvolvimento distorcido (*distorted development*).

Os componentes que mais determinam o curso deste padrão desenvolvimental incluem a deficiência primária (e. g. deficiência visual ou restrição dos movimentos) e o contexto social na qual a criança se desenvolve. Este contexto social pode determinar em que medida a criança pode ser considerada (e considerar-se a si própria) deficiente. De acordo com Vygotsky, "para uma filha de um agricultor americano, para um filho de um proprietário de terras ucraniano, para uma duquesa alemã, para um camponês russo ou para um operário espanhol, a cegueira representa fatores psicológicos diferentes" (Vygotsky, 1993, p. 82). Uma outra forma de ilustrar este princípio é comparar experiências similares de crianças com problemas de coordenação de movimentos dos olhos, quando focam objetos próximos. Para uma criança que vive numa zona industrializada ocidental, estes problemas irão interferir com as suas capacidades de monitorizar a informação durante a leitura. Por outro lado, uma criança que vive numa comunidade rural pode até não ter necessidade de monitorizar pequenos objetos, desde que a maioria das suas tarefas diárias envolvam observar grandes objetos à distância. Evidentemente, que a mesma deficiência visual pode passar praticamente despercebida numa sociedade em que esta limitação não seja inibidora das tarefas ou atividades frequentes. Contudo, pode colocar outra criança em risco de desenvolvimento, caso as exigências das tarefas requeiram proficiência na leitura, podendo conduzir a eventuais insucessos académicos, associados a possíveis complicações sociais e emocionais.

O resultado da interação entre deficiências primárias e contexto social pode ser a emergência e desenvolvimento de uma deficiência secundária. Enquanto, numa criança, as deficiências primárias afetam, basicamente, as funções mentais inferiores, as deficiências secundárias são distorções das funções mentais superiores. As deficiências secundárias desenvolvem-se porque as deficiências primárias impedem, muitas vezes, a criança de dominar as ferramentas culturais que são fundamentais nas interações sociais. Por sua vez, interações sociais limitadas impedem a aquisição de ferramentas culturais, o que, eventualmente, conduz à distorção sistemática do funcionamento mental das crianças. Por outro lado, se o contexto social permite e facilita oportunidades de aprendizagem de ferramentas culturais alternativas, capacita a participação em interações sociais e um decorrente desenvolvimento de funções mentais superiores.

Nas suas publicações, Vygotsky utilizava, frequentemente, exemplos de crianças que eram cegas ou surdas (deficiências primárias) e que tinham ou não desenvolvido deficiências secundárias, dependendo se eram ou não capazes de dominar ferramentas alternativas, da linguagem escrita, tipo Braille ou algum outro tipo de linguagem oral. Hoje em dia, com os vários tipos e possibilidades de apoio, o domínio das ferramentas culturais torna-se possível para crianças com deficiências primárias de vária ordem.

A re-mediação (*re-mediation*) como forma de remediação

A abordagem de Vygotsky sobre a remediação difere das abordagens dos autores seus contemporâneos, bem como de educadores atuais. Os defensores da abordagem aritmética das deficiências consideram que a remediação é possível ao nível de uma função isolada – afetada pela deficiência primária. A forma de recuperar esta função isolada é fornecer treino para superar os deficit (e.g., fazer vários exercícios com sons diversos e de diferentes intensidades de forma a compensar um deficit de processamento auditivo) ou treinar uma função alternativa para compensar uma que não esteja a funcionar (e.g., treinar uma pessoa cega a desenvolver mais o processo auditivo ou perceções táteis mais apuradas).

Para Vygotsky, contudo, as deficiências primárias não devem ser o foco principal da intervenção remediativa. Vygotsky argumenta que, contrariamente à sabedoria comum, as deficiências primárias são o mais difícil de remediar porque as funções mentais inferiores estão afetadas. Como já foi abordado anteriormente neste capítulo, as funções mentais inferiores são determinadas biologicamente (na linguagem atual, podemos chamar--lhe *hardwired*). Ainda, a natureza biológica, em princípio, não pode ser alterada, embora existam algumas intervenções médicas, como colocar um implante auditivo, para melhorar a audição. Por outro lado, as funções mentais superiores são determinadas culturalmente e socialmente e, por esta razão, podem ser remediadas com sucesso, por intervenções educativas. Vygotsky defende o foco na remediação das funções mentais superiores mais do que nas inferiores, considerando que "as limitações desenvolvimentais no conhecimento superior ultrapassam o treino sensório-motor, que é possível nos processos elementares. O pensamento é uma forma superior de compensar as insuficiências da perceção visual" (Vygotsky, 1993, p. 204).

Para Vygotsky e colaboradores, a forma das funções mentais superiores compensarem as dificuldades, deficiências ou limitações das funções mentais inferiores é através da utilização de ferramentas mentais, como a linguagem. Vygotsky e Luria, numa série de estudos focados no papel autorregulador da linguagem ou discurso nos comportamentos motores, observaram mudanças de comportamento, em crianças extremamente impulsivas, quando eram instruídas na utilização de verbalizações enquanto agiam (Luria, 1979). No início dos estudos, as crianças tinham dificuldades em seguir as instruções do experimentador (pressionar um botão quando uma luz verde acendia e não carregar quando se acendia uma luz vermelha). Regra geral, as crianças pressionavam o botão todas as vezes que viam a luz – qualquer uma – ou não pressionavam nunca. Após treino na verbalização de "pressiona", aquando da resposta à luz verde e "não" ou "não pressionar", aquando da resposta à luz vermelha, estas crianças começaram a ser capazes de controlar as suas ações e começaram a responder de acordo com as orientações. Fundamentalmente, Luria considera que se reconstrói o comportamento, em que se verificava falha nos mecanismos reguladores internos, pela reposição desses mecanismos, a partir do próprio discurso auto dirigido das crianças. Este discurso medeia as respostas da criança a estímulos externos; posteriormente, o seu novo, mais autorregulado, comportamento não é um simples resultado da remediação mas também resultado da ação da re-mediação (*re-mediation*) (Cole, 1989).

Aplicação da teoria Vygotskyana à educação especial

As ideias de Vygotsky tiveram um grande impacto no campo da educação especial, na Rússia, ganhando popularidade, também, no Ocidente (Gindis, 2003). Não iremos descrever as estratégias ou programas específicos de intervenção que foram desenvolvidos, apenas sumariar duas formas de abordagem que correntemente são aplicadas à educação especial.

Diagnóstico diferencial das alterações das funções mentais superiores e inferiores.

Nos casos extremos, de severas limitações visuais e auditivas, é facto e diretamente observável que as funções mentais inferiores estão afetadas. Contudo, em idades precoces, em início de aprendizagens e desenvolvimento e/ou quando as limitações sensoriais ou neurológicas não são muito visíveis, ou, ainda, quando as crianças foram privadas de meios e contextos estimulantes, por vezes, é difícil e complexo o diagnóstico, as avaliações, pois a sintomatologia pode ser muito próxima. Neste sentido, os diagnósticos diferenciais são cruciais, fundamentalmente, para a planificação de intervenções educativas. Nos seus estudos com crianças com necessidades educativas especiais, Vygotsky foi pioneiro num novo tipo de avaliação, que permite um diagnóstico diferencial. Baseado na ideia de Zona de Desenvolvimento Proximal (ver Capítulo 4), esta avaliação fornece informação não apenas sobre o domínio atual de certos conteúdos e competências dos sujeitos, mas também sobre a sua capacidade de resposta às tarefas, com ajuda (Gindis, 2003). Atualmente, este tipo de avaliação designa-se Avaliação Dinâmica (ver Capítulo 4). Tipos específicos de avaliação dinâmica foram desenvolvidos para casos em que as crianças apresentam frágeis *performances*, pensadas, totalmente ou em parte, devidas a lacunas na aquisição de certas ferramentas mentais. Alguns exemplos (a partir de estudos do próprio Vygotsky e, mais recentemente, por Feuerstein e seus colaboradores (Feuerstein, Rand, & Hoffman, 1979; Kozulin, 1999) incluem crianças em situações de pobreza ou deslocadas, por situações de guerra, ou, ainda, crianças institucionalizadas e/ou adotadas internacionalmente (Gindis, 2005).

Prevenção de Deficiências Secundárias, pela promoção do desenvolvimento das funções mentais superiores.

De acordo com Vygotsky, o maior esforço da educação especial deve centrar-se em criar vias alternativas de desenvolvimento das crianças com necessidades educativas especiais. Estas alternativas envolvem a criação e a introdução de ferramentas mentais específicas, conforme a necessidade da criança e a criança específica. Um exemplo desta perspetiva pode ser encontrado nos trabalhos do Instituto de Pedagogia Corretiva Russo – instituto que resultou de um laboratório de psicologia do desenvolvimento anormal, fundado pelo próprio Vygotsky. Os métodos pedagógicos desenvolvidos neste instituto incluem estratégias inovadoras de ensinar crianças surdas, de 2 e 3 anos de idade, a ler, equipando-as, precocemente, com ferramentas alternativas à linguagem oral, proporcionando-lhes uma grande e vasta variedade de interações sociais (Kukushkina, 2002).

Provavelmente o exemplo mais expressivo da aplicação da perspetiva de Vygotsky à educação especial é o sistema de educação de crianças cegas ou surdas, de nascença. Desenvolvida por um discípulo de Luria, Alexander Meshcheryakov, a estratégia passa por, a partir das funções mentais inferiores intactas, como, por exemplo, o tato ou memória de músculo, desenvolver as funções mentais superiores complexas (Meshcheryakov, 1979). Os professores da escola para crianças cegas e surdas, fundada por Meshcheryakov, incentivam e auxiliam, inicialmente, as crianças a participar nas atividades ou rotinas de autoajuda. Gradualmente, incentivam os movimentos da criança no desempenho destas rotinas (e.g., puxar as calças ou segurar um prato), conduzindo à associação e desenvolvimento de gestos simbólicos para comunicar com adultos e com as outras crianças. Por exemplo, segurar um prato pode adquirir o significado generalizado de "comer" e a imitação do gesto de puxar as calças pode significar "ir à rua". Tendo desenvolvido os gestos simples que servem como equivalentes simbólicos das palavras, podem prosseguir com a aprendizagem da linguagem especial (dactílico) (*dactylic*), baseada nas diferentes combinações dos movimentos das mãos e dos dedos. Isto permite às crianças desenvolverem, progressivamente, mais conceitos abstratos. Um aluno do programa de Meshcheryakov, psicólogo, investigador do desenvolvimento de crianças cegas e surdas diz "gestos equivalentes tornam-se uma espécie de prisma através do qual a criança vê a palavra real" (Sirotkin, 1979, p. 58). Neste sentido, podemos perceber que a perspetiva de Vygotsky, quanto ao aspeto central dos esforços da remediação, enfatiza o desenvolvimento das funções mentais superiores, pela utilização de formas alternativas mas com padrões equivalentes do desenvolvimento cultural.

Leituras adicionais

Gindis, B. (2003). Remediation through education: Socio/cultural theory and children with special needs. In A. Kozulin, B. Gindis, V. S. Ageyev, & S. M. Miller (Eds.), *Vygotsky's educational theory in cultural context* (pp. 200-222). New York: Cambridge University Press.

Luria, A. R. (1979). *The making of mind: A personal account of Soviet psychology*. Cambridge, MA: Harvard University Press.

Vygotsky, L. S. (1981). The instrumental method in psychology. In J. V. Wertsch (Ed.), *The concept of activity in Soviet psychology* (pp. 134-143). Armonk, NY: M. E. Sharpe.

CAPÍTULO 3
A PERSPETIVA DE VYGOTSKY E OUTRAS TEORIAS DO DESENVOLVIMENTO E DA APRENDIZAGEM

Neste capítulo, iremos, em primeiro lugar, comparar a teoria de Vygotsky com outras teorias do desenvolvimento, e, posteriormente, proceder a uma revisão crítica geral da abordagem de Vygotsky. As comparações são realizadas com base nos principais princípios da Teoria Histórico-Cultural, apresentados no capítulo 1. As comparações mais detalhadas dos conceitos específicos surgirão nos capítulos finais, posteriormente à sua introdução.

A perspetiva de Vygotsky apoia-se, naturalmente, nos trabalhos construtivistas, de Piaget, igualmente, nas abordagens behavioristas, de Watson, nos trabalhos dos psicólogos da Gestalt, como Koffka, e, também, nos psicanalistas, como Freud. São, igualmente, referências, os trabalhos de educadores como Montessori, bem como algumas ideias da teoria de processamento de informação, se bem que, apenas, desenvolvidas após a sua morte, pelos seus discípulos e sucessores.

A abordagem Construtivista Piagetiana

Vygotsky teve contacto com os primeiros trabalhos de Jean Piaget, a partir de *A Linguagem e o Pensamento da Criança* (Piaget, 1926). No seu livro *Pensamento e Linguagem* (Vygotsky, 1962), Vygotsky criticou a perspetiva Piagetiana, quanto à questão da relação entre pensamento e linguagem, tendo proposto a sua própria leitura. À época, Piaget aceitou algumas críticas de Vygotsky, tendo modificado, até, algumas das suas ideias mais tarde, embora tal não tenha acontecido durante a vida de Vygotsky (Tryphon & Vonèche, 1996). De referir, ainda, que o trabalho de alguns discípulos de Vygotsky (por exemplo Leont´ev) teria mais em comum com Piaget do que com o trabalho propriamente dito de Vygotsky. Estas semelhanças levaram muitos críticos a considerar, erradamente, a teoria de Vygotsky como parte da tradição construtivista Piagetiana (na perspetiva das autoras).

Semelhanças

As duas teorias, de Piaget e de Vygotsky, são mais conhecidas pela abordagem do processo de desenvolvimento do pensamento. De facto, Piaget colocou o pensamento no centro do desenvolvimento da criança (Beilin, 1994; deVries, 1997). Por seu turno, Vygotsky, embora a maior parte do seu trabalho se tivesse focado no desenvolvimento do pensamento, planeou estudar outras áreas do desenvolvimento, que considerava igualmente importantes, tais como as emoções, mas a sua morte prematura não lhe permitiu completar os projetos.

Piaget e Vygotsky comungam a ideia de que o desenvolvimento da criança envolve uma série de mudanças qualitativas, não podendo ser entendido apenas como uma acumulação, de competências e conteúdos ou conhecimentos. Para Piaget, estas mudanças ocorrem em estádios distintos (Ginsberg & Opper, 1998). Vygotsky, porém, propôs um conjunto de períodos ainda não bem definidos. Enfatizou mais a questão da reestruturação da mente, ao longo e nos períodos de transição do desenvolvimento, e menos nas caraterísticas de cada etapa (Karpov, 2005).

Igualmente, tanto Piaget como Vygotsky consideram que as crianças são ativas na aquisição, na construção, do seu conhecimento, da sua aprendizagem, do seu desenvolvimento. Esta ideia faz a diferença, comparativamente aos seguidores do behaviorismo, que veem a aprendizagem como determinada principalmente e basicamente por variáveis externas, do ambiente. Contrariamente, ou seja, entender a criança como um participante passivo na sua própria aprendizagem e desenvolvimento, como uma caixa vazia, aguardando preenchimento com informação, tanto

Vygotsky como Piaget realçaram os esforços intelectuais ativos que as crianças realizam, no sentido de aprender (Cole & Wertsch, 2002).

As duas perspetivas descrevem a construção do conhecimento. Piaget considera que o pensamento das crianças é diferente do dos adultos e que o conhecimento que as crianças possuem não é *apenas* uma cópia incompleta do conhecimento dos adultos. Como referido, Vygotsky e Piaget partilham a ideia de que as crianças constroem o seu próprio conhecimento, constroem o seu entendimento do mundo, das coisas, e que, com a idade e a experiência, as construções são reestruturadas, reconstruídas.

Em estudos e trabalhos posteriores, Piaget reconhece o papel da transmissão social no desenvolvimento (Beilin, 1994). A transmissão social é a passagem e disseminação da sabedoria acumulada da cultura aos elementos dos grupos, de geração em geração. Igualmente, Vygotsky enfatizava a importância da cultura na transmissão do conhecimento. Piaget, porém, considerava que a transmissão social influenciava principalmente o conteúdo do conhecimento. Ao invés, para Vygotsky, a transmissão social desempenha um papel muito superior, influenciando não apenas o conteúdo, mas a própria natureza e essência do processo do pensamento (as estruturas).

Por último, para ambos, os elementos do pensamento maduro são bastante similares. Piaget descreve o pensamento operatório formal como abstrato, lógico, reflexivo e hipotético-dedutivo. As funções mentais superiores, de Vygotsky, envolvem pensamento abstrato, lógico, e autorreflexão.

O facto de enfatizarem o pensamento lógico, abstrato, conduziu a críticas, tendo sido considerados Eurocêntricos, pois valorizavam mais os processos mentais predominantes no Ocidente, em sociedades tecnologicamente mais avançadas (Ginsberg & Opper, 1998; Matusov & Hayes, 2000; Wertsch & Tulviste, 1994). Embora Vygotsky tivesse enfatizado o pensamento lógico, considerava, também, que todos os indivíduos que vivem experiências estimulantes têm probabilidade de desenvolver este tipo de pensamento, justificando a sua ausência ou dificuldade, no seio de uma determinada cultura, com a ausência de necessidade ou utilidade nessa cultura.

Diferenças

Inicialmente, para Piaget, o desenvolvimento intelectual tem uma natureza universal, ou seja, é independente do contexto cultural da criança. Para Piaget, existem, pois, invariantes do desenvolvimento, em que, por exemplo, todas as crianças alcançam o estádio das operações formais por volta dos 14 anos de idade. Igualmente, invariante é a sequência dos estádios de desenvolvimento (cf. Estudos interculturais). São as pesquisas de alguns discípulos de Piaget (ex: Perret–Clermont, Perret, & Bell, 1991) que enfatizam o contributo do contexto cultural. Para Vygotsky, o contexto cultural determina os vários tipos de processos cognitivos que emergem. As culturas que carecem ou não recorrem frequentemente ao raciocínio formal, provavelmente, não o irão fomentar ou promover nas suas crianças. Estas conceções de Vygotsky são sustentadas pelos dados obtidos em estudos interculturais, em sociedades em que as crianças não desenvolveram e não manifestam as operações formais (Bruner, 1973; Jahoda, 1980; Laboratory of Comparative Human Cognition, 1983; Scribner, 1977).

Um outro aspeto distintivo prende-se com o papel das interações no desenvolvimento do pensamento. Enquanto Piaget enfatiza o papel das interações da criança com os objetos físicos (Beilin, 1994), Vygotsky centra-se mais na interação das crianças com as pessoas. Para Piaget, as pessoas têm um papel secundário, sendo de primeira importância os objetos e as ações das crianças com os objetos. De facto, para Piaget, a relação inter pares pode criar o chamado conflito cognitivo, contudo, não é considerada uma parcela importante do processo de aprendizagem. Por seu turno, para Vygotsky, as ações da criança com os objetos são importantes para o desenvolvimento enquanto incluídas num contexto social e mediadas pela comunicação com os outros.

Ainda, para Piaget, a linguagem é mais um subproduto do desenvolvimento intelectual, que a sua raiz (Beilin, 1994). A linguagem pode potenciar o "poder do pensamento quer em escala quer na rapidez", permitindo a representação e organização de ações (Piaget & Inhelder,

1969). Porém, a forma como uma criança fala apenas reflete o estádio atual da cognição; não tem influência ou não é fator de desenvolvimento, ou de transição de estádio. Para Vygotsky, a linguagem desempenha um papel muito importante no desenvolvimento cognitivo e constitui a essência das funções mentais da criança. Ou seja, para Piaget, a linguagem é produto do desenvolvimento; para Vygotsky, a linguagem é fator de desenvolvimento.

Outro aspeto distintivo reside no facto de Piaget considerar a criança como um explorador independente, que é capaz, sozinha, de aprender, de construir, o mundo (DeVries, 2000 Wadsworth, 2004). Pelo contrário, Vygotsky considera que não existe uma completa descoberta independente. Quer as descobertas quer os meios de descoberta são produto da história e cultura humana.

De facto, Piaget considerava que apenas as descobertas ou as realizações que as crianças fazem de forma independente refletem o seu nível de desenvolvimento intelectual. Para Piaget, o que as crianças fazem ou podem fazer com ajuda ou ensinado pelos adultos é irrelevante para determinar o seu nível de desenvolvimento. Vygotsky, pelo contrário, considerava que a apropriação do conhecimento cultural é a chave para o desenvolvimento cognitivo das crianças. Decorrentemente, considera que a *performance* partilhada é tão pertinente como a *performance* independente (autónoma) na determinação do nível de desenvolvimento intelectual da criança (Obukhova, 1996).

Também, o papel da aprendizagem no desenvolvimento é entendido de forma distinta por Piaget e Vygotsky. Basicamente, para Piaget, é o desenvolvimento que determina ou influencia a capacidade de aprender. Neste sentido, o ensino e a educação, as experiências de aprendizagem devem ser ajustadas às capacidades cognitivas reais da criança. Para Vygotsky, a relação entre aprendizagem e desenvolvimento é bastante mais complexa. Para certos conhecimentos ou conteúdos e para determinadas idades, um passo na aprendizagem pode significar dois passos no desenvolvimento. Noutros casos, aprendizagem e desenvolvimento acontecem a um ritmo mais uniforme. Porém, ensinar deve sempre visar as capacidades emergentes da criança, e não as que já existem.

Teorias Behavioristas

Como no resto do mundo, também na Rússia, durante os anos de 1920 e 1930, década em que Vygotsky realizou a maior parte dos seus trabalhos, o behaviorismo, nas suas variadas formas, foi uma das teorias psicológicas mais influentes. Vygotsky viveu na época de um behaviorismo representado por John B. Watson (Watson, 1970) e não acompanhou a posterior evolução desta orientação. Mas, embora Vygotsky discordasse fortemente dos behavioristas, a influência desta perspetiva é evidente na sua linguagem (*language*, no original).

Semelhanças

Tal como os behavioristas, também Vygotsky preconizou a utilização de métodos objetivos em Psicologia. A sua abordagem não era puramente especulativa, mas baseada em observações, medidas e experiências. No mesmo sentido, Vygotsky criticou a utilização da introspeção, enquanto um método experimental, tal como faziam os behavioristas.

Embora Vygotsky sublinhasse as caraterísticas específicas da mente humana, também reconheceu que os humanos e os animais têm certos comportamentos em comum. Como os behavioristas, Vygotsky acreditava que os animais e os humanos são parte do mesmo *continuum* evolucionário.

Outra semelhança entre Vygotsky e os behavioristas é o interesse na aprendizagem, embora com abordagens diferentes.

Diferenças

Contrariamente aos behavioristas radicais e iniciais, Vygotsky não estava interessado apenas nos comportamentos diretamente observáveis. Vygotsky considerava que o pensamento não podia ser compreendido apenas através deste tipo de comportamentos. A Vygotsky interessava também explicar os comportamentos encobertos (*covert*), utilizando inferências com base em categorias teóricas. Todavia, as perspetivas behavioristas posteriores também utilizaram conceitos que são inferidos dos comportamentos diretamente observáveis (*overt*) (Horowitz, 1994).

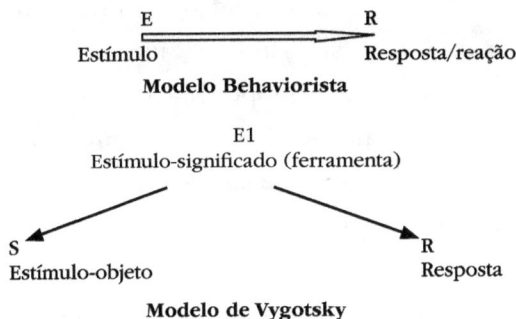

E ═══════════► R
Estímulo   Resposta/reação
Modelo Behaviorista

E1
Estímulo-significado (ferramenta)

S ◄   ► R
Estímulo-objeto   Resposta

Modelo de Vygotsky

Figura 3.1 – O comportamento: comparação entre behavioristas e Vygotsky

O aspeto mais dissonante entre Vygotsky e os behavioristas relaciona-se com a natureza do estímulo que desencadeia certos comportamentos, em animais e em humanos. Os behavioristas afirmavam que a relação entre estímulo e comportamento é a mesma para todos os organismos. Para Vygotsky, a diferença fundamental, entre humanos e animais, reside no fato dos humanos serem capazes de responder a estímulos que eles próprios criam ou geram (internos). A resposta a estes estímulos especificamente criados, ou ferramentas, permitem o controlo do seu próprio comportamento (ver figura 3.1).

Ainda, Vygotsky opôs-se a Watson quanto à concetualização e papel do discurso. Para Vygotsky, o discurso não é um comportamento diretamente observável (*overt*), diferente dos outros. Watson considerava que o pensamento era apenas um discurso silencioso. Para Vygotsky, o discurso desempenha um papel único no processo do desenvolvimento mental, e o pensamento é substancialmente diferente do discurso na sua forma e função (ver Capítulo 6).

Os pontos de vista de Vygotsky e dos behavioristas, quanto à relação entre aprendizagem e desenvolvimento, também diferem. Os behavioristas não distinguiam estes dois processos. Vygotsky considerava que para os behavioristas a aprendizagem é desenvolvimento. Para os behavioristas, uma criança desenvolvida é sempre a mesma criança, embora com mais informação e mais capacitada, como resultado da aprendizagem. Para os behavioristas, não existem mudanças qualitativas nas estruturas mentais; aprender é simplesmente acumulação (Thomas, 2000). Por seu turno, Vygotsky considera que existem mudanças qualitativas, e também alterações no número de elementos que as crianças conhecem, que não são explicadas pelo crescimento. O autor defende que certas aprendizagens podem reorganizar e qualitativamente mudar a estrutura do pensamento. Por exemplo, quando a criança adquire a linguagem, começa por pensar nas e com as palavras, mudando, assim, tanto o seu pensamento sensório-motor como a capacidade de resolver problemas.

Por último, Vygotsky e os behavioristas diferem na ideia de construção do conhecimento. Os behavioristas veem a criança como passiva, com conhecimento proveniente de associações fortalecidas pelo reforço (Thomas, 2002). Vygotsky defende que as crianças constroem conhecimento e têm um papel ativo nas aprendizagens. As crianças agem com base nas suas estruturas mentais e compreensões/representações. Para os behavioristas, o ambiente (incluindo objetos físicos e pessoas) controla os pensamentos e ações da criança, selecionando e reforçando os considerados apropriados. Pelo contrário, Vygotsky considera que o conhecimento e as ferramentas mentais é que são os meios de controlo dos pensamentos e das ações.

Teoria do Processamento de Informação

A teoria do Processamento de Informação (Atkinson & Shiffrin, 1968) foi desenvolvida muito depois da morte de Vygotsky. Mesmo assim, muitos dos conceitos que Vygotsky desenvolveu e previu são consistentes com os resultados da investigação da teoria do processamento de informação.

Semelhanças

Tanto Vygotsky como a Teoria do Processamento de Informação sublinham a importância da metacognição no desenvolvimento e na resolução de problemas. Para ambos, a metacognição inclui os conceitos de autor-regulação, autorreflexão, avaliação e monitorização. As duas perspetivas consideram a autorregulação dos processos mentais a chave da resolução de problemas. Os teóricos do processamento da informação utilizam os termos função executiva e controlo inibitório, para descrever a capacidade de parar, como primeira reação a algo, e desencadear uma estratégia de solução. Pesquisas recentes ao cérebro (Blair, 2002) reforçam a importância da autorregulação como um processo central.

Ainda, os teóricos do processamento de informação e Vygotsky concordam que as crianças devem fazer um esforço mental para aprender. Que nada é passivo neste processo. Consideram, ainda, que a nova aprendizagem não é apenas acumulação às estruturas existentes, antes modificação do conhecimento presente. Vygotsky considera, mesmo, que a compreensão é um diálogo que a criança estabelece com o professor ou o autor de um texto para construir novos significados, ao invés de cópia dos significados já existentes.

Comum é enfatizarem os processos cognitivos e semânticos, ou seja, o significado das palavras. As duas perspetivas consideram a atenção, a memória e a metacognição o centro do processo de aprendizagem (Cole & Wertsch, 2002; Frawley, 1997).

Diferenças

A Teoria do Processamento de Informação não é propriamente uma teoria do desenvolvimento. Descreve processos em diferentes idades, mas não explica porque é que as crianças são melhores, à medida que crescem. Por outro lado, Vygotsky interessava-se pelos fatores de desenvolvimento dos processos e pela forma como são ensinados.

Utilizando a metáfora do computador para a interpretação da mente humana, a teoria do processamento de informação não considera o contexto social na formação dos processos de pensamento, "a cultura influencia o *input* – conhecimento e factos – mas não o método/forma do processamento da informação". Para Vygotsky, a cultura influencia tanto o conteúdo do pensamento como a forma como os humanos processam a informação; a cultura influencia a atenção, a memória e a metacognição. Por exemplo, os seguidores de Vygotsky consideram que os efeitos da pregnância (*primacy*) e recência (*recency*), da memória, que são descritos pelos teóricos do processamento de informação como um fenómeno universal, são influenciados pelo tipo de escolarização/instrução que a criança teve. Se as crianças se lembram apenas da última coisa que ouviram (efeito de recência), ou a primeira e as últimas coisas que ouviram (efeito de pregnância e de recência), isso é dependente da cultura a que pertencem (Valsiner, 1998). A investigação recente realizada adentro do paradigma do processamento de informação confirma que a educação formal afeta os processos cognitivos como o processamento visual e percetivo, a atenção e a memória visual e verbal (Ostrosky-Solis, Ramirez, & Ardila, 2004).

Por último, os teóricos do processamento de informação ignoram os aspetos emocionais e motivacionais da aprendizagem. Por seu turno, os seguidores de Vygotsky acreditam que as emoções e a motivação são importantes no processo de aprendizagem. As crianças aprendem melhor quando se sentem emocionalmente ligadas às atividades de aprendizagem. Leont´ev (1978) investigou e identificou as caraterísticas de atividades motivadoras e benéficas para as crianças (a sua pesquisa encontra-se resumida no Capítulo 5). Ainda, os seguidores de Vygotsky consideram que a autorregulação cognitiva e sócio emocional estão ligadas e que o desenvolvimento de uma influencia o desenvolvimento da outra.

Abordagem de Montessori

Maria Montessori e Vygotsky eram da mesma época e, embora Montessori nunca tenha escrito sobre Vygotsky, Vygotsky estava a par dos seus métodos (Bodrova, 2003). Montessori comungava de um paradigma diferente de investigação, desenvolvendo a sua perspetiva através de métodos de observação, da antropologia e da medicina (Montessori, 1912, 1962). Vygotsky, por seu turno, provem da tradição psicológica, com a utilização do teste e da experimentação.

Semelhanças

Tanto Montessori como Vygotsky enfatizaram a importância da instrução e da aprendizagem no desenvolvimento, no entanto, as conceções de desenvolvimento diferiam. Montessori considerava que o desenvolvimento decorria naturalmente, de capacidades inatas, enquanto Vygotsky assumia que o desenvolvimento era determinado pelas ferramentas culturais que as crianças adquiriam no decorrer da sua instrução. Ambos eram construtivistas, no sentido em que acreditavam que a criança é agente ativo do próprio desenvolvimento. Montessori chamou a isto autoeducação (*autoeducation*), em que o professor/educador apenas suporta e auxilia a exploração, a descoberta, a aprendizagem da criança. No mesmo sentido, para Vygotsky, a aprendizagem ocorre através de coconstrução. A criança precisa do outro para aprender.

Diferenças

Embora com pontos em comum, Montessori e Vygotsky distinguem-se sobre dois aspetos. O primeiro é o papel da linguagem no desenvolvimento, e o segundo, o papel do brincar, do jogo. Montessori, como Piaget, considerava que a linguagem era um subproduto do conhecimento e que é expressão do que as crianças perceberam ou construíram (Montessori, 1912). Por exemplo, utilizar palavras para descrever cores diferentes demonstra que a criança foi ensinada a ver as diferenças. Por seu turno, Vygotsky considerava que a linguagem era o motor do desenvolvimento; é a linguagem que ajuda as crianças a ver que existem diferenças, por exemplo, entre duas cores. O papel e a importância da linguagem escrita é outro ponto em que também diferem. Para Montessori, as crianças aprendem a escrever para responder às exigências do ensino primário e para praticar o controlo motor. Para Vygotsky, a escrita é uma ferramenta cultural que influencia os processos mentais. É-lhe atribuído um papel bem mais importante no desenvolvimento.

Montessori e Vygotsky também diferiam na importância dada ao brincar/jogar, no desenvolvimento. Montessori considerava que o brincar não era necessário, e que as crianças deviam renunciar à brincadeira, e ter mais atividades produtivas. Ao invés, Vygotsky considerava o brincar uma atividade central, fundamentalmente na infância, pois sem brincar, as crianças não desenvolviam a criatividade, a autorregulação, e outras capacidades, necessárias ao desenvolvimento.

Críticas à Abordagem de Vygotsky

Vygotsky morreu antes de muitas das ideias que propôs serem estudadas, de tal modo que muitas das questões que formulou terem ficado sem resposta. Por este motivo, os seus escritos não formam uma teoria coerente e bem organizada. De facto, as suas ideias sobre alguns aspetos do desenvolvimento, tais como a relação entre emoções e aprendizagem, não foram totalmente explicadas, elaboradas, ou demonstradas empiricamente.

Uma crítica comum é que Vygotsky colocou demasiada ênfase no papel do discurso no desenvolvimento cognitivo, e não explorou adequadamente como é que outros tipos de representações simbólicas contribuíam para as funções mentais superiores. A pesquisa posterior, completada por Zaporozhets e Venger, revelou como as ferramentas da cultura não verbal promoviam o desenvolvimento da perceção e pensamento nas crianças (Venger, 1977; Zaporozhets, 1977).

Uma outra crítica remete para o facto de Vygotsky, assim como os seus seguidores, se ter focado no papel dos fatores sociais no desenvolvimento das crianças dispensando os fatores biológicos, tais como a hereditariedade ou a maturação. Sistematizando descobertas recentes de geneticistas do comportamento e outros cientistas do desenvolvimento, Karpov (2005) sugere que uma incorporação destas descobertas, interpretadas a partir de uma perspetiva histórico-cultural, iria enriquecer a teoria de Vygotsky do desenvolvimento das crianças, "sem perder a ênfase no papel da mediação, no contexto das atividades das crianças com adultos e os pares, como o principal determinante do seu desenvolvimento" (Karpov, 2005 p.239).

Vygotsky foi, igualmente, criticado por, nas atividades partilhadas, colocar demasiada ênfase no papel que os outros desempenham, e menos no que a criança deve fazer para ser um participante ativo. Foi, parcialmente, em resposta a estas críticas que Leont´ev desenvolveu a sua Teoria da Atividade, que sublinha a participação ativa da criança em atividades partilhadas (Leont´ev, 1978).

Como veremos nos capítulos seguintes, a ideologia de Vygotsky, quanto ao desenvolvimento das crianças, é distinta da Psicologia Ocidental. A sua estrutura tem um grande potencial no sentido de nos ajudar a entender a aprendizagem e o processo de ensino de forma mais precisa.

Leituras Adicionais

Bodrova, E. (2003). Vygotsky and Montessori. One dream, two visions. *Montessori life, 15*(1), 30-33.

Tryphon, A., & Vonèche, J. J. (Eds.). (1996). *Piaget-Vygotsky: the social genesis of thought.* Hove, UK: Psychology Press.

SECÇÃO II
ESTRATÉGIAS DE DESENVOLVIMENTO E DE APRENDIZAGEM

Os conceitos presentes na 1ª secção do livro são agora discutidos, numa perspetiva de aplicação ao processo ensino/aprendizagem. Nesta secção, vamos analisar a noção de zona de desenvolvimento proximal (ZDP) de Vygotsky e descrever as decorrentes táticas (*tatics*, no original) ou estratégias (outra tradução possível) gerais de promoção do desenvolvimento e da aprendizagem. As táticas foram amplamente utilizadas em contexto de sala de aula na Rússia e, igualmente, num teste-piloto nos Estados Unidos. Alerta-se para que os professores/educadores que queiram utilizar estas estratégias para potenciar o desenvolvimento devem ter em conta o nível de desenvolvimento das crianças, a sua zona de desenvolvimento proximal, ou seja, a atividade principal e as realizações desenvolvimentais próprias do nível de idade da criança. Ainda, realça-se que essas estratégias concorrem para um objetivo último, não existindo a estratégia. Todavia, por questões didáticas, iremos abordá-las separadamente. As estratégias são organizadas segundo 3 categorias ou critérios gerais: mediadores, linguagem e atividades partilhadas.

Esta secção está organizada em 4 capítulos:

Capítulo 4   A zona de desenvolvimento proximal

Capítulo 5   Tática: utilização de mediadores

Capítulo 6   Tática: utilização da linguagem

Capítulo 7   Tática: utilização de atividades partilhadas

A ZONA DE DESENVOLVIMENTO PROXIMAL

A aquisição de ferramentas culturais específicas e o desenvolvimento mental dependem da utilização de ferramentas adequadas e ajustadas à ZDP da criança. Vygotsky considera a ZDP a estratégia de desenvolvimento e da aprendizagem.

Definição de zona de desenvolvimento proximal

A zona de desenvolvimento proximal, ou ZDP, é um dos conceitos mais conhecidos e associados à perspetiva de Vygotsky, sendo uma forma de concetualização da relação entre a aprendizagem e o desenvolvimento. Vygotsky opta pela palavra zona dada a sua conceção de desenvolvimento, enquanto um contínuo de comportamentos ou graus de maturação. Vygotsky descreve esta zona como a "distância entre o nível de desenvolvimento real, determinado pela resolução de problemas, de forma independente e o nível de desenvolvimento potencial, determinado através da resolução de problemas sob a orientação de adultos ou de colaboração com pares mais capazes" (Vygotsky, 1978, p.86).

Ao descrever a zona como proximal (a seguir, próxima, perto de), significa que a zona está limitada por esses comportamentos que se irão desenvolver num futuro próximo. Proximal não se refere a todos os possíveis comportamentos que emergem eventualmente, mas àqueles mais próximos de emergir a qualquer momento: "O que a criança pode fazer hoje com ajuda, será capaz de fazer sozinha amanhã" (Vygotsky, 1987, p. 211).

Realização autónoma e realização assistida

Para Vygotsky, o desenvolvimento manifesta-se a dois níveis, que estabelecem os limites da ZDP: o nível mais baixo, em que o desempenho (*performance*) da criança é independente, ou seja, a criança sabe e pode fazer sozinha, de forma autónoma. E o nível superior, ou seja, o nível máximo que a criança pode atingir com ajuda, considerado nível de *performance* assistida, ou com ajuda. Podem existir, contudo, entre estes níveis extremos, graus de *performance* parcialmente assistida (ver figura 4.1).

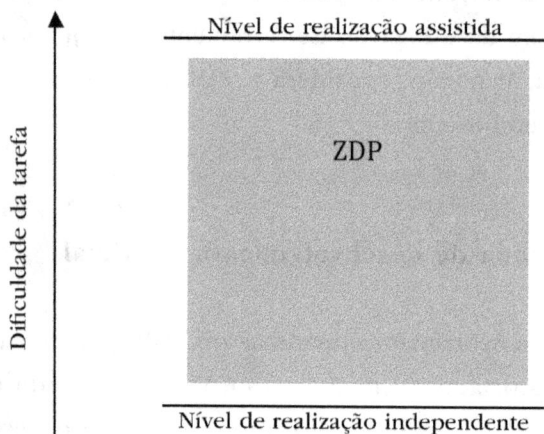

Nível de realização assistida

ZDP

Dificuldade da tarefa

Nível de realização independente

Figura 4.1 A zona de desenvolvimento proximal

As habilidades e os comportamentos manifestos na ZDP são dinâmicos e em constante mutação. O que uma criança faz hoje com algum tipo de assistência ou ajuda é o que a criança faz amanhã de uma forma independente ou autónoma. O que requer o máximo de apoio e assistência hoje será algo que a criança pode fazer com ajuda mínima amanhã. Neste sentido, o nível de desempenho assistido muda à medida que a criança se desenvolve.

Em educação e psicologia, tradicionalmente e tendencialmente, enfatiza-se o desempenho independente. Todavia, Vygotsky considera que o nível de desempenho independente é um índice importante de desenvolvimento, mas não é suficiente para descrever completamente o desenvolvimento.

O nível de desempenho assistido manifesta-se por comportamentos realizados com a ajuda de, ou em interação com, outra pessoa, seja um adulto ou um colega. Essa interação pode envolver dicas ou pistas, perguntas, reformulações, demonstrações da tarefa, na totalidade ou partes, etc. A interação pode tomar, igualmente, a forma de ajuda indireta, como, por exemplo, a organização de um ambiente facilitador da prática de aptidões específicas. Por exemplo, um professor pode disponibilizar materiais, tipo rótulos, para incentivar o processo de classificação. Igualmente, a ajuda pode ser traduzida em situações reais ou imaginárias, do tipo simulações. Neste sentido, pode considerar-se que o nível de desempenho assistido pode ser encontrado ou atingido a partir de situações de interação social. As formas específicas de interação social que promovem o desenvolvimento intelectual são descritas nos capítulos 5, 6 e 7.

Dinâmica da ZDP

A ZDP não é estática, mudando à medida que a criança atinge um nível superior de pensamento e de conhecimento (ver Figura 4.2). Neste sentido, podemos dizer que o desenvolvimento envolve uma mudança sequencial de zonas. Cada mudança corresponde à aprendizagem de novos e mais complexos conceitos e habilidades. Assim, é presumível que o indivíduo que antes carecia de ajuda, hoje é capaz de manifestar desempenhos autónomos. Porém, como diariamente, e de forma sistemática, o sujeito é confrontado com tarefas cada vez mais difíceis e complexas, vão emergindo novos níveis de realização. Este ciclo repete-se várias vezes, até a criança atingir ou adquirir um corpo de conhecimentos, habilidades, estratégias, disciplina e comportamento, esperado.

Dificuldade da tarefa

Nível de realização assistida

ZDP$_3$

Nível de realização independente

Nível de realização assistida

ZDP$_2$

Nível de realização independente

Nível de realização assistida

ZDP$_1$

Nível de realização independente

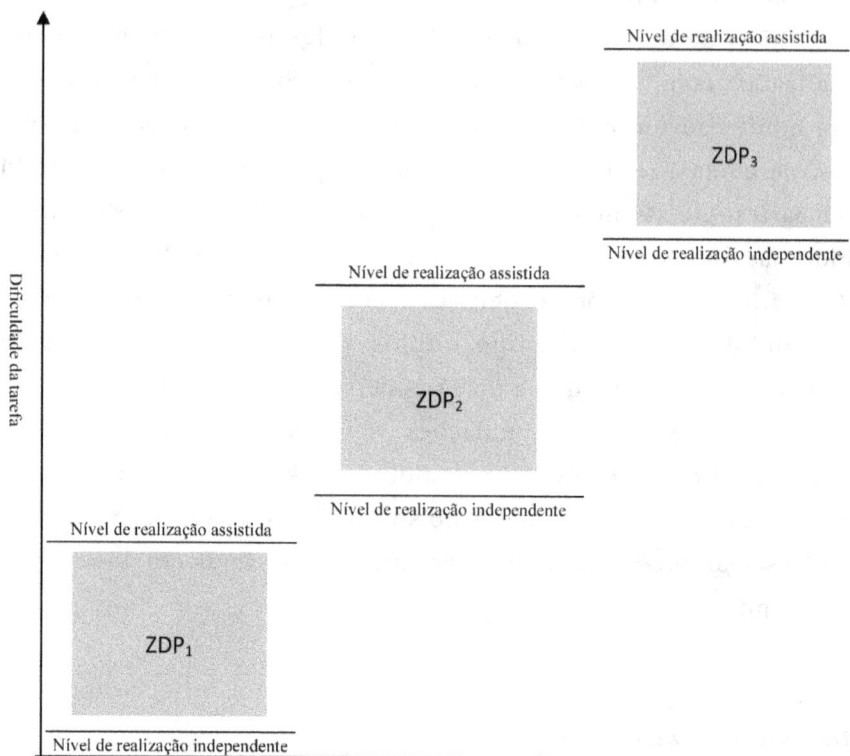

Figura 4.2 A natureza dinâmica da ZDP

A ZDP é diferente de indivíduo para indivíduo. Assim, enquanto algumas crianças carecem de ajuda, de forma recorrente, para cumprir ou atingir determinado nível de desenvolvimento, outras manifestam avanços rápidos, sem grandes ou mesmo nenhum auxílio.

Igualmente, a dimensão ou tamanho da ZDP, de um mesmo indivíduo, pode variar de uma área, ou domínio, para a outra, ou em momentos diferentes, no processo de aprendizagem. Por exemplo, uma criança com um elevado nível de desenvolvimento verbal pode não apresentar qualquer tipo de dificuldade na aquisição de conceitos, na compreensão da leitura, mas pode revelar dificuldade com as divisões numéricas. Os Vygotskyanos consideram que as crianças podem necessitar de mais ajudas numa área do que noutra. Igualmente, consideram que as crianças podem responder a diferentes tipos de apoio, consoante os diferentes momentos de aprendizagem e de desenvolvimento. Se a criança ainda está muito aquém do desenvolvimento esperado, ela pode necessitar de mais atividades e mais ajudas e, neste sentido, a ZDP é maior.

Utilização da ZDP na análise do desenvolvimento

A perspetiva de Vygotsky enfatiza a criança "ser" ou "a criança futura", mais do que "a criança presente" ou "no momento atual". A este propósito, Leon'tev, posteriormente à morte de Vygotsky, considera que, "contrariamente aos investigadores e teóricos norte-americanos, que se preocupam muito com as causas e fatores do desenvolvimento, ou seja, saber porque é o que é e como é a criança, os teóricos russos, na linha Vygotskiana, focalizam-se no como pode tornar-se o que ainda não é." (Bronfenbrenner, 1977, p.528). A ênfase do paradigma Vygotskiano situa-se, assim, ao nível mais elevado da ZDP, ou seja, no que a criança vai ser no futuro. Mas uma questão se coloca: como podemos estudar alguma coisa que ainda não existe? Se esperarmos até que um determinado conceito ou habilidade surja, estaremos a estudar a criança de hoje, não do ou no futuro! O que nos remete para a necessidade de encontrar uma estratégia que nos permita estudar o processo que ocorre entre o estado atual e o estado futuro.

Uma das inovações da abordagem Vygotskiana é o método de pesquisa da dupla estimulação, ou método micro genético, como é mais conhecido na psicologia americana (Valsiner, 1989). Este método permite analisar como emergem novos conceitos ou habilidades (Vygotsky, 1999). O investigador ou observador planifica as ajudas, as pistas e outras intervenções, pensando não somente no que a criança aprende, mas como a criança aprende. A criança é o centro, o que tem que aprender tarefas, e os educadores (monitores e/ou investigadores) elementos do contexto (o que dá sugestões, solicitações, materiais, dicas e interações), que são utilizados pela criança. São os educadores que auxiliam, prestam assistência, ao nível superior, da ZDP, e monitorizam o progresso da criança, dentro da ZDP

(Gal'perin, 1969). Os resultados destes estudos micro genéticos podem ser, então, observados a partir de métodos tradicionais. De referir, ainda, que adaptações do método micro genético conduziram à perspetiva de avaliação dinâmica (ver Capítulo 14), que tem vindo a ganhar popularidade em avaliação psicológica, e, igualmente, em contexto de sala de aula.

Vygotsky considerava que a ZDP total pode ser utilizada para determinar o nível de desenvolvimento da criança, porque revela (a) as habilidades que estão a emergir, e (b) os limites do desenvolvimento da criança, no momento atual, específico.

O comportamento da criança nas realizações assistidas revela as habilidades ou capacidades que estão para emergir. Se atentarmos, apenas, no desempenho autónomo permite-nos observar ou analisar o nível de desenvolvimento atual, ou seja, onde a criança está, o que faz e o que ela sabe, não se podendo inferir as habilidades ou capacidades que estão para emergir. Assim, duas crianças com desempenhos autónomos, ao mesmo nível, podem ter caraterísticas muito diferentes de desenvolvimento, porque as suas ZDP podem ser diferentes. Por exemplo, nem Teresa, nem Linda conseguem andar sozinhas numa trave de equilíbrio. O professor pode ajudar o desempenho de cada menina com o mesmo tipo de auxílio ou até de forma diferenciada. Mas, por exemplo, embora com o mesmo apoio do professor (por exemplo, incentivo verbal e promessa de apoio físico em caso de perceção de risco de queda), Teresa só consegue ficar na trave segurando a mão do professor, e Linda consegue atravessar a trave facilmente. Ao atentarmos para o desempenho diferenciado, embora com a mesma ajuda, ou seja, a forma como cada uma responde ao auxílio, podemos dizer que elas estão em níveis diferentes de desenvolvimento.

A ZDP não é ilimitada; uma criança não pode ser estar sempre a ser ensinada e a qualquer momento. O desempenho assistido é o nível máximo em que uma criança pode realizar hoje. Igualmente, às crianças não podem ser ensinadas habilidades ou comportamentos que excedam a sua ZDP. Tendo em conta o exemplo anterior, independentemente do apoio que o professor deu naquele dia, Teresa e Linda não podem ser ensinadas ou incentivadas, para já, a fazer o pino na trave. Tal objetivo ultrapassa, em muito, as suas potencialidades imediatas.

Quando um comportamento está fora da ZDP, as crianças geralmente ignoram, não utilizam ou utilizam incorretamente essa habilidade. Ao observar as reações das crianças, os professores/educadores vão saber se os apoios se enquadram na ZDP. Os professores devem observar atentamente que pistas, dicas, livros, atividades entre colegas têm um efeito desejado na aprendizagem da criança. Os professores não devem ter receio de experimentar um nível superior, mas precisam prestar atenção à reação da criança aos ensaios para atingir o nível superior da ZDP.

Implicações para o ensino/aprendizagem

O termo ensino-aprendizagem é atualmente utilizado como uma tradução da palavra russa *obucheniye*. *Obucheniye* descreve todo o processo que potencia conhecimentos e competências, do aluno e do professor. Existe contributo de ambos, e implica que ambos sejam ativos neste processo. Contrariamente, em algumas conceções ocidentais de educação, a aprendizagem é entendida como o que o aluno faz, enquanto o ensino é perspetivado no polo do professor, como o que treina e educa.

A ZDP tem três implicações importantes para o processo ensino/aprendizagem, no:

1. Como ajudar a criança na realização de uma tarefa;
2. Como avaliar as crianças;
3. Como determinar o que é desenvolvimentalmente adequado;

Auxiliar (*ajudas*) o desempenho

É comum pensar no nível de desempenho assistido da ZDP em termos de interações entre principiante/perito, em que um tem mais conhecimento do que o outro. Neste tipo de interação, que ocorre mais comummente no ensino direto, por exemplo, interação professor-aluno, é responsabilidade do perito prestar apoio e orientar a interação para que o novato possa adquirir o comportamento necessário e requerido. Essas interações entre novato/perito podem ser informais, como quando as crianças interagem com os pais ou irmãos (Rogoff, 1990).

No entanto, a conceção de Vygotsky sobre a ZDP é muito mais ampla do que a interação novato/peritos, pois pode estender-se a todas as atividades socialmente partilhadas. De facto, nem todas as ajudas utilizadas pela criança são intencionalmente fornecidas por um adulto. Vygotsky considerava que a criança pode ter desempenhos a um nível mais elevado da ZDP, através de qualquer tipo de interação social, ou seja, a interação com os pares, como iguais, com os parceiros imaginários, ou com crianças que estão em outros níveis de desenvolvimento (Newman & Holzman, 1993). Por exemplo, o Beto de 3 anos não consegue, ainda, estar sentado durante a história. O educador tenta, de diferentes formas, ajudá-lo a focar-se e a sentar-se. Chama-o para perto de si, diz o seu nome, coloca a mão no seu ombro, utilizando, até, sinais não verbais. Apesar destes esforços, ou ajudas, o Beto continua a mexer-se muito e a olhar ao redor da sala, sem manifestar qualquer vontade ou interesse em sentar-se a ouvir a história. Contudo, mais tarde, Beto brinca, no recreio escolar, com um grupo de amigos. O António senta-se numa cadeira e "lê" o livro, simulando ser a educadora, enquanto Beto e várias outras crianças simulam ser alunos atentos. O Beto senta-se e escuta o António, permanecendo focalizado cerca de 4-5 minutos. Ou seja, o Beto realiza o comportamento sentar e estar com a atenção focalizada, que o professor deseja. O que significa que a capacidade de se sentar e de se concentrar durante um curto período de tempo está dentro da sua ZDP. Todavia, constatamos que a criança requer apoio diferenciado, e que parece ser mais eficaz o auxílio dos pares. Com a ajuda dos pares, é capaz de ter realizações a um nível mais elevado da sua ZDP. Com a educadora ele não foi capaz de o atingir. Apresentaremos, no capítulo 10, a importância do jogo na ZDP.

Avaliação das capacidades da criança

A ZDP tem implicações diretas na avaliação das crianças, em torno do que sabem e fazem e do que podem vir a saber e a fazer. Ou seja, não se limita à avaliação do que fazem de forma autónoma, mas, igualmente, o que podem fazer com diferentes níveis e formas de ajuda. Implica, igualmente, que os professores/educadores devam estar atentos à forma como as crianças aproveitam a ajuda, bem como as sugestões que são mais eficazes. Esta estratégia, frequentemente designada de avaliação dinâmica, tem um grande potencial, em termos do desenvolvimento, podendo ser disseminada até em contexto de sala de aula, aspeto que será abordado no capítulo 14 (Cronbach, 1990; Spector, 1992).

Concetualização de Práticas Desenvolvimentais Apropriadas

A concetualização de Práticas Desenvolvimentais Apropriadas (PDA) pode confundir-se com a ZDP, embora não deva ser explicitada nos mesmos termos. Neste sentido, devido a alguns mal-entendidos sobre o significado de PDA, a Associação Nacional da educação das crianças publicou os Fundamentos básicos das Práticas desenvolvimentais apropriadas: Uma Introdução para educadores de crianças dos 3-6 anos, enquanto orientações explicitadoras dos princípios da abordagem (Copple & Bredekamp, 2005). Copple e Bredekamp chamam a atenção para os níveis de desenvolvimento esperado para estas idades e para os diversos níveis, físico, emocional, social, cognitivo, bem como para a necessidade de observar os níveis individuais das crianças, alertando para que as intervenções não devem ter por objetivo tentar ultrapassar etapas de desenvolvimento. (p.7). Ou seja, os educadores devem saber identificar quer o nível de desempenho independente, autónomo, que define ou estabelece o nível mais baixo da ZDP, quer os objetivos que a criança pode atingir com ajuda, atingindo assim o nível superior da ZDP.

De facto, a ZDP amplifica a perspetiva do que são atividades desenvolvimentais apropriadas, enfatizando a inclusão, no processo de desenvolvimento, de atividades e tarefas que a criança pode e deve desempenhar com auxílio. Vygotsky considera que uma intervenção eficaz é a que visa níveis superiores de desenvolvimento, ou seja, não apenas o que as crianças conseguem fazer sozinhas, de forma autónoma, mas, igualmente, o que conseguem fazer com ajuda, tendo em atenção, no entanto, não ultrapassar etapas de desenvolvimento. Podem ser exemplos: quando o bebé tenta verbalizar o nome do objeto, o adulto nomeia-o, repetidamente, de forma correta, construindo frases. O educador pode ser mesmo mediador, ou antecipador, não aguardando, apenas, que os comportamentos de nível superior surjam naturalmente ou espontaneamente. Vygotsky enfatiza que a criança deve praticar o que pode fazer de forma independente e, ao mesmo tempo, ser exposto a situações que concorram para níveis mais elevados da ZDP. Os dois níveis de desenvolvimento são necessários. Igualmente, os educadores devem ser sensíveis às manifestações da criança ao apoio e assistência na ZDP. Se a criança aceita e responde ao apoio do educador, podemos dizer que o educador está "a trabalhar dentro da ZDP". Se, pelo contrário, a criança ignora ou não responde à ajuda, e, assim, não executa ao nível superior da ZDP, como esperado, então, o professor precisa repensar o apoio ou pensar que o comportamento esperado está fora da ZDP. Pode acontecer que a habilidade, capacidade, esteja fora da zona desta criança ou que o tipo de apoio não seja o mais adequado. Assim, diríamos que a ZDP auxilia os educadores a identificar e a pesquisar níveis de desenvolvimento e ajudas de potenciação/desenvolvimento.

A instrumentalidade da ZDP na promoção do desenvolvimento

Vygotsky foi bastante vago sobre como, efetivamente, a criança atinge o limite superior da zona (ZDP). Daqui decorre que vários investigadores tenham tentado operacionalizar a ZDP e trabalhado bastante, e de formas ligeiramente diferentes, a perspetiva Vygotskiana de ZDP, tais como Zaporozhets (1978, 1986), Wood, Bruner e Ross (1976), e Newman, Griffin e Cole (1989). Cada conceção acrescenta algo à compreensão e funcionamento da ZDP, permitindo a orientação dos educadores que pretendem utilizar a ZDP para melhorar as suas intervenções ou o seu ensino. Uma análise mais aprofundada das questões teóricas associadas à ideia da ZDP, bem como a discussão sobre as implicações deste recurso de ensino-aprendizagem pode ser encontrada nos trabalhos, de muitos autores, discípulos de Vygotsky, como S. Chaiklin (Chaiklin, 2003) e G. Wells (Wells, 1999).

Amplificação

Zaporozeths (1978, 1986) cunhou o termo amplificação para descrever as formas apropriadas e desenvolventes de utilização da ZDP. A ideia de amplificação é o oposto de aceleração (acelerar o desenvolvimento de uma criança). Amplificação significa criar "Ótimas oportunidades educacionais para a criança atingir o seu potencial e desenvolver-se de forma harmoniosa. Não significa intervenções precoces, acelera-das, com vista a antecipações prematuras" (Zaporozhets, 1978, p.88). A aceleração, que ensina e treina as habilidades que a criança não está preparada para aprender, porque estão muito fora da sua ZDP, segundo Zaporozhets, não conduz a um desenvolvimento ótimo. Para este autor, embora se possam ensinar às crianças algumas coisas fora da sua ZDP, esta habilidade ou conhecimento continuará a existir de forma isolada, não integrada. Neste sentido, a aceleração não tem um impacto positivo sobre as realizações ou manifestações do desenvolvimento, em situações futuras. Por exemplo, depois de muito treino, uma criança de 3 anos de idade pode conseguir localizar as letras de um teclado de compu-tador. Esta aprendizagem, no entanto, não conduz ao desenvolvimento da escrita, porque está fora da ZDP da criança. Outro exemplo pode ser o da aprendizagem/memorização da tabuada, antes da criança ter capacidade para entender o seu funcionamento. Pode repetir, mas não integra nem aplica a informação aprendida. Ou seja, não serão capazes de usá-la de forma significativa para resolver problemas.

O conceito de amplificação, por outro lado, baseia-se no aumento de desenvolvimento, mas nunca fora da ZDP. A amplificação auxilia comportamentos emergentes, utilizando as ferramentas e o desempenho assistido, dentro da ZDP da criança. Por exemplo, crianças em idade pré-escolar aprendem muitas coisas através da manipulação de objetos. A manipulação pode ser utilizada para ensinar conceitos tais como o número ou a classificação, que são pré-requisitos para as aprendizagens escolares imediatas. Em idade pré-escolar, as crianças podem utilizar peças manipuláveis para entender uma relação física, como a que existe entre distância e velocidade. Em idade escolar, as crianças já podem utilizar este conhecimento, raciocinar, de uma forma mais abstrata. Assim, em idade pré-escolar, não será apropriado utilizar formas abstratas para perceber a relação entre velocidade e distância.

Andaimes[2] (*scaffolding*)

Wood, Bruner e Ross (1976) propõem que o perito deve fornecer andaimes, dentro da ZDP, para permitir que o novato execute a um nível superior. Com andaimes, a tarefa em si não é alterada, contudo, o que o aluno inicialmente não faz autonomamente, pode mais facilmente fazê-lo com ajuda. Aos poucos, deve diminuir-se o nível de assistência, e o aluno passar a ter mais responsabilidade no desempenho da tarefa (Wood, Bruner & Ross, 1976). Por exemplo, numa tarefa de contagem de 10 objetos: os andaimes podem consistir em contagem conjunta, educador e criança, em que o educador conta em voz alta com a criança, segurando o seu dedo, e chamando a atenção para cada objeto. Nesta situação, o educador tem a grande responsabilidade na contagem, enquanto a criança segue os passos do educador. Progressivamente, o educador retira os apoios, tal como na construção de um edifício em que os andaimes são retirados à medida que se terminam os andares. Na última etapa, o educador já não diz os números e a criança já cumprirá a tarefa sozinha, após a solicitação do educador.

Na perspetiva de Wood, Bruner e Ross (1976), os tipos de andaimes podem variar ou assumir formas diferentes. Por vezes, o adulto pode dirigir a atenção para um aspeto que foi esquecido, em outros momentos, o adulto pode funcionar como modelo, apresentando a forma mais

---

[2] No original, *scaffolding*: termo desenvolvido como metáfora para descrever o tipo de ajuda dada por um professor/educador ou pelos pares para auxiliar a aprendizagem. Ao longo deste capítulo, *scaffolding* foi traduzido por assistência/ajuda (andaimes), no sentido explicado nesta nota. (N.T.).

correta de realizar a tarefa. Porém, há que não esquecer que a eficácia dos andaimes depende muito das motivações e interesses das crianças:

Reduzir ou simplificar o número de passos necessários para resolver o problema para que a criança possa geri-los, ou manter o interesse da criança na procura do objetivo, apontar as caraterísticas essenciais que mostram a diferença entre o desempenho da criança e o desempenho ideal, a frustração de controlo e demonstrar a versão idealizada do que a criança está a fazer. (Wood, Brunner & Ross, 1976, p.60).

Bruner criou o conceito de andaimes, principalmente no domínio da aquisição da linguagem. Ressalta que, quando as crianças estão a aprender a linguagem, a presença dos pais da criança é fundamental, devido ao seu discurso mais maduro. No entanto, considera que os pais devem variar a quantidade de apoio contextual que dão. Segundo Bruner, os pais devem reafirmar, repetir as palavras que têm um significado importante, usar gestos, e responder às manifestações da criança, centrando-se mais no significado dos enunciados da criança e não tanto na forma gramatical. Os adultos devem manter um diálogo com a criança, como se esta fosse um adulto que entende tudo. Para responder às exigências da ZDP, os pais devem agir como se a criança possa entender e não em função do nível real da criança, da sua produção da fala. Isto é o que Garvey chama falar com o "filho futuro" (*"the future child"*) (Garvey, 1986). Por exemplo, quando uma criança aponta para um tigre no jardim zoológico e diz "Rrrrr", a mãe deve responder, dizendo: "Sim, isso é um tigre. Vês as suas crias? Ela tem três filhos." Assim, a mãe responde como se a criança tivesse dito "Olha o tigre.". Depois de exposições repetidas a formas de linguagem mais maduras, dentro da ZDP, as crianças começam a adquirir vocabulário, a gramática. Bruner designou esse suporte de Sistema de Suporte à Aquisição da Linguagem, ou SSAL.

No início do processo de aprendizagem, há maior necessidade do adulto ter intervenções mais ativas e uma maior quantidade de andaimes, direcionando e orientando mais o comportamento da criança para a fase seguinte. A responsabilidade do educador vai diminuindo à medida que a criança se torna mais autónoma. Esta mudança de responsabilidade, em que o aprendiz passa de expectador a participante, em que o educador remete para o aprendiz a tarefa e a responsabilidade, Bruner designa por princípio remetente (*hand over*) (Bruner, 1983).

Em resumo, a ideia de andaimes esclarece o que ocorre na ZDP:

1. A tarefa não é facilitada, mas a quantidade e o tipo de assistência é variável;
2. A responsabilidade é transferida, progressivamente, do educador para a criança;
3. O apoio prestado deve ser temporário, retirado gradualmente, conducente à autonomia.

A ZDP como zona de construção

Michael Cole e os seus colaboradores (Newman, Griffin & Cole, 1989), que trabalharam com crianças em sala de aula do ensino elementar, na Califórnia, descrevem a ZDP como uma zona de construção. Contudo, consideram que a coconstrução é mais do que a modelação do professor. O professor deve ser também ativo no processo de construção da criança. Enquanto a criança constrói o conceito, o professor está a construir a compreensão, o raciocínio, através de perguntas, testes e ações. Neste sentido, o professor deve esforçar-se por compreender como é que a criança compreende. Consideram que a criança somente quando se apropria do conceito tem uma compreensão completa do objetivo ou *performance* final. A intervenção do educador auxilia a realçar a importância de ambos os participantes na coconstrução.

Desempenho (*performance*) e Competência

Outra ideia que ajuda a esclarecer a ZDP é o que Cazden (1981) designou por desempenho que vem antes da competência. As crianças não precisam ter pleno conhecimento ou compreensão plena, antes dos desempenhos. O conhecimento pleno ou competência são adquiridos depois da tarefa ter sido realizada várias vezes. Linda aprende como adicionar números utilizando o material (varetas) Cuisenaire. Ela pode alinhar corretamente as varetas até fazer o número 10, embora não consiga explicar o processo. Mesmo quando repete a explicação do professor, parece que está apenas a repetir as palavras, mas revelando pouca compreensão. Após alguns ensaios ou práticas, a explicação do professor desperta na criança um "Entendi!". Conquanto o comportamento esteja no intervalo da ZDP da criança, a falta de compreensão completa não é um problema. A compreensão plena surgirá com o prosseguimento do diálogo e interação com os outros.

Estruturação de Situações

Rogoff estudou o desempenho em situações informais, interações mãe-criança, interações entre professores e aprendizes de tecelagem, no México (Rogoff, 1986, 1990; Rogoff & Wertsch, 1984). Rogoff considera que o adulto ou perito (a um nível superior de desenvolvimento) deve estruturar as tarefas em função de diferentes níveis ou submetas. Deve preparar e estruturar as situações, por forma a serem desenvolventes, sabendo que a aprendizagem não acontece apenas com ou em um ensaio apenas. A estruturação auxilia o aluno a atingir o nível superior da sua ZDP. Rogoff enfatiza a importância das situações alternativas que o perito deve estruturar para ajudar o desempenho. As sugestões alternativas e os apoios devem seguir e ter em conta o perfil da criança e não devem ser arbitrariamente impostas com base em outros critérios. Não se devem queimar ou ultrapassar etapas do desenvolvimento.

Dinâmica dos andaimes na ZDP

Tharp e Gallimore (1988) dirigiram o Programa de educação elementar Kamehameha (Kamehameha Elementary Education Program - PIPE), no Havai, vocacionado para crianças em idade de escolaridade básica. Eles propuseram uma descrição de quatro estádios da ZDP, que vai além da definição comummente utilizada pela maioria dos investigadores, no âmbito da perspetiva Vygotskiana. O aspeto mais caraterístico da sua abordagem é a conceção de desempenho na ZDP, como um processo circular recursivo, ao invés de linear. A concetualização de ZDP é semelhante ao mencionado anteriormente, acrescido do facto de assumirem que, embora um conceito ou habilidade possa estar apropriado, podem existir situações em que a criança pode continuar a precisar de andaimes ou ajudas, novamente. Quando confrontado com novos e diferentes contextos, a criança pode precisar de apoio na transferência de competências para uma nova situação.

Finalizando, podemos dizer que a perspetiva de ZDP tem importantes implicações para a educação. Oferece alternativas sobre a forma ou formas de ajudar as crianças no processo ensino/aprendizagem, no como podemos avaliar as crianças, e como é que nós podemos definir a prática desenvolvimental adequada. Nos capítulos que se seguem, iremos discutir como aplicar essas ideias em situações diferentes, em contexto de sala de aula.

Leituras adicionais

Chaiklin, S. (2003). The zone of proximal development in Vygotsky's analysis of learning and instruction. In A. Kozulin, B. Gindis, V. Ageyev, & S. Miller (Eds.), *Vygotsky's educational theory in cultural context.* NY: Cambridge University Press.

Rogoff, B., & Wertsch, J. (Eds). (1984). *Children's learning in the "zone of proximal development.".* San Francisco: Jossey-Bass.

Well, G. (1999). The zone of proximal development and its implications for learning and teaching. In *Dialogic inquiry. Towards a sociocultural pratice and theory of education.* New York: Cambridge University Press.

CAPÍTULO 5
TÁTICA: UTILIZAÇÃO DE MEDIADORES

Os professores podem promover desenvolvimento e conduzir a criança de uma *performance* assistida a uma realização autónoma/ independente. O paradigma Vygotskiano considera que uma forma de passar de uma realização assistida a uma realização autónoma será pela utilização de ferramentas mentais simples, como mediadores. Os mediadores facilitam a responsabilização das crianças. Desenvolvidos com o auxílio do adulto, podem ser utilizados pelas crianças, mesmo na ausência do professor ou adulto. Neste capítulo descrevemos os mediadores e sugerem-se formas da sua utilização em atividades e contexto de sala de aulas.

Mediadores como ferramentas mentais

Na perspetiva de Vygotsky, um mediador é algo que é intermédio, ou seja, está entre um estímulo ambiental e uma resposta individual a esse estímulo (ver capítulo 3, Figura 3.1). Os indivíduos criam os mediadores para dar respostas específicas. Por exemplo, quando desenhamos uma seta a apontar para um determinado sítio num mapa, fazemo-lo para que possamos rapidamente encontrar esse ponto na próxima vez que consultarmos o mapa. A seta mediadora orienta-nos para o ponto específico, fazendo com que não percamos tempo a analisar o mapa inteiro. Os mediadores podem, portanto, auxiliar os processos mentais – perceção, atenção, memória – assim como comportamentos sociais específicos.

Os adultos são capazes de criar e de utilizar mediadores abstratos e complexos – incluindo sinais, símbolos, modelos gráficos, planos e mapas – importantes numa variedade de tarefas. Estes mediadores podem ser visíveis pelos outros, como uma lista de coisas a fazer, ou podem ser internos, como técnicas de memória, tipo mnemónicas. Geralmente, os adultos utilizam mais os mediadores internos e, quase sempre, de forma automática, sem terem uma noção consciente. Contudo, por vezes, os adultos vivem situações em que a utilização automática de mediadores é interrompida ou dificultada por algum motivo. Nessas situações, os adultos recorrem a mediadores externos em detrimento dos internos. Por exemplo, um adulto que esteja a utilizar um fogão desconhecido deve olhar para os sinais no painel de controlo (mediador externo) e descobrir cada associação. Quando se utiliza um fogão conhecido, o adulto tem um padrão interno que relaciona as pistas com os respetivos bicos. Outro exemplo, ou situação: um adulto que conduz um carro com a manete das mudanças que é novo para ela. Ele olhará para o diagrama no cimo da manete para ter a certeza que está a colocar a primeira velocidade e não a marcha atrás!

Ao contrário dos adultos e das crianças mais velhas, as crianças mais pequenas apenas utilizam mediadores que são externos e visíveis, pois a utilização dos mediadores internos ainda não está integrada nos seus padrões de pensamento. Os mediadores externos e visíveis são percebidos e tangíveis pelos outros, adultos e outras crianças. Exemplo: A Sofia quer escrever a palavra "fazer". Ela diz a palavra devagar e isola o "f.". Observa um quadro com o alfabeto e encontra a figura que começa com o mesmo som. Ela, então, pensa que "faca" começa como "fazer", logo escreve a letra que está ao lado da imagem "faca" – a letra "F". O António está a aprender a adição. Ele utiliza os seus dedos para o ajudar a calcular. Assim, os dedos funcionam como um mediador, havendo maiores probabilidades de a sua soma vir a estar correta. Neste caso, a criança utiliza o mediador para acelerar o comportamento. Os mediadores externos inscrevem-se na categoria das primeiras ferramentas mentais que as crianças pequenas aprendem a utilizar.

A função dos mediadores

Como todas as ferramentas mentais, os mediadores têm duas funções. A sua imediata e primeira função é auxiliar as crianças a resolver problemas e a torná-las mais autónomas, ou seja, a passarem de desempenhos que anteriormente careciam de orientação direta dos adultos para desempenhos independentes.

A educadora quer limitar o número de crianças que podem brincar, ao mesmo tempo, na área de construção de blocos. Recorda que as crianças devem lembrar-se que apenas quatro podem entrar na área, e que permitir a entrada de mais crianças não seria proveitoso. A educadora sabe que deve chamar a atenção, pois algumas das crianças não conseguem contar, por forma a poderem regular as suas ações. Isto significa que a educadora tem que funcionar como um regulador – um papel que ela não aprecia, mas tem que ser... . Para encorajar as crianças a tomarem responsabilidade pela monitorização do número que pode estar na área, ela colocou, à entrada, uma caixa para cada um e uma lata de café. A caixa contém figuras de quatro cadeiras e a lata de café tem a imagem da área de construção de blocos. Quando o Miguel entra na área, ele tira uma das imagens da cadeira, da caixa, e coloca-a na lata de café. O João, o Martim e a Elisa fazem o mesmo. Quando todas as imagens das cadeiras desaparecem, isso informa todas as crianças de que não pode entrar mais nenhuma criança. Ao disponibilizar as imagens das cadeiras, a educadora proporciona um mediador tangível para ajudar as crianças a lembrarem-se do limite.

A segunda função dos mediadores produz-se a longo prazo – contribuir para a reestruturação das mentes das crianças, promovendo a transformação de funções mentais mais simples, em funções mentais superiores (ver Capítulo 2). Ao descrever os efeitos da utilização dos mediadores no funcionamento mental das crianças, Vygotsky considera:

> "A criança que antes resolvia os problemas impulsivamente, agora resolve-os através duma conexão interna, estabelecida entre o estímulo e o correspondente sinal auxiliar. O sistema de sinais reestrutura todo o processo psicológico. (p. 35)".

Podemos ilustrar esta reestruturação de todo o processo psicológico com um exemplo de memória. Quando se pergunta sobre o seu livro favorito, o Tomás, um menino de 4 anos, primeiro lembra-se de um episódio, depois de outro, e, a partir de um determinado momento, passa a falar de um livro completamente diferente. Ao lembrar-se da história, o Tomás age impulsivamente, o que significa que utiliza a sua memória associativa (capítulo 2) e não a sua memória intencional (*deliberative*). Quatro anos mais tarde, o Tomás tem já um melhor controlo sobre a recuperação de informação. Atualmente, ele tem já muitos mediadores que poderá escolher quando recontar uma história: pode marcar o início, o meio e o fim da história com adesivos coloridos; pode desenhar imagens dos acontecimentos principais; pode escrever um resumo da história... . Com a utilização dos mediadores, para além da sua memória conseguir armazenar mais informação, toda a sua estrutura muda.

Trajetória desenvolvimental dos mediadores

No quadro teórico de Vygotsky, os mediadores transformam-se em ferramentas mentais quando a criança os incorpora na sua própria atividade. Como outras ferramentas culturais, os mediadores, primeiro ocorrem em atividade partilhada e são, posteriormente, apropriados pela criança. Vygotsky (1994) identificou quatro estádios no processo de aprendizagem da utilização de mediadores, por parte das crianças. Esses estádios podem ser aplicados à aprendizagem de um mediador específico (como aprender a utilizar um quadro com o alfabeto ou a contar pelos dedos), mas também a toda a transformação, que ocorre, no processo de aprendizagem, como resultado da aquisição de ferramentas mentais, pela criança.

No primeiro estádio, o comportamento da criança é guiado pelas funções mentais inferiores em que nenhum mediador, mesmo quando introduzido por um adulto, tem efeitos no seu comportamento. Num segundo estádio, as crianças podem utilizar os mediadores, mas apenas com a ajuda de adultos e apenas em situações parecidas àquelas em que esses mediadores foram introduzidos inicialmente. O terceiro estádio ocorre quando as crianças começam a utilizar os mediadores de forma independente, já com intencionalidade. Contudo, neste estádio, tal como no anterior, o mediador permanece externo à criança, limitando, por isso, a amplitude da sua utilização. Por último, no quarto estádio, a ferramenta é internalizada. Neste momento, as ferramentas externas já não são tão necessárias e os novos comportamentos já são mediados por uma ferramenta mental mais sofisticada, alcançando-se, muitas vezes, um novo nível qualitativo.

Nos seus estudos sobre o desenvolvimento da atenção, memória e outras funções mentais, Leont'ev (1981, 1994) demonstrou, experiencialmente, a existência destes estádios, identificando as idades em que as mudanças qualitativas, pela utilização de mediadores, têm lugar. Numa das suas explorações, foi pedido aos sujeitos que jogassem um jogo de "cores proibidas". Neste jogo, o sujeito tem que responder a uma série de questões sem usar o nome duma determinada cor (ex.: preto e branco) e sem usar o nome da mesma cor duas vezes. O experimentador tenta enganar o sujeito, induzindo a utilização do nome das cores proibidas, através de perguntas como "Qual a cor da neve?" ou "Qual é a cor do carvão?". A adequação das respostas aumenta com a idade dos sujeitos: as crianças que se encontram em idade pré-escolar são facilmente enganados pelo experimentador e cometem, geralmente, vários erros, contrastando com os estudantes do ensino secundário e os adultos, que são capazes de tomar atenção a todas as questões e de se lembrarem das cores cujo nome utilizaram anteriormente.

Em diferentes fases da tarefa, é dado aos sujeitos uma pilha de cartões com cores (mediadores) e é-lhes dito que poderiam usá-los para os ajudar a jogar o jogo. A introdução de cartões não mudou o comportamento das crianças de quatro anos – elas não tentaram utilizar os cartões como mediadores externos. As crianças de seis e de sete anos tentaram fazer uma associação entre a cor do cartão e o nome das cores que lhes atribuíram, mas foram incapazes de utilizar, de forma sistemática, os cartões como uma ferramenta auxiliar. As crianças entre os oito e os dez anos, por outro lado, melhoram significativamente a pontuação do seu jogo, reorganizando metodicamente os cartões depois de cada resposta, para que apenas as cores disponíveis continuem visíveis. Curiosamente, as crianças mais velhas e os adultos parecem não necessitar dos cartões como auxiliares do seu jogo. Neste sentido, Leont'ev considerou que as estratégias internas seriam suficientes para a recuperação de informação, dispensando-se os lembretes visuais.

Leont'ev descreveu os resultados da sua experiência, bem como os resultados de experiências similares que se focaram noutros comportamentos mediados, num gráfico que denominou de paralelograma desenvolvimental. Neste gráfico, as linhas de comportamentos não mediados ou mediados mentalmente tinham dois pontos de convergência: um nas crianças mais novas, em idade pré-escolar, que ainda não começaram a utilizar mediadores e outro nos adultos que abandonaram a utilização de mediadores externos, privilegiando estratégias internas mais avançadas.

Mediação de comportamentos sociais e emocionais

Vygotsky considerava que as pessoas têm uma longa história na utilização de mediadores para controlar as suas emoções. Ele exemplifica isto, a partir do exemplo de uma pessoa que age de forma impulsiva, em vez de pensar sobre qual será a melhor forma da ação (Vygotsky, 1997). No exemplo de Vygotsky, esta pessoa delega o processo de decisão para um dado – um mediador externo. O lançamento duma moeda ao ar ou o desenhar uma seta são formas possíveis de resolver uma discussão, utilizando-se um mediador externo para controlar as emoções dos outros – neste caso, numa situação que envolva interações sociais. Por exemplo, as crianças podem utilizar rimas ou jogos com dedos ("uma batata, duas batatas"; "tesoura, papel, pedra"), para resolver discussões sobre quem começa qualquer ação ou a quantidade de tempo que cada criança pode ficar com um brinquedo.

Uma forma possível de controlar as emoções é o "contar até 10" antes de agir, para evitar que se fique zangado ou irritado. O ato de contar serve como mediador externo. As crianças podem cantar rimas como "Varas e pedras podem quebrar os meus ossos, mas as palavras nunca me vão magoar", em vez de baterem. Cantando, elas podem conseguir o controlo sobre o impulso de lutar.

Alguns mediadores externos podem passar de geração em geração de crianças, dos jardins de infância de todo o mundo. Em alguns casos, os educadores podem ter que proporcionar às crianças mediadores externos que, porventura, não tenham sido modelados por crianças mais velhas (por exemplo, ensinar uma rima para resolver uma disputa). Mas, as crianças podem também aprender como utilizar mediadores, a partir dos amigos ou crianças mais crescidas, como, por exemplo, contar até 10 ou respirar fundo 10 vezes para ajudar a ultrapassar os seus sentimentos de raiva.

Mediação externa da cognição

A utilização de mediadores para potenciar e auxiliar o desenvolvimento cognitivo foi amplamente disseminada nas salas de aula na Rússia e nos Estados Unidos. Nos primeiros anos da infância, os mediadores são muito úteis enquanto auxiliares da perceção, atenção, memória e raciocínio, tendo em conta a sua Zona de desenvolvimento Proximal (ZDP).

Perceção

Alexander Zaporozherts, contemporâneo e colega de Vygotsky, considera que as crianças apreendem categorias percetivas, através de mediação externa (Zaporozherts, 1977). Objetos do dia-a-dia transformam-se em padrões sensoriais que ajudam as crianças a aperceberem-se das diferenças pela cor, tamanho, textura e som. Por exemplo, as crianças aprendem a diferença entre laranja e vermelho, quando comparam uma laranja com um tomate. Se aos 2 anos de idade apenas lhes são dados cartões com cores sem pistas contextuais e lhes é perguntado qual é vermelho e qual é laranja, as crianças poderão demorar muito tempo a responder, ou mesmo não saber responder. Quando objetos do dia-a-dia são incluídos como pistas contextuais, as crianças podem responder de forma mais adequada. Ao perguntar à criança, "Isto é a cor dum tomate ou a cor duma laranja?", poderemos obter mais respostas corretas. Zaporozhets considera que a utilização de objetos do dia-a-dia, em que as caraterísticas percetivas são identificadas pelos sujeitos, auxilia o desenvolvimento de categorias percetivas.

Atenção

As crianças utilizam mediadores para auxiliar ou para se focarem nos objetos, eventos e comportamentos. Os Vygotskianos têm revelado interesse na atenção deliberada/intencional – ou seja, quando as crianças, conscientemente, focam a sua atenção em algo. Esta função mental superior é diferente da atenção espontânea que as crianças utilizam diante de objetos coloridos-brilhantes, sons altos, e acontecimentos percetivamente distintos. A capacidade para atentar deliberadamente/intencionalmente é necessária e fundamental para a aprendizagem, uma vez que aquilo que é mais apelativo pode não ser a caraterística mais importante daquilo que as crianças estão a aprender. Elas têm que aprender a ignorar informação irrelevante e a focarem-se nas caraterísticas específicas que são mais importantes para resolver um problema ou para aprender uma tarefa. Neste sentido, a letra "b" ser vermelha pode não ser importante, mas é fundamental a orientação da letra, ou seja, o lado da linha que tem a protuberância.

Os reais mediadores utilizados, que podem auxiliar a focar a atenção, dependem da natureza da tarefa e da idade da criança. Uma criança que esteja a aprender a ler utiliza o seu próprio dedo como mediador, para apontar as palavras. Apontar ajuda-a a focar-se na palavra e a não se distrair com outras palavras ou com eventuais imagens apelativas da página. Um estudante do ensino secundário, ao estudar para um teste, sublinha as definições essenciais no manual para que, mais tarde, possa rever a informação mais importante, de forma rápida, sem perder muito tempo, com os exemplos ou explicações detalhadas. Neste caso, o estudante foca a sua atenção destacando algumas palavras, descurando outras.

Os Vygotskianos referem que as crianças não conseguem focar a atenção de forma deliberada, sem o apoio dos mediadores, especialmente quando as tarefas ou atividades são muito exigentes. Leont'ev (1981; 1994) descobriu, nas suas várias experiências, incluindo a experiência das "cores proibidas", que as crianças mais novas podem não descobrir, sozinhas, a forma de utilizar os mediadores externos. Contudo, em contexto de atividade significativa partilhada, com os adultos, conseguem maximizar e melhorar a sua utilização.

Memória

Outra função mental superior que pode ser auxiliada pela mediação é a memória deliberativa/intencional (*deliberative*). Quando existe um aumento de informação para recordar, a memória precisa de ajuda! Utilizar mediadores externos para apoiar a memória não é uma ideia nova; de facto, os adultos usam-nos a todo o instante. Usamos calendários, fazemos listas com coisas para fazer, e utilizamos lembretes eletrónicos... . Muitas técnicas de gestão de tempo incluem mediadores externos inteligentes para nos ajudar na tarefa que temos que resolver.

Os professores e os pais consideram que as crianças mais pequenas têm boa memória para algumas coisas, mas, a maior parte deles concorda, igualmente, que essa capacidade parece desaparecer quando as crianças precisam de se lembrar de algo que procuram. A criança que anda no jardim de infância, que não tem nenhum problema em memorizar 150 Pokémons numa semana, pode demorar muitos meses a memorizar umas meras 26 letras do alfabeto!... Os Vygotskianos distinguem entre a memória associativa, que é melhorada pelas repetições sucessivas e a memória deliberativa/intencional (ver capítulo 2). Esta última é uma função mental superior que emerge como resultado das aquisições da criança e da contínua utilização de ferramentas mentais.

Na investigação sobre a memória, Leont'ev (1981) descobriu que a trajetória desenvolvimental segue o mesmo paralelograma da atenção. Quando é pedido para se memorizar uma lista de palavras isoladas sem imagens, as crianças em idade pré-escolar assim como os adultos demonstraram pouca diferença na recuperação da informação, nas condições de não mediada e mediada. Pelo contrário, as crianças em idade escolar recordam bastante melhor quando são capazes de escolher uma imagem para se lembrarem duma palavra que tenham memorizado. Investigações mais recentes confirmam que as crianças mais velhas em fase pré-escolar e do 1.º ciclo podem ser ensinadas na utilização de mediadores externos, por forma a potenciar as capacidades da sua memória (ex.: Fletcher & Bray, 1997). Igualmente, a investigação refere que as crianças mais novas têm dificuldades, tanto na generalização dos seus próprios mediadores como na utilização sistemática de mediadores já existentes, sem a ajuda de um adulto (cf. Pressley & Harris, no prelo).

Pensamento

Para os Vygotskianos, a mediação externa auxilia as crianças a fazerem a transição do pensamento sensório-motor para o pensamento ou raciocínio visual-representacional (Poddyakov, 1977), facilitando as situações de resolução de problemas que necessitam de raciocínio lógico (Pick, 1980; Venger, 1988). Os mediadores podem também ajudar as crianças a monitorizar e a refletirem sobre o seu próprio pensamento, induzindo competências metacognitivas.

Nas crianças mais novas, a mediação ocorre num contexto de atividades, exclusivamente pré-escolares, como o desenho ou a construção com blocos:

> "O desenvolvimento de... mediação no período pré-escolar está relacionado com formas produtivas de atividades, como, por exemplo, desenhar, construção, etc. (Zaporozhets, 1978, p. 149)".

O valor destas atividades, para os Vygotskianos, relaciona-se com o facto das crianças utilizarem objetos materiais (como blocos) ou representações materializadas (como figuras) para modelar relações da vida real. As estruturas em bloco e as imagem tornam-se mediadores que ajudam as crianças pequenas a perceber as relações da vida real, de uma forma mais abstrata. Por exemplo, utilizar blocos para construir duas garagens, uma para um carro grande e outra para um carro mais pequeno, ajuda os alunos em idade pré-escolar a explorar a noção de tamanho.

Em crianças mais velhas, podem ser utilizadas modelações similares, para representarem relações mais complexas, como relações entre conceitos mais abstratos. Dentro destes temos os papéis sociais, padrões musicais, correspondências som-letra, elementos das histórias (gramática das histórias), união e interseção de conjuntos, projeções de objetos tridimensionais numa área bidimensional, distância e velocidade, e valor do dinheiro (Venger, 1988, 1986). Neste caso, ensinar mediadores externos específicos (como diagramas de Venn ou gráficos) carece de muita atenção e de um grande apoio do adulto.

Utilização de mediadores na sala de aula

Nas salas de atividades das crianças mais pequenas, os mediadores que podem ser ensinados são principalmente externos. As crianças mais velhas, à medida que melhoram a linguagem escrita e desenvolvem as funções mentais superiores, começam a utilizar, cada vez mais, mediadores internos, como técnicas de memória, tipo mnemónicas, embora possam continuar a utilizar, por outro lado, alguns mediadores externos, como as tabelas ou diagramas.

Mediadores como andaimes (*scaffolding*)

Os mediadores funcionam como andaimes (suportes), auxiliando as crianças a fazer a transição de um desempenho completamente assistido para um desempenho independente (ver capítulo 4). À medida que a criança avança na sua Zona de Desenvolvimento Proximal (ZDP), o que as crianças conseguem fazer com auxílio torna-se naquilo que as crianças podem fazer de forma independente. Como é que esse movimento ocorre? Em primeiro lugar, o adulto introduz novos mediadores e, depois, ajuda a criança a praticar a sua utilização, em atividades partilhadas. Finalmente, os mediadores são apropriados pelas crianças e são aplicados a novas situações. Quando as crianças internalizam os mediadores introduzidos pelo adulto, elas são capazes de manter o mesmo nível de desempenho, de forma independente, caso tenha sido inicialmente assistido por um adulto.

Como em qualquer tipo de andaime, a maioria dos mediadores apenas são precisos temporariamente e não devem ser utilizados depois de expirada a sua utilidade. As crianças, normalmente, param de utilizar os mediadores sozinhos depois de terem alcançado a mestria numa nova competência ou conceito; em princípio não se encontra um estudante do ensino secundário a utilizar os dedos para contar.

Neste sentido, os professores precisam de planear não apenas o modo como devem introduzir um mediador externo e como monitorizar a sua utilização pela criança, mas também como e quando esse mediador externo terá que ser removido e se um novo e mais avançado mediador será necessário introduzir para substituir o anterior. O momento certo para remover um mediador não poderá ser determinado exatamente ou previamente. Por vezes, as crianças podem já não utilizar um determinado mediador externo e voltar a precisar de o usar novamente, por um pequeno período de tempo, ou em uma atividade ou tarefa específica. Por vezes, poucos sucessos são suficientes para se cancelar a utilização do mediador.

Os mediadores externos perdem o seu valor se forem utilizados depois da criança ter desenvolvido uma representação ou estratégia interna apropriada – de facto, eles podem até transformar-se em algo prejudicial à aprendizagem, porque podem distrair as crianças da tarefa. Por exemplo, depois das crianças em idade pré-escolar começarem a reconhecer (mesmo que não seja de modo totalmente adequado) os seus nomes escritos, qualquer imagem, símbolo, utilizado anteriormente para identificar as suas cadeiras, cacifos, etc., devem ser removidos e substituídos pelas grafias dos seus próprios nomes. Ao utilizar o próprio nome, encoraja-se as crianças a tomarem mais atenção à linguagem escrita.

O que os mediadores não são

Se se pedir a um educador que indique uma criança que utilize ou não um mediador, a maior parte não terá dificuldades em identificar. Facilmente reconhecem a criança que utiliza o dedo para seguir a linha enquanto lê ou a que utiliza um calendário para contar os dias antes das férias. No entanto, quando tentam introduzir um novo mediador a uma criança, os educadores ficam, muitas vezes, indecisos sobre o que é um mediador ou sobre o que ele não é. Vamos, agora, apresentar as duas maiores confusões:

1. Os mediadores não são o mesmo que reforço. Os Vygotskyanos fazem a distinção entre dar à criança qualquer coisa por bom comportamento e a mediação por autorregulação. Dar à criança reforços por bom comportamento significa que o professor controla o reforço, sendo atribuído depois do facto. Isto é regulação externa, pelo professor. Mediação por autorregulação significa que a criança utiliza o mediador para autopromover o comportamento antes de este acontecer, para que ele atue de uma determinada maneira. Ocorre antes do comportamento e é regulado pelas próprias crianças;

2. Os mediadores não são o mesmo que estímulos discriminativos. Utilizados como parte da estratégia de modificação de comportamento denominada moldagem, deixas, precipitação (*cueing*), estes estímulos são mostrados pelo professor para indicar que um certo comportamento é apropriado e, como tal, será reforçado. Um exemplo a considerar será o do professor a tocar à campainha como sinal do fim do intervalo. De facto, este é um exemplo de uma regulação pelo professor – regulação externa, e não autorregulação: o professor não deu responsabilidade à criança para utilizar o mediador (a campainha) para iniciar o comportamento. Para ser um mediador, segundo as diretrizes Vygotskianas, a criança deverá utilizá-lo por iniciativa própria. Por exemplo, se o professor controla o tempo, quando duas crianças disputam a utilização do computador, estamos na presença de regulação pelo professor. Contudo,

quando a criança controla sozinha esse tempo para limitar o seu tempo no computador, o cronómetro ou relógio transforma-se no mediador dela, para o seu comportamento.

Exemplos da utilização de mediadores externos, na sala de aula/ atividades

Quando se trabalha com os educadores, muitas vezes eles perguntam como se carateriza um bom mediador externo. Consideramos que praticamente qualquer coisa pode funcionar, desde que seja relevante e atrativo. Canetas e lápis coloridos, *post-its* e menus (listas de coisas a fazer) podem ajudar a criança a lembrar-se de ordens ou tarefas ou podem servir para destacar aspetos de leituras e de escrita. Objetos tangíveis e móveis como anéis, pulseiras, *pins* de roupa, ursos de peluche ou pulseiras são melhores para comportamentos sociais e para atividades de atenção e memória, em que as crianças podem circular por toda a sala. Para auxiliar as crianças a controlar comportamentos físicos, como, por exemplo, empurrar os outros no intervalo ou no círculo de conversa, o mediador tem que dar à criança uma fronteira física ou cinestésica, como uma cadeira ou um tapete. Também utilizamos a imagem do educador como mediador externo para ajudar a criança que tem dificuldades em concluir as tarefas, como os seus trabalhos de casa. Quando coloca a fotografia do educador em cima da mesa, a criança é capaz de fazer o seu trabalho de casa muito mais depressa.

Os mediadores surgem, inicialmente, em atividades partilhadas. Isto significa que os adultos os proporcionam quando a criança começa a aprender. Embora os adultos possam ter critérios claros e específicos quando os possibilitam às suas diferentes crianças, não devem assumir, a priori, que um mediador funcionará com todas elas. A Lena distrai-se muito facilmente durante o tempo em que o grupo se reúne e precisa de mediação máxima antes de conseguir focar-se numa história. Ela tem um melhor desempenho quando se senta na almofada que tem o seu nome, com um animal de peluche ao colo, no meio de duas crianças que se mantêm de mãos dadas durante a história, e à frente do educador (quatro mediadores!). Com esta mediação, a criança é capaz de seguir a narrativa. Depois de, com este ritual, obter sucesso durante uma semana, o educador começa a remover os mediadores, um por um. Assim, a Lena começa por sentar-se sozinha na sua almofada. Quatro semanas mais tarde, o educador retira a almofada; a criança já não precisa de um lembrete físico. O educador deve planear, cuidadosamente, como lhe há de retirar os outros mediadores...

No primeiro e segundo anos de escolaridade, os professores dão muitas diretrizes orais às crianças, sem auxílio de mediação para os ajudarem a lembrar-se do que têm que fazer. "A professora esperava que as suas crianças/alunos se recordassem que há três áreas centrais de aprendizagem.". A maioria das crianças não tem dificuldades em lembrar-se, mas a Ida, o José e a Diana nunca conseguem lembrar-se de mais do que uma área. Não importa o que a professora faz, mas estas três crianças dirigem-se apenas a uma das áreas e, depois, vagueiam simplesmente pela sala. Por este facto, a professora/educadora decide proporcionar-lhes mediadores externos, com a forma de um bilhete, com os números 1, 2 e 3 escritos. Após a distribuição das outras crianças pelas diferentes áreas, a professora senta-se com estas três crianças e pede-lhes que escrevam algo que lhes faça lembrar as diversas áreas. A Ida escreveu uma palavra depois de cada número, o José escreveu letras e a Diana desenhou figuras. A professora prendeu estes registos nas roupas ou bibes das crianças. Também lhes disse que "Quando terminarem a ronda pelas diferentes áreas confrontem as vossas notas. Elas ajudar-vos-ão a lembrarem-se onde têm que ir a seguir.". No final da primeira semana, apenas a Ida e a Diana necessitavam de usar os bilhetes. No final da terceira semana, todas as três crianças começaram a recordar-se da rotina, ou seja, da existência das possibilidades de áreas de atividade.

Os mediadores, como os diagramas de Venn, podem auxiliar na visualização das diferenças e semelhanças entre duas categorias de objetos. Dois círculos que se sobreponham totalmente indicam que as categorias são as mesmas. Dois círculos distintos significam que as categorias não têm caraterísticas em comum, Quando os círculos se sobrepõem parcialmente, isso significa que algumas caraterísticas são partilhadas e outras não. Utilizando a mediação visual, as crianças são capazes de classificar objetos a um nível mais elevado de abstração, do que se simplesmente lhes for pedido, por exemplo, para os empilhar. Este mediador pode ser utilizado em primeiro lugar para objetos reais e depois para ideias, conceitos, perguntando aos alunos, por exemplo, do segundo ano, quais as diferenças e semelhanças entre duas histórias.

Alguns professores utilizam mapas de palavras ou redes de conceitos para auxiliar as crianças a perceber as relações entre conceitos diferentes, ideias ou palavras. Numa rede, a maioria das categorias pode ser escrita numa área superior às subcategorias. Desenvolver a rede, até com o contributo das crianças, auxilia a cristalizar e a solidificar o conhecimento das relações.

Mediadores externos como músicas, rimas ou cronómetros podem ser utilizados para sinalizar atividades que têm curta duração, como o tempo de arrumação ou as transições de atividades. É preciso ter a certeza que a música ou a rima é longa o suficiente para que quando ela tenha acabado, a criança tenha terminado a atividade e esteja pronta para a próxima. Se utilizar um cronómetro, tenha a certeza que a criança percebe quanto tempo falta. Lembramos que os cronómetros digitais não costumam funcionar muito bem, mas um cronómetro analógico com um mostrador poderá ser útil. Para uma criança em idade pré-escolar, a ideia ou verbalização de "ficar pronta para a próxima atividade em três minutos" não faz sentido. Três minutos ou um segundo podem parecer uma eternidade, dependendo do que a criança está a fazer. Ou, naturalmente, da sua idade. Elas podem necessitar de um lembrete externo que as ajude a determinar quanto tempo demora até ao fim. Por isso, uma canção com uma melodia e um fim previsível pode assinalar, "Tenho o tempo da duração da canção". As crianças, com esta ideia, quando comparado com um lembrete verbal, irão ser capazes de melhor estimar quão rápidos terão que ser.

As crianças mais velhas podem utilizar, para regular o seu próprio comportamento, listas e menus auto criados ou disponibilizados pelos professores. Uma educadora com uma sala mista, ou seja, com crianças de várias idades, utiliza menus para a leitura, a matemática e as artes da linguagem. O menu contém um conjunto de atividades que a criança pode escolher durante o momento da leitura. Por exemplo, as crianças podem ler livros ou escrever as suas próprias versões, podem brincar com o quadro de flanela ou podem fazer uma construção. O menu ou quadro lembra-as do que elas devem fazer durante o tempo de leitura.

No início do ano, o professor e as crianças definem e preenchem o plano em conjunto. No final do ano, a criança já desenvolve o plano (e é capaz de fazer registos) com maior autonomia. Todas as semanas, a professora pode solicitar, também, à criança que reflita sobre os seus próprios processo mentais. Isto é fundamental na promoção do comportamento autorregulado. De realçar que a técnica dos menus pode ser adaptada a múltiplos projetos e a todas as áreas do conhecimento.

Orientações para a utilização de mediadores externos

Após Vygotsky ter introduzido a noção de mediação externa, e os seus efeitos no desenvolvimento das crianças, os seus seguidores expandiram-na e aplicaram-na ao ensino e à aprendizagem. Especificando, Zaporozhets (1997), Venger (1977, 1986), Elkonin (1977), Gal'perin (1969) e os seus discípulos delinearam as aplicações e utilizações da mediação externa. As próximas recomendações são baseadas e adaptadas dos seus trabalhos.

Para ser eficaz, o mediador externo deve introduzir o comportamento no tempo certo e deve ter as seguintes caraterísticas:

1. O mediador deve ter um significado especial para a criança e deve ser capaz de invocar esse significado. A criança deve ser capaz de tocar e ver o mediador, e deve deduzir dele comportamento e pensamentos específicos. A criança deve ser capaz de dizer, por exemplo, "Quando eu coloco um *post-it* amarelo na minha mochila, eu devo ser capaz, supostamente, de me lembrar que tenho que ir ao caderno da lição de hoje.", ou, "Quando a imagem do *snack* surge no horário, a próxima coisa a fazer é vestir-me e ir para a rua". O mediador deve ter significado para a criança; ele não será útil se apenas tiver significado para o adulto. A criança, portan-

to, pode escolher o mediador com a ajuda do adulto, mas pode precisar de treino e prática para o utilizar antes de saber o seu verdadeiro significado. Uma vez este objetivo alcançado, a criança deverá agir e ativar o mediador. Por exemplo, a criança deve escolher o seu lugar no tapete, escolher a imagem duma cadeira que esteja fora da caixa ou obter o bilhete. O ato de mediação deve ser incorporado, em ações, que façam parte da rotina da criança;

2. O mediador deve estar ligado a um objeto que a criança utilize antes ou durante a realização da tarefa. Se o objetivo é lembrar-se de tirar as botas quando se chega a casa, o mediador deve estar junto a algo que a criança veja mesmo antes de entrar. Não poderá ou deverá estar perto a algo que a criança apenas utilize de manhã. Se a criança tem que se lembrar de algo depois de almoço, então o mediador deverá estar junto à lancheira do almoço, por exemplo. Se se trata da hora de não se poder brincar, um tipo específico de música pode ser ouvido apenas nesse instante. Se a linha do alfabeto serve para ajudar as crianças a desenhar letras para escreverem nos seus diários, então, as letras deverão estar escritas num cartão que se encontra na sua secretária. A linha do alfabeto inscrita num quadro pode estar muito longe da atividade da criança, para poder funcionar como mediador, para a grande maioria das crianças;

3. O mediador deve permanecer relevante para a criança. Os mediadores perdem a sua distintividade e deixam de induzir comportamentos adequados se forem utilizados muitas vezes ou durante um grande período de tempo. Escolher um período de tempo limite para o mediador ser utilizado aumenta a probabilidade deste permanecer relevante e instrumental. Caso seja utilizado de forma muito permanente ou por longos períodos, aumenta o seu poder de dessensibilização, deixando de ser útil. O mediador deve ser utilizado por um curto período de tempo, em tarefas ou atividades em que a criança revela algumas dificuldades – por exemplo, durante o tempo da conversa ou planificação em círculo. Deve o professor indicar, claramente, qual o propósito do mediador, explicitando, "Esta almofada irá ajudar-te a relembrar que não deves sair do teu

lugar até terminarmos a história contada para todos, no círculo. Se estiveres sempre a mudar de lugar poderás aborrecer o teu vizinho e perturbar a audição da história". Após alguns sucessos sucessivos, o mediador deve ser removido;

4. Combinar a mediação com a linguagem e outras pistas comportamentais. Com o mediador, um conjunto de comportamentos pode transformar-se num hábito e as palavras num diálogo privado de auto treino. Por exemplo, o sujeito poderá colocar a imagem duma lâmpada na porta da sala de aula no início do dia de escola para induzir a atenção. A lâmpada pode ser o símbolo para que se pare e antes de entrar se diga "O que é suposto eu fazer hoje? É suposto ouvir e concentrar-me.". Este recurso pode induzir a utilização de estratégias de memória, recorrendo a uma imagem gráfica. A criança deve trazer a imagem no momento em que tem que se lembrar de algo, tal como trazer um livro de casa. Pode utilizar palavras como "Vamos depositar isto no banco da tua memória dizendo, três vezes, o que precisamos recordar". Isso permitirá ao educador e à criança apontar para a imagem e dizer "Trazer um livro de casa para partilhar". Rapidamente a figura irá fomentar ou precipitar a estratégia de repetição para si próprio, para se recordar;

5. Escolher um mediador que esteja na ZDP da criança. Para um mediador funcionar e ser eficaz é preciso que este esteja dentro da ZDP da criança e seja utilizado para orientar as suas ações. Utilizar o número 4, à entrada de uma determinada área de trabalho, para lembrar os alunos que apenas 4 crianças podem entrar pode não fazer parte da ZDP da criança que não saiba contar e assim não funcionar enquanto mediador. Regra geral, para as crianças mais pequenas, um mediador deve estar relacionado apenas com um comportamento ou ação. Somente quando as crianças são mais velhas, é que os mediadores conseguem funcionar para várias ações em simultâneo;

6. Utilizar sempre o mediador para representar o que a criança quer fazer. Os mediadores induzem comportamentos e ações específicos. Há que ter a certeza que se ensina a criança para aquilo que elas devem fazer e não apenas para aquilo que elas devem parar de

fazer ou não fazer. É mais fácil substituir um comportamento que inibir outro. As crianças sublinharem apenas a informação mais importante num parágrafo é uma forma mais eficaz de ensinar o resumo do que estar constantemente a lembrar que eles não devem copiar o parágrafo inteiro;

7. Quando se introduzir um novo mediador, deve ter-se um plano para que a criança o possa utilizar, de forma independente. É importante que a criança seja capaz de utilizar um mediador para induzir o seu próprio comportamento sem que o professor a recorde. O professor terá que fazer um esforço para ceder a responsabilidade à criança, porque isso não acontece naturalmente e espontaneamente. Se depois de algum tempo a criança continua sem conseguir lembrar--se de uma determinada ação, provavelmente, isso significa que o mediador não está a funcionar. O educador deve reler as linhas de orientação até à 6 e escolher outro mediador.

Leituras adicionais

Bodrova, E., & Leong, D. J. (2003). Learning and development of preschool children from the Vygotskian perspective. In A. Kozulin, B. Gindis, V. Agevev, & S. Miller (Eds.), *Vygotsky's educational theory in cultural context* (pp. 156-176). NY: Cambridge University Press.

Karpov, Y. V. (2005). *The neo-Vygotskian approach to child development*. NY: Cambridge University Press.

Kozulin, A. (1990). *Vygotskian's psychology: a biography of ideas*. Harvard University Press.

Stetsenko, A. (2004). Section introduction: scientific legacy. In R. W. Rieber & D. K. Robinson (Eds.), *The essential Vygotsky* (pp. 501-512). NY: Kluwer.

Van der Veer, R., & Valsiner, J. (1991). *Understanding Vygotsky, a quest for synthesis*. Cambridge Blackwell.

Venger, L.A. (1977). The emergence of perceptual actions. In M. Cole (Ed.), *Soviet developmental psychology: An anthology*. White Plains, NY: Sharpe (original work published in 1969).

Venger, L. A. (1988). The origin and development of cognitive abilities in preschool children *International Journal of Behavioral Development, 11*(2), 147-153.

CAPÍTULO 6
TÁTICA: A UTILIZAÇÃO DA LINGUAGEM

O João, de três anos de idade, está a "cozinhar" uma *pizza* com a educadora, mas não consegue tender a massa. Então, a educadora diz: "Estica a massa na tua direção e para fora, para ti e para fora ...". Á medida que ajuda o João a tender a massa para trás e para a frente, ajuda o João a sentir o rolo da massa a mover-se para trás e para a frente. Com a ajuda da educadora, o João consegue, mais rapidamente, esticar a massa. Quando a educadora se afasta para ajudar outra criança, ela ouve o João a cantar "Para ... fora ... para ... dentro ...", repetidamente, para si mesmo, enquanto estica a massa.

A Maria, de cinco anos de idade, está a contar objetos. "Há oito", diz ela. A educadora adiciona mais um ao monte e diz, "Estou a colocar mais um. Quantos há agora?". A Maria olha para o monte e, em seguida, começa a contar: "Um, dois, três, quatro, cinco, seis, sete, oito, nove. Há nove, agora.". A educadora adiciona mais um objeto, e a Maria começa a contagem de novo, a partir de 1.

O Jacinto, de seis anos de idade, está a fazer um exercício de movimentos, com o padrão de um salto e dois pulos. Jacinto repete o padrão em voz alta, "Salto, pulo, pulo", à medida que executa cada passo. Ele faz tanto barulho que a educadora pede para parar de falar, porque está a perturbar os outros colegas. Mas, logo que ele para de verbalizar, ele não consegue fazer o exercício. Somente quando todas as outras crianças acabam e a educadora deixa o Jacinto continuar a falar (a lengalenga), é que ele consegue acabar o exercício.

Em todas estas situações, as crianças utilizam a linguagem como auxiliares na realização do comportamento e a pensar. A linguagem tem um papel central no desenvolvimento cognitivo. Esta assunção é um dos quatro maiores princípios do paradigma Vygotskiano. A linguagem é uma importante ferramenta cultural que nos capacita a pensar logicamente e a aprender novos comportamentos. Facilita a conversão da experiência externa em representações internas dessa mesma experiência. Influencia os conteúdos que adquirimos, mas também tem impacto no pensamento e na aquisição de novos conhecimentos. Neste capítulo, discutimos a forma como a linguagem se desenvolve e como os professores e os educadores podem e devem utilizar a linguagem para promover a aprendizagem em sala de aula.

A Linguagem como uma Ferramenta Cultural

A linguagem é uma ferramenta cultural universal que é utilizada em muitos contextos para resolver inúmeros problemas. Vygotsky e muitos outros teóricos consideravam que a linguagem distingue os seres humanos dos animais, tornando-os mais eficientes e eficazes na resolução de problemas. Todos os seres humanos em todas as culturas desenvolveram a linguagem. Porque os seres humanos possuem a linguagem, conseguem resolver problemas mais complexos que os primatas. Em estudos que comparam as competências de resolução de problemas, os investigadores descobriram que crianças e chimpanzés apresentam resultados similares na resolução de problemas sensório-motores (Kozulin, 1990). Contudo, a partir do momento em que as crianças adquirem a linguagem, as suas competências para resolver problemas melhoram substantivamente.

Utilizamos a linguagem na fala, escrita, desenho e pensamento. Estas manifestações de linguagem são diferentes, mas possuem caraterísticas comuns. O discurso direcionado para o exterior capacita-nos a comunicar com outras pessoas, enquanto o discurso direcionado para o interior permite-nos comunicar connosco próprios, de forma a regular o nosso comportamento e pensamento. Utilizamos a escrita para comunicar com os outros e para exteriorizar e tornar tangíveis os nossos processos de pensamento. O desenho e outras representações gráficas do nosso pensamento têm uma função similar à escrita. O pensamento é um diálogo interior, através do qual exteriorizamos diferentes perspetivas, ideias, ou conceitos.

Enquanto ferramenta cultural, a linguagem é uma manifestação das categorias, conceitos e modos de pensar de uma cultura. Como alguns antropologistas e psicolinguistas ocidentais (Sapir, 1921; Wells, 1981; Whorf, 1956), os Vygotskianos acreditam que a linguagem forma ou modela a mente para funcionar de uma maneira mais eficiente, numa determinada cultura. Assim, os povos Esquimós possuem diversas palavras para neve, os Índios da Guatemala, que são tecelões, possuem diversas palavras para as texturas dos fios, e as culturas Asiáticas possuem diversas palavras para definir relacionamentos familiares e parentesco. A linguagem reflete, pois, a importância de certos elementos do ambiente físico e social.

A linguagem permite a aquisição de informação nova: conteúdo, competências, estratégias e processos. Embora nem toda a aprendizagem envolva a linguagem, as ideias e os processos mais complexos só podem ser assimilados com o seu auxílio. O conceito de número é apenas internalizado com a ajuda da linguagem. Através da linguagem, são também ensinadas estratégias para a resolução de conflitos sociais.

Como a linguagem é uma ferramenta cultural universal, atrasos no seu desenvolvimento têm consequências graves. Atrasos na linguagem têm impacto em outras áreas do desenvolvimento, incluindo a motora, social e cognitiva. Luria apresenta o caso de dois irmãos gémeos que tiveram graves atrasos na linguagem porque tiveram pouca interação com outros (Luria, 1971). Estas crianças de 5 anos tinham também atrasos significativos a nível das competências sociais e de resolução de problemas. Assim que as suas competências linguísticas melhoraram, os gémeos mostraram evoluções semelhantes em outras áreas do desenvolvimento. A investigação na educação especial revela também ligações entre os atrasos na linguagem e problemas na escola.

As Funções do Discurso

No paradigma Vygotskiano, o discurso tem duas funções diferentes (Zivin, 1979). O discurso público *(public speech)*, termo utilizado para a

125

linguagem direcionada para os outros, tem uma função comunicativa e social. É falado em voz alta e é direcionado aos outros. O discurso público pode ser formal, como uma palestra, ou informal, como uma discussão tida a uma mesa de jantar. O discurso privado *(private speech)* descreve o discurso auto direcionado, que é audível mas não é destinado ou dirigido a outros. Este tipo de discurso tem uma função autorreguladora.

O discurso público e o discurso privado emergem em alturas diferentes. Na infância, o discurso tem uma função pública primária e é vital para a adaptação ao ambiente social e para a aprendizagem (Vygotsky, 1987). À medida que a criança cresce, o discurso adquire uma nova função; não é usado unicamente para a comunicação mas também para ajudar a criança a dominar o seu próprio comportamento e a adquirir novo conhecimento. Nem todos os conceitos são aprendidos pela criança através do discurso privado, mas muitos sim. As crianças mais pequenas estabelecem relações entre conceitos através da tentativa de diferentes combinações de objetos e ideias através do discurso privado, porque elas não podem, silenciosamente, considerar essas relações.

Trajetória Desenvolvimental do Discurso

Vygotsky considerava que as origens da fala são sociais, mesmo desde o início, quando se nasce (Vygotsky, 1987). Tanto a linguagem recetiva como a produtiva têm as suas raízes nas trocas sociais, que ocorrem entre a criança e seu cuidador. Praticamente, qualquer vocalização infantil é interpretada como um acontecimento de comunicação social, como se o bebé estivesse a dizer algo. A mãe envolve-se em conversas com o bebé, embora o bebé só responda com balbucio e arrulhos sonoros. Se acompanharmos, num corredor do supermercado, uma mãe com um filho de 6 meses, poder-se-á ouvir uma discussão como esta: "Devemos comprar arroz ou aveia?", "Ababaa.", "Ah, com certeza, vamos comprar aveia!", "Abaaasajaa.".

Esta interpretação de todas as vocalizações e gestos como social é uma caraterística exclusivamente humana. Até mesmo os pais surdos encaram os gestos infantis como se estes transmitissem uma mensagem. No entanto, estudos com chimpanzés, aos quais foi ensinada Linguagem Gestual Americana, revelaram que as mães chimpanzés nunca tentam interpretar os comportamentos aleatórios e gestos das suas crias como tendo um valor comunicativo (Kozulin, 1990).

Na lógica Vygotskiana, interpretar a linguagem como social é uma visão que é diferente da de Piaget, que considerava que o discurso reflete o nível atual de processamento mental da criança e se baseia nos esquemas e representações internas da criança (Piaget, 1926). A utilização do discurso nas interações sociais acompanha estas representações internas. Nos seus primeiros escritos, Piaget argumentava que o discurso começa por ser extremamente egocêntrico ou até mesmo autista, refletindo o egocentrismo geral da mente da criança pré-escolar. A visão de Piaget, sobre o papel da interação social no desenvolvimento dos processos cognitivos, foi modificada para acomodar as ideias de Vygotsky[3]. Além disso, as atuais teorias do desenvolvimento da linguagem reconhecem os contributos do contexto social (John-Steiner, Panofsky, & Smith, 1994).

A Emergência do Discurso e do Pensamento

Vygotsky considerava que há uma altura na infância (bebés e recém--nascidos) em que o pensamento ocorre sem linguagem e que a linguagem é apenas usada para a comunicação. Outros psicólogos, como Piaget (1926, 1951) e Bruner (1968), parecem concordar que as crianças atravessam uma fase em que a linguagem não é essencial para o pensamento ou resolução de problemas. As crianças resolvem os problemas através de ações sensório-motoras ou manipulando imagens, em vez de conceitos ou palavras (Bruner, 1968). A linguagem, por esta altura, permite a comunicação de quereres e necessidades a outros. Por exemplo, a palavra *Baba* poderá significar "quero o meu biberão.". *Baba* não é utilizado para representar todos os biberões, como poderá vir a ser quando a criança

---

[3] Leitura das autoras da obra original (cf. p. 67 da versão americana).

crescer. Vygotsky utilizou os termos pensamento pré-verbal e discurso pré intelectual para descrever esta fase (Vygotsky, 1987).

Entre os 2 e os 3 anos de idade, o pensamento e o discurso unificam--se. Vygotsky considerava que, a partir desta altura, o pensamento e o discurso não voltarão a ser o que eram. Quando o pensamento e o discurso se fundem, o pensamento adquire uma base verbal e o discurso torna-se intelectual, pois este é utilizado no pensamento. O discurso é então empregue para outros fins, que não o da comunicação. Após ter estudado crianças, que utilizavam o discurso para resolver problemas, Vygotsky e Luria (1994) chegaram a esta conclusão:

1. O discurso da criança é uma parte inalienável e internamente necessária para a operação [de resolução de problemas], o seu papel será tão importante como o da ação para atingir um objetivo. A impressão do técnico é de que a criança não fala apenas do que está a fazer, o discurso e a ação são para ela uma e a mesma complexa função psicológica dirigida à solução do problema dado.

2. Quanto mais complexa a ação requerida pela situação e quanto menos direcionada a respetiva solução, maior é a importância da utilização do discurso na operação como um todo. Por vezes, o discurso toma tal vital importância, que sem o seu apoio a criança revela-se incapaz de concluir a tarefa atribuída. (Vygotsky & Luria, 1994, p. 109).

Neste sentido, em linguagem simplificada, as crianças tornam-se capazes de pensar enquanto falam. A criança consegue pensar alto. Esta ideia é muito diferente da de falar depois de pensar. Vygotsky considerava que, nas crianças, o pensamento e a fala ocorrem simultaneamente. Ele argumentava que, em alguns casos, o discurso externo nos ajuda a formar ideias que poderiam existir apenas vagamente. Alguma vez deu por si, percebendo melhor o seu próprio pensamento, após o ter discutido com alguém? Por vezes, até dizemos, "Posso falar contigo sobre este assunto para clarificar o que estou a pensar?".

Quando as crianças se tornam capazes de pensar enquanto falam, o discurso torna-se uma ferramenta para a compreensão, esclarecimento e concentração sobre o que lhes vai na mente. Depois de ouvir uma série de instruções para a atividade seguinte, o João diz à Susana, "A Paula disse para começar com o livro vermelho.". Ele confirma as instruções da educadora e concentra a sua atenção. Pensar enquanto falamos torna a atividade partilhada duplamente eficiente. Quando as crianças falam entre elas enquanto trabalham, a sua linguagem ajuda a aprendizagem partilhada, mas a interação verbal também ajuda cada criança a refletir enquanto fala.

Discurso Privado

Quando o discurso e o pensamento se fundem, um tipo especial de discurso emerge. Este tipo de discurso é o que Vygotsky designou de discurso privado: O discurso privado é audível, mas dirigido ao próprio em vez de ser dirigido a outras pessoas. Este contém informação, assim como comentários autorreguladores. É o tipo de ação que os adultos fazem quando estão perante uma tarefa complexa. Falamos alto para nós próprios: "A primeira coisa a fazer é introduzir o varão vermelho no encaixe vermelho. Depois o varão verde encaixa no sítio marcado pelo indicador verde...". As crianças pequenas fazem isto também, só que mais frequentemente que os adultos. Por exemplo, a Susana está a jogar computador e diz, "Preciso de o mover para aqui, depois para ali - oops – depois para cima...", enquanto mexe no rato para mover um pequeno camião num labirinto apresentado no ecrã. O Hugo de dois anos de idade diz para si próprio, "mais, mais, mais", enquanto carrega o seu camião até ao limite.

O discurso privado é regularmente abreviado e condensado, ao contrário do discurso público, que utilizamos com os outros. O discurso privado soa egocêntrico, como se a criança não se importasse de ser ou não entendida por alguém. Vygotsky considerava que este egocentrismo não pode ser considerado uma deficiência do discurso, mas é, sim, um indicador de outra função do discurso desta idade (Vygotsky, 1987). Não é fundamental que o discurso privado seja completamente explícito, uma vez que este só deverá ser entendido pela própria criança. A criança tem um sentido intuitivo de audição interna.

Piaget (1926) denomina este discurso de discurso egocêntrico, que acontece, maioritariamente, durante monólogos coletivos, quando várias crianças brincam juntas. Para Piaget, o discurso egocêntrico reflete o nível pré operacional do raciocínio, quando uma criança tem uma visão singular do mundo e não consegue ter outras perspetivas. Nos monólogos coletivos, cada criança detém uma conversa auto dirigida, não se importando se tais enunciados serão entendidos por outros. À medida que se desenvolve, este tipo de discurso desaparece e é substituído pelo discurso social, normal, quando a criança atinge o estádio das operações concretas. Para Piaget, não existe relação entre discurso egocêntrico e autorregulação (Zivin, 1979).

Numa série de investigações, Vygotsky revelou que o monólogo coletivo não é totalmente egocêntrico, mas sim de natureza social (Vygotsky, 1987). A taxa de discurso era maior quando as crianças se encontravam em situações de grupo e menor quando estavam sozinhas. Vygotsky conclui que se o discurso fosse totalmente egocêntrico a taxa permaneceria a mesma, independentemente de quantas crianças estivessem na situação. Vygotsky considera que os monólogos coletivos e formas aparentemente egocêntricas de discurso são formas emergentes do discurso privado. Este tipo de discurso privado, precoce, tem representações externas e é auto dirigido, mas pode parecer similar ao discurso comunicativo. Para Vygotsky, o discurso privado não desaparece com a idade, como Piaget sugeriu, mas torna-se menos audível, tornando-se, gradualmente, interno e convertido em pensamento verbal. Nas crianças pequenas, o discurso utilizado para comunicar e o discurso privado não se distinguem facilmente e ocorrem simultaneamente no mesmo contexto. O discurso público e privado começam a distinguir-se, gradualmente, em duas vertentes distintas, à medida que as crianças crescem, e nos adultos.

Alexander Luria, discípulo de Vygotsky, considera que o discurso privado ajuda as crianças a tornar o seu comportamento mais intencional (Luria, 1969). Numa série de investigações, Luria verificou que instruções simples como, "Apertar duas vezes", não tinham efeito no comportamento das crianças dos 3 aos 3 anos e meio de idade. As crianças apertavam um número indeterminado de vezes. No entanto, quando as crianças eram ensinadas a dizer "Apertar, apertar", e este discurso privado era diretamente emparelhado com a ação, o discurso privado ajudava as crianças a controlar o seu comportamento.

Noutro exemplo, em que a educadora levanta a mão e diz, "Quando eu baixar a mão, tu saltas.", todas as crianças em idade pré-escolar começam a saltar, mesmo antes de ela ter a mão a postos. No entanto, o resultado é diferente quando a educadora diz, "Vamos dizer todos juntos um, dois, três, saltar e saltamos ao 'saltar'.". O grupo diz as quatro palavras juntas e apenas saltam na palavra "saltar". Repetir palavras ritmadamente ajuda as crianças a não saltar no momento errado.

Um educador pode também utilizar o discurso privado para ajudar uma criança com birras temperamentais. O Eurico de 4 anos faz sempre birra na fila do almoço, porque não consegue esperar pela sua vez. Assim que caminha para o refeitório, a educadora antecipa o que vai acontecer: "Vais manter-te na fila, nós vamos contar até chegar a tua vez; vais receber uma colher, um garfo e comida e depois vais-te sentar.". A educadora ensina o Eurico e pede-lhe para repetir os procedimentos, levantando um dedo e depois outro e mais outro para as 3 ações que devem ser lembradas. Quando chegam à fila para o almoço, a educadora e o Eurico trocam sinais levantando um dedo. A educadora ouve o Eurico dizer "manter-me na fila.". Depois a educadora levanta o segundo dedo e ouve o Eurico dizer: "são dois meninos até à vez do Eurico"... depois, um menino até à minha vez, e, agora é a minha vez". Depois dão o terceiro sinal e o Eurico diz, "Vou buscar o meu garfo, colher, comida e sentar-me.". Passada uma semana, o Eurico necessita de menos deixas, à exceção dos sinais feitos com os dedos, deixando de haver birras na fila de almoço. Três semanas depois, a educadora já não necessita de dar qualquer tipo de instrução ou orientação. Por vezes, o Eurico ainda utiliza, para si, a estratégia da contagem dos dedos, mas nem sempre.

Discurso Interno (*inner speech*) e Pensamento Verbal

Assim que o discurso é separado em dois tipos diferentes, o discurso privado passa a discurso interno e depois a pensamento verbal. Os conceitos de discurso interno e pensamento verbal representam dois processos mentais internos diferentes. O discurso interno é totalmente interno, inaudível, auto dirigido e mantém algumas das caraterísticas do discurso externo. Quando utilizamos o discurso interno, para falarmos para nós próprios, ouvimos as palavras mas não as dizemos em voz alta. Por exemplo, quando nos preparamos para fazer uma chamada telefónica importante, podemos ensaiar mentalmente o que vamos dizer. O auto discurso contém todas as coisas que dizemos normalmente, embora numa versão abreviada. O discurso interno dos adultos é similar ao discurso privado das crianças em idade pré-escolar, pois é também destilado, não gramatical e lógico ou significativo para o próprio.

O conteúdo do discurso interno passa a pensamento verbal, que é um discurso na sua forma mais destilada (*distilled form*). É designado por Vygotsky por "dobrado" (*"folded"*). Quando o pensamento é dobrado, podemos pensar em várias coisas em simultâneo, embora possa não existir uma consciência de tudo em que se está a pensar (Vygotsky, 1987). Embora se possa ter conhecimento e consciência do produto final, é feito um grande esforço mental para "desdobrar" (*"unfold"*), ou seja, tornar os aspetos conscientes. Estratégias, conceitos e ideias que façam parte do pensamento verbal são automatizadas (*automatized*) (Gal'perin, 1969); ou seja, foram tão bem aprendidas que se tornam automáticas, não necessitando de grande esforço para serem atualizadas. Qualquer adulto responde, de forma automática, à questão 2+2=? (4). Não necessita pensar para realizar esta adição. A automatização não é um processo específico das ideias verbais: quando uma mãe ensina um adolescente a conduzir um carro, mesmo servindo-se, reforçando, do manual de instruções, dados os automatismos, não pensa enquanto simula as ações.

Uma vez automatizado, um pensamento pode ainda ser "desdobrado" e reexaminado. Por vezes, as crianças e os adultos que já têm o pensamento verbal desenvolvido podem voltar e retornar a níveis prévios, retomando os discursos privados e públicos (Tharp & Gallimore, 1988). Igualmente, por vezes, o que foi automatizado não está certo ou correto, como, por exemplo, quando se aprende ou memoriza um nome de uma pessoa, que não lhe corresponde e quando nos encontramos com ele chamamo-la pelo nome não adequado. Quando as crianças não compreendem qualquer tipo de detalhe ou particularidade é importante que se induza a reexaminação do seu pensamento verbal, solicitando-lhes, por exemplo, que tentem explicar a sua questão ou situação aos outros colegas. A indução do discurso público, o falar, auxilia o pensamento da criança, colocando numa sequência as ideias dobradas. Consideramos que falar sobre Vygotsky clarifica a nossa compreensão de conceitos complexos. Falar uns com os outros permite-nos uma melhor compreensão dos nossos próprios pensamentos individuais.

No pensamento verbal, podemos distorcer as nossas compreensões. Pelo facto de lermos várias vezes o significado de uma palavra, julgamos que a compreendemos, e só percebemos isso quando a conseguimos transmitir, por palavras nossas, a outra pessoa? A maioria das vezes, o adulto é capaz de compreender as situações sem ter que se confrontar com o outro ou seja, ter discurso público, externo (em voz alta). Devido à ausência de funções mentais superiores, a criança não tem consciência das ações ou não as compreende. São as funções mentais superiores que permitem a monitorização da compreensão não assistida. É por esta razão que os educadores devem promover e induzir o pensamento das crianças, fazendo-os sair do estado "dobrado". Ao fazer isto, proporcionam a assistência necessária para que a própria criança reavalie o seu próprio pensamento. Solicitar à criança que explicite o seu pensamento, que pense enquanto fala com os pares, e que escreva ou desenhe as suas compreensões são formas ou ajudas que permitem o surgimento e desenvolvimento do pensamento verbal.

O desenvolvimento do significado

Vygotsky interessou-se, igualmente, em saber como as crianças aprendem a semântica ou o significado da linguagem. Considerava que a criança constrói o significado através da atividade partilhada. O significado é a convergência entre o significado do adulto e as inferências da criança sobre o significado dos adultos. Ou seja, o significado existe inicialmente num estado partilhado, em que são os precipitantes contextuais e as estratégias do adulto, utilizadas na interpretação das ações das crianças, que sustentam o significado. Quando o educador pede a uma criança pequena para apontar para o pássaro, numa página que contém um número limitado de imagens, o próprio contexto sugere à criança a coisa requerida. A criança pode identificar e reconhecer a palavra e o objeto "pássaro" nesse contexto, mas pode não conseguir transferir e generalizar para outra situação. Por exemplo, a criança pode apontar para um sapo aos pulos na página seguinte.

Em contextos familiares, mesmo sendo escasso o vocabulário e o desenvolvimento, a utilização de poucas palavras pode ser suficiente para o estabelecimento de comunicação e compreensão. Porém, transpostas as fronteiras do familiar, a comunicação e as interações exigem mais. Por exemplo, a Tamara com 5 anos de idade utiliza a palavra "tia" para descrever corretamente todas as suas tias. No entanto, ela fica confusa quando conhece uma familiar que é sua sobrinha mas que é mais velha do que ela. Quando a sua sobrinha a chama de "Tia Tamara", ela começa a chorar, e diz, "Eu não sou uma tia, eu sou uma menina.".

As crianças e os adultos podem utilizar as mesmas palavras, mas o significado que uma criança atribui a uma palavra, muitas vezes, é diferente do significado que um adulto lhe atribui. Quanto mais pequena for a criança, mais e maiores diferenças existirão entre os significados. À medida que a criança interage com pessoas diferentes, em contextos diferentes, e com diferentes tarefas, ela vai reestruturando o seu significado pessoal inicial. Naturalmente, o significado tornar-se-á semelhante ao culturalmente adotado ou ao significado convencional. Geralmente, quanto mais velha a criança, mais similares, aos dos adultos, os seus significados, para conceitos do quotidiano. Por exemplo, o João de 4 anos diz, "O dia é quando eu brinco, e a noite é para dormir". À medida que ele cresce, as suas conceções de dia e de noite irão tornar-se menos pessoais e, naturalmente, tornar-se-ão semelhantes às definições convencionais de dia e de noite.

O Desenvolvimento do Discurso Escrito

O elemento central da abordagem de Vygotsky à escrita é a ideia de que os seres humanos a utilizam como uma ferramenta para expandir ou desenvolver as suas capacidades mentais:

O desenvolvimento da linguagem escrita pertence à ... mais óbvia linha de desenvolvimento cultural, pois está ligado à mestria de um sistema externo de meios, desenvolvidos e criados no processo do desenvolvimento cultural da humanidade. (Vygotsky, 1997, p. 133).

Contudo, Vygotsky reserva um lugar especial para o discurso escrito no desenvolvimento das funções mentais superiores. O discurso escrito não é somente discurso oral no papel, representa um elevado nível de pensamento. Tem uma influência profunda no desenvolvimento porque:

1. torna o pensamento mais explícito;
2. torna a reflexão e a utilização de símbolos mais deliberadas ou intencionais;
3. torna a criança mais consciente dos elementos da linguagem.

Como a Escrita potencia o Pensamento

O discurso escrito torna o pensamento mais explícito. Como o discurso falado, o discurso escrito coloca os pensamentos internos numa sequência, porque apenas podemos dizer ou escrever uma ideia de cada vez. O discurso escrito também nos obriga a despoletar o discurso interno, mas, ao contrário da palavra falada, a escrita permite-nos, literalmente, olhar para os nossos pensamentos. Quando falamos, os nossos pensamentos existem no momento em que os dizemos. Quando escrevemos, os nossos pensamentos são impressos e poderão ser revisitados e refletidos. As falhas e lacunas na compreensão tornam-se mais aparentes quando relemos os nossos pensamentos. Outra caraterística do texto escrito é de que este é mais elaborado, logo, menos dependente do contexto (*context-free*), que o discurso falado. O texto escrito deve conter mais informação porque, aquando da sua interpretação, não existindo as pistas contextuais, pode tornar-se muito difícil a sua compreensão. Lembrar que o leitor não está em contexto direto. Se se quiser passa a mensagem, há que fornecer mais informações. Quando a criança aprende a escrever, ela aprende a colocar-se no papel do leitor, a ler os seus pensamentos ... . Isto dá à criança uma maior capacidade para reparar nas eventuais falhas do seu pensamento e nalguns pontos geradores de confusão ao transmitir a sua mensagem a outros. Quando se escreve, as nossas ideias tornam-se mais explícitas e elaboradas do que eram anteriormente. Detetamos mais facilmente e objetivamente as falhas das nossas ideias. Neste sentido, para os Vygotskyanos, a escrita potencia o pensamento, sendo uma boa ferramenta pois permite uma maior reflexão, superior à linguagem oral.

Os seguidores desta perspetiva encorajam a utilização da escrita, mesmo pelas crianças, para as ajudar a estruturar e a clarificar, fundamentalmente, as ideias novas. Eles fazem do exercício da escrita uma parte integrante da aprendizagem de todo o tipo de conteúdos e competências. As crianças são encorajadas não só a resolver problemas matemáticos mas a escrever sobre o que pensaram para o resolver. As crianças escrevem sobre as observações que fazem de uma lagarta, para além de a desenharem e falarem do que viram. Ao revisitarmos os nossos pensamentos no papel, sozinhos ou com outros, alcançamos um conhecimento mais profundo sobre eles.

O discurso escrito torna, também, a utilização do pensamento e de símbolos mais intencional, pois, por exemplo, a criança escolhe os símbolos que quer utilizar e tem que os registar de acordo com as leis da sintaxe. Daí a escrita ser um processo mais intencional que a fala (Vygotsky, 1987). Na perspetiva Vygotskiana, a escolha dos símbolos que utilizamos ao falar pode ser inconsciente e podemos dar uma atenção diminuta ao efeito que o seu conteúdo pode ter no ouvinte. O caráter descontextualizado da escrita indica que a escolha dos símbolos deve ser feita cuidadosamente. No discurso oral, o tom de voz, gestos e o contexto comum, preenchem as lacunas. Quando os ouvintes não percebem algo, o emissor acrescenta mais informação até haver entendimento. No discurso escrito, a comunicação cinge-se ao que está no papel, daí que as nossas palavras tenham que ser escolhidas mais cuidadosamente. Desta forma, a linguagem escrita e a comunicação escrita é mais suscetível que a oral.

Finalmente, o discurso escrito torna a criança consciente dos elementos da linguagem. Há regras universais que regulam a relação entre símbolos e sons, entre diferentes tipos de palavras, e entre ideias, numa frase, num parágrafo. Enquanto as crianças, inicialmente, podem formar ideias rudimentares sobre a estrutura da linguagem, à medida que aprende a ler e a escrever, ao adquirirem consciência metalinguística, essas ideias vão-se cristalizando. A Amélia tem uma compreensão difusa de que as palavras formam frases, mas quando ela vê as frases escritas num papel, a sua ideia de "palavra" torna-se mais clara.

Na perspetiva Vygotskyana, desenhar desempenha um papel similar ao do discurso oral e escrito, permitindo à criança comunicar com os outros e consigo mesma (Stetsenko, 1995). Podem fazer-se vários paralelismos sobre como a criança aprende a dizer as primeiras palavras e como aprende a desenhar: da mesma forma que os adultos interpretam as vocalizações infantis como sendo palavras com sentido, também atribuem aos rabiscos um certo significado. Por exemplo, o José faz movimentos repetitivos com o seu marcador, deixando uma série de espirais no papel. "É o teu carro a andar às voltas?", pergunta a mãe, apontando para o desenho. O José acena com a cabeça e continua a fazer mais espirais, fazendo agora o som "vroom-vroom", enquanto desenha.

O ato de desenhar desempenha um papel especialmente importante, pois ajuda as crianças a dominar uma das mais complexas funções da mente - o discurso escrito. Vygotsky considerava os desenhos das crianças pequenas um pré-requisito para a escrita, um "discurso gráfico único, uma história gráfica sobre algo...mais discurso que representação" (Vygotsky, 1987, p. 138). Ainda, Vygotsky considerava que aprender letras não inicia a criança na escrita, todavia, capacita-a da componente final que lhe permitirá passar da forma idiossincrática de discurso desenhado para a forma convencional de escrever, com palavras.

Na perspetiva de Luria, as primeiras formas de representação, dos desenhos e rabiscos, não são ferramentas promotoras do pensamento e da informação menos eficazes que a escrita dos adultos, com letras e palavras (Luria, 1979, 1983). Esta ideia foi testada em duas investigações com crianças pequenas, uma na Rússia e outra em Itália. Um discípulo de Vygotsky, Leonid Venger elaborou um programa experimental para as crianças em idade pré-escolar que enfatizava a aquisição de competências representacionais (Venger, 1986, 1994). Outro educador, Loris Malaguzzi, fez a sua própria interpretação do pensamento de Vygotsky, tendo-a aplicado, com sucesso, em crianças, em Reggio Emilia, no norte de Itália (Edwards, Gandini & Forman, 1994).

Tal como Piaget (1926), Venger (Venger, 1986, 1996) defende que o desenho é uma representação do pensamento da criança. Partindo da ideia de ferramenta mental de Vygotsky, Venger (Venger, 1986, 1996) defende que os primeiros desenhos da criança funcionam como ferramentas não verbais que permitem à criança analisar objetos nas suas partes essenciais e não essenciais. Venger considera que a falta de pormenores específicos nos desenhos da criança em idade pré-escolar, que os fazem parecer primitivos ou pouco desenvolvidos, ocorre porque a criança está a reproduzir um modelo do objeto representado que incluí apenas as suas partes essenciais (Venger, 1986, 1996). À medida que a criança aprende mais coisas sobre esse objeto, os seus desenhos modificar-se-ão, refletindo as suas novas aprendizagens.

De acordo com Venger, os desenhos funcionam da mesma forma que a escrita. A criança pode desenhar com o intuito de registar algo, para não se esquecer. Embora pareçam rabiscos, o desenho num papel colado ao frigorífico permite que o João de 2 anos diga, passados 3 dias, que lá diz "mamã compra-me doces". Se pedirmos à Cátia de 4 anos para desenhar o que vai fazer quando chegar a casa, isso vai ajudá-la a lembrar-se do que ela planeia fazer. Desenhar permite à criança uma maior consciencialização dos seus próprios pensamentos. Pedir à criança que acrescente detalhes ou volte a desenhar um modelo inicial permite-lhe pensar enquanto o faz, e daí complementar o seu conhecimento (Brofman, 1993). Uma técnica similar foi utilizada por professores/ educadores em Reggio Emilia, para potenciar a aprendizagem dos conceitos de espaço, tempo e medida (Edwards et al., 1994). Educadores americanos, que visitaram este programa, ficaram impressionados, não só com a qualidade dos desenhos produzidos pelas crianças, como com o conhecimento das crianças sobre o objeto ou temática em causa.

Venger sugere, também, que desenhar, proporciona à criança outras ferramentas culturais como a capacidade de representar coisas numa perspetiva bidimensional. Existem formas culturalmente determinadas de desenhar objetos que estão longe ou perto e objetos que são tridimensionais. Isto varia consoante a cultura. Por exemplo, na arte ocidental, os objetos que estão longe são desenhados mais pequenos que os que estão perto do expetador. Já na Mongólia, os objetos que estão perto ou longe são desenhados do mesmo tamanho, contudo, os que estão longe são desenhados num plano mais alto. Por volta dos 8 anos de idade, desenhando e vendo desenhos em livros, a criança vai adquirindo estas convenções e começa a aplicá-las nos seus trabalhos.

Tal como os desenhos, os rabiscos e as tentativas precoces de escrita têm benefícios semelhantes aos da escrita propriamente dita. Luria (1979, 1983) observou que crianças, de apenas 3 anos, começavam a utilizar discursos pré escrita, da mesma forma que os adultos usam o discurso escrito. Crianças de 3 anos servem-se dos seus rabiscos para se lembrarem de algo mais tarde ou para rotular um objeto. Estes rabiscos não contêm letras reais, nem podem ser entendidos por ninguém para além da própria criança. Luria considerou que a criança atribuía um significado a esses rabiscos e que se lembrava deles vários dias depois. Isto significa que a criança começa a perceber o propósito da linguagem escrita muito antes de a conseguir reproduzir. A perspetiva de Luria sobre esta temática influenciou a pesquisa sobre a escrita precoce, no ocidente (e.g., Clay, 1991; Ferreiro & Teberosky, 1982), bem como a importância do desenvolvimento da linguagem no ensino e na aprendizagem da escrita e da leitura (e.g., Schickendanz & Casbergue, 2003; Schickendanz, 1982; Teale & Sulzby, 1986).

A utilização da Linguagem na Sala de Aula

Partindo da abordagem Vygotskiana, podemos identificar várias formas de melhorar a utilização da linguagem das crianças em contexto de sala de aula.

Potenciar o desenvolvimento do discurso privado

Modelo de utilização do discurso privado como instrumento/ ferramenta do pensamento. Enquanto resolve um problema, fale sobre o que está a pensar. A educadora pergunta "Qual destes objetos é o maior?". As crianças olham intrigadas. Nenhuma responde. A educadora diz, "Hum, como poderei descobrir isto? Ah, posso pô-los juntos.". Ela coloca os objetos lado a lado e diz, "Se eu olhar bem, posso ver que este é o maior. O que é que vocês acham?". Falar sobre estratégias e dar diversas opções às crianças irá ajudá-las a apropriarem-se das estratégias de pensamento até então ocultas.

Encorajar a Criança a "Falar enquanto Pensa". Incentivar as crianças a falar quando se pretende que elas processem nova informação ou consolidem informação prévia. A educadora acabou de explicar uma nova atividade ao seu grupo de crianças do jardim de infância, pedindo-lhes para primeiro "pensarem na sua cabeça" como achavam que poderiam construir um barco, antes de lhes perguntar o como. Estas instruções são apropriadas para crianças mais velhas que são capazes de pensar antes de falar ou agir. No entanto, a educadora arrisca perder alguns dos seus jovens pensadores que poderão esquecer as suas ideias quando a educadora estiver pronta para os ouvir. Uma forma melhor seria pedir às crianças que digam aos seus amigos como estavam a pensar construir o barco. Algumas crianças precisam, e beneficiam, de falar com os seus pares, enquanto estão a realizar uma tarefa, antes de conseguirem fazer sozinhas. Esta estratégia funciona como ajuda para "olharem" para o seu próprio processo mental. Joana de 7 anos é incapaz de identificar os erros gramaticais nas suas conversações diárias. Independentemente do número de vezes que ela lê para si "ele quia", a frase soa-lhe perfeitamente normal. Só quando ela lê em voz alta para o seu colega, é que pode descobrir o seu erro.

Encorajar a utilização do discurso privado. Encorajar as crianças a utilizar o discurso privado, para as ajudar a aprender. As crianças podem sussurrar para elas próprias ou ficar num sítio onde este discurso não incomode os outros. Este discurso privado pode, por vezes, parecer não estar relacionado com a tarefa em vista. Contudo, se este ajudar a criança a desempenhar a tarefa, isso deve ser-lhe permitido e até incentivado. Por exemplo, a Josefa está sentada à mesa; fala e verbaliza algo para si, mas está focada na tarefa que tem em mãos. Este tipo de auto conversação tem um sentido para a criança e não deve ser desencorajado. Contudo, se as verbalizações não estiverem a ajudar no desempenho da tarefa, então deve tentar-se despoletar na criança um discurso privado apropriado. O discurso privado pode ser abreviado, traduzido em pequenas lengalengas que orientam as crianças, fornecendo-lhes instruções.

Utilizar Mediadores para facilitar o discurso privado. Para algumas crianças, ter um mediador externo encoraja o discurso privado. Ajudar a criança sobre o que esta vai dizer para si própria enquanto desempenha alguma tarefa é uma atividade importante. Contudo, se a criança abrevia as instruções mas cumpre a tarefa, há que incentivá-la. Para o Alexandre, ter um cartão na sua mesa com os números 1, 2 e 3 ajuda-o a lembrar-se de qual a sala onde se deve dirigir para as suas atividades. O cartão leva-o a dizer para si "primeiro vou à biblioteca, depois à sala das histórias e depois à sala de desenho e pintura". A educadora até pode utilizar a metáfora "ter um sítio na cabeça chamado arca ou mala da memória". Quando as crianças precisam de se lembrar de algo, ela diz "Temos que colocar na nossa arca da memória (apontando para a testa). Vamos dizer 3 vezes e colocar lá. Prontos?, 'Trazer o livro amanhã para a escola' (apontando para a testa). 'Trazer o livro amanhã para a escola' (apontando para a testa). "Trazer o livro amanhã para a escola (apontando para a testa)". É um facto que uma grande percentagem de crianças se lembra da tarefa... .

Incentivar o Desenvolvimento do Significado

O educador deve tornar as suas ações e as das crianças verbalmente explícitas. Denominar as ações que vão desempenhando, bem como as das crianças, à medida que elas as vão realizando. Quanto mais se ligar a linguagem a ações, mais ajudará a criança a utilizar a linguagem para promover a aprendizagem. Há que evitar termos vagos como "estas coisas" ou "essas". Há que utilizar termos explícitos, como por exemplo "Dá-me os cubos azuis" ou "Vês os pequenos gatos felpudos?". Os educadores devem também ajudar as crianças a denominar o seu próprio comportamento. Não devem ter receio de dizer "Não estás a prestar atenção" ou "Sei que tens a cabeça no ar". Se a criança não souber o que quer dizer com "prestar atenção", terá que descrever melhor ou demonstrar-lhe mesmo do que se trata. Poderá dizer, por exemplo, "Quando prestamos atenção, o nosso corpo fica quieto, não anda de um lado para o outro e os nossos olhos estão aqui e começas a pensar neste livro".

Quando se introduzir ou iniciar/explorar um conceito novo, o educador deve certificar-se de que o relaciona a uma ação e/ou a um conceito já conhecido. Isto ajuda a criança, quando ao introduzir um conceito novo, o contextualizamos e demonstramos a sua função. Devemos incluir tantas pistas quantas nos for possível. Por exemplo, quando explicava o que era uma régua, a educadora disse, "Quando queremos medir alguma coisa e saber o seu comprimento, colocamos a régua na ponta do objeto e lemos os números aqui". Enquanto fala, ela demonstra como se faz, posicionando a régua numa das pontas do objeto.

Utilizar diferentes contextos e diferentes tarefas e atividades para avaliar/observar a aprendizagem dos conceitos ou de estratégias. Quando se ensina uma estratégia ou conceito, este deve sempre ser inserido num determinado contexto social. É difícil avaliar se a criança percebeu o conceito corretamente porque há imensas correlações contextuais que a criança pode interpretar. Por exemplo, quando a educadora diz "Eu gosto como a Adriana está a prestar atenção" e, ao mesmo tempo se apercebe que o Miguel olha para a Adriana e pára de se balançar. Não podemos saber se o Miguel entendeu verdadeiramente o que significa prestar atenção ou se ele pensa que prestar atenção é estar sentado de pernas cruzadas com as mãos no colo. Para avaliar se a criança compreende algo, ter-se-á que modificar o contexto para que o educador se aperceba se houve aprendizagem ou transferência. Pode testar-se, por exemplo, proporcionando interação da criança com um par (real ou imaginário), ou alterando as tarefas (por exemplo, contar berlindes em vez de gatinhos).

Utilizar o próprio discurso da criança para avaliar/observar a aprendizagem de conceitos e de estratégias. Os educadores devem habituar as crianças a falar sobre o que pensam e do como resolvem os problemas. Devem incentivá-las a explicar as suas ideias ou a demonstrar como é que compreenderam algo. Como dizia uma educadora "Eu gostava que me dissesses como pensaste nessas coisas". Devem incentivar as crianças a falarem umas com as outras, devendo atentar no que elas dizem umas às outras. Falar não só é motivador para as crianças, como permite ao educador perceber como as crianças pensam e compreendem as coisas.

Incentivar o Desenvolvimento do Discurso Escrito

Os educadores devem incentivar o desenvolvimento do discurso escrito em diferentes contextos. Os educadores não devem limitar a escrita ao diário da escola ou ao *workshop* de escrita. No primeiro ciclo, o professor/educador pode utilizar a escrita nas aulas/atividades de matemática, ciência, leitura e arte. Pode propor às crianças escreverem sobre aquilo que aprenderam, nem que seja só uma palavra ou uma letra. Estas reflexões vão ajudá-lo a perceber o que a criança sabe e vão ajudar a criança a tomar consciência do seu pensamento.

Em quanto mais atividades as crianças participarem, em que utilizem a escrita para recordar ou pensar, melhor. O educador deve proporcionar as ferramentas para a escrita, de forma acessível, no espaço onde as crianças brincam e deve sugerir formas para que estas possam adotar a escrita, mesmo nas brincadeiras. As crianças podem anotar as ordens de pedidos quando brincam aos restaurantes, escrever um diário enquanto brincam às escolas, ou desenhar plantas de uma cidade, enquanto brincam com blocos. Representar histórias com os pares, também irá encorajar a utilização do discurso e da escrita. Os educadores devem encorajar a escrita mesmo durante os exercícios matemáticos e de ciências, para auxiliar a criança a pensar sobre os conceitos.

Encorajar as Crianças a utilizar todo o tipo de discurso escrito, incluindo o desenho e as garatujas. Os educadores devem encorajar as crianças a escrever e depois a ler as suas mensagens, mesmo que não utilizem letras reais. Devem incentivar as crianças a desenhar ou a rabiscar e, igualmente, registar as interpretações que as crianças fazem sobre o que escrevem. O educador poderá mesmo etiquetar as interpretações da criança (mais sugestões serão discutidas nos capítulos 11 e 13.). Passados uns dias, o educador pode voltar a perguntar à criança o que é que a sua mensagem transmite. Se ela se lembrar da mensagem, o educador pode incentivá-la a elaborar, apontando para partes diferentes do desenho ou rabisco, de forma a incentivar o exercício de memória.

Incentivar as crianças a rever a sua escrita e a reprocessar as suas ideias. O educador pode revisitar os escritos das crianças, mesmo que sejam imagens com rabiscos ou informação ditada. Pode utilizar os pares para reprocessar as ideias apresentadas. Pode incentivar a criança a partilhar a escrita com um par, como por exemplo, numa atividade de "cadeira de autor". Pode demonstrar aos pares o que dizer e como abordar a criança sobre as histórias. Pode anotar as respostas e utilizá--las para reativar a discussão da história. O educador pode, igualmente, pedir às crianças para redesenhar um objeto, após o terem examinado com uma lupa.

Leituras adicionais

Berk, L. E., & Winsler, A. (1995). *Scaffolding children's learning: Vygotsky and early childhood education.* NAEYC Research and Pratice Series, 7. Washington DC: National Associations for the Education of Young Children.

Bodrova, E., & Leong, D. (2005). Vygotskian perspectives on teaching and learning early literacy. In D. Dickinson & S. Neuman (Eds.), *Handbook of early literacy research* (Vol. 2). New York: Guilford publications.

Luria, A. R. (1976). *Cognitive development: Its cultural and social foundations* (M. Lopez--Morillas & L. Solotaroff, Trans.). Cambridge, MA: Harvard University Press.

Vygotsky, L. S. (1962). *Thought and language* (E. Hanfmann & G. Vakar, Trans.). Cambridge, MA: MIT Press (Original work published in 1934).

Vygotsky, L. S., & Luria, A. R. (1994). Tool and symbol in child development. In R. van der Veer & J. Valsiner (Eds.), *The Vygotsky reader* (T. Prout & R. van der Veer, Trans.). Oxford: Blackwell. (Original work published in 1984).

CAPÍTULO 7
TÁTICA: UTILIZAÇÃO DE ATIVIDADES PARTILHADAS

O Zé e a Arlene estão a brincar na mesa da água, enchendo, com água, garrafas de vários tamanhos. Enquanto brincam, a educadora pergunta, "Quantas garrafas pequenas serão necessárias para encher esta garrafa grande?". O Zé diz, "Eu acho três..."; a Arlene grita, "não, só uma!". O professor diz, "Vamos lá ver. Vamos utilizar estes blocos, cada vez que despejarmos uma das garrafas, para medirmos. Zé, vertes uma garrafa pequena, e Arlene, tu vais colocar um bloco neste cesto, que vai representar a garrafa pequena. Vais fazer isto, de cada vez que se despejar uma garrafa, está bem?". A educadora observa, enquanto as crianças despejam a água das garrafas pequenas, e tentam encher a garrafa grande, colocando os respetivos blocos dentro do cesto. As crianças vão fazendo a contagem em voz alta, enquanto a Arlene coloca os blocos no cesto. Assim que elas enchem a garrafa grande, até transbordar, a educadora comenta, "Vocês têm que encher mas não podem deixar a água transbordar, caso contrário, não vamos estar a medir corretamente.". Elas recomeçam e tentam encher a garrafa grande novamente. Gradualmente, vão enchendo a garrafa grande.

"Aí estão três", diz Arlene. "Vê.". Ela aponta para quatro blocos. A educadora traz o cesto para mais perto e diz, "Vamos contá-los e verificar se lá estão três.". Arlene agarra nos blocos e coloca um a um na mão aberta da educadora. "Oh, são quatro", diz ela. "Sim". A educadora refere, "às vezes ajuda apontar para os blocos ou pegar neles enquanto estás a contá--los". Arlene diz para o Zé, "Agora quero encher e tu medes.". Repetindo a tarefa, o Zé olha para o cesto de blocos, pega em cada um enquanto conta e passa os blocos para a Arlene. "Ainda são quatro", diz o Zé para Arlene e para a educadora. "Sim", diz a educadora, "Parece não interessar quem enche as garrafas. Continuam a ser quatro blocos. Vamos desenhar o que aprendemos sobre as diferenças entre a garrafa grande e a garrafa pequena.". Após terem terminado o desenho, a educadora coloca-o sobre a mesa da água. A educadora encoraja outras crianças a ler o desenho e em testar o que o Zé e a Arlene descobriram.

É com interações diárias como esta que a aprendizagem ocorre. De facto, facilmente reconhecemos quando este tipo de aprendizagem ocorre, no entanto, por vezes, é difícil saber como fazer isto acontecer. O que podem fazer os professores/educadores para aumentar o diálogo/interação de aprendizagem/ensino?. É um aspeto muito importante para os investigadores Americanos e Russos. Neste capítulo, vamos descrever algumas recomendações que derivam das implicações/aplicações das suas investigações.

Interação na atividade partilhada

Nos capítulos 1 e 2 explicitámos a perspetiva de Vygotsky quanto às funções mentais poderem ser partilhadas; isto é, elas existem e manifestam-se em atividades partilhadas. Uma função mental existe, ou é atualizada entre duas pessoas, antes de ser apropriada por cada um e internalizada.

Existe uma grande variedade de formas em que uma atividade pode ser partilhada entre duas ou mais pessoas. Uma criança pode utilizar a estratégia ou conceito com o suporte e auxílio de outra pessoa. Duas crianças podem trabalhar em conjunto para resolver um problema. Uma criança pode fazer uma pergunta e outra dar a resposta. No exemplo anterior do enchimento das garrafas com água, o Zé e a Arlene partilharam a estratégia com a educadora, como um trio.

A palavra assistência/ajuda (*assistence)* é um componente essencial da definição da zona de desenvolvimento proximal, ou ZDP (ver Capítulo 4). Assim, a atividade partilhada é uma forma de proporcionar auxílio às crianças para atingirem níveis mais elevados ou superiores da ZDP. Para promover aprendizagem, os professores têm que criar diferentes tipos de ajuda e, consequentemente, diferentes tipos de atividades partilhadas.

Dada a variedade de exemplos de atividades partilhadas, que consistem em trocas adulto-criança, existem vários equívocos sobre o significado da própria atividade partilhada. Primeiro, atividades partilhadas não são limitadas a interações adulto-criança, mas incluem interações de crianças com iguais e outros parceiros. A perspetiva de Vygotsky sobre a atividade partilhada e o seu papel no desenvolvimento vai além da aprendizagem orientada pelo adulto (Tharp & Gallimore, 1988). O contexto social inclui vários tipos de interação entre participantes, mais ou menos conhecidos, participantes com igual conhecimento e até participantes imaginários (Newman, Griffin, & Cole, 1989; Salomon, 1993). Cada tipo de atividade partilhada remete para uma faceta diferente do desenvolvimento. Neste capítulo, iremos ver como cada tipo de atividade partilhada pode contribuir para a aprendizagem.

Um segundo equívoco é de que o adulto orienta a criança e que a criança é relativamente passiva, seguindo, simplesmente, as diretivas do adulto. Não ocorre aprendizagem se o aprendiz não é mentalmente ativo, na perspetiva de Vygotsky. Todos os participantes, independentemente do nível de conhecimento, têm que ser mentalmente empenhados, caso contrário, a atividade não será partilhada.

Por último, tem que existir um meio ou forma de partilha. Jogando ou trabalhando ao lado do outro não é o suficiente. Os participantes têm que comunicar com o outro; falando, desenhando, escrevendo, ou utilizando outra forma de expressão. Sem troca verbal, escrita ou de outro tipo, a partilha não existirá, nem produzirá o nível mais elevado de assistência. A linguagem e a interação criam a experiência de partilha.

Como a atividade partilhada promove aprendizagem

A atividade partilhada proporciona um significativo contexto social para a aprendizagem. Quando uma criança está a aprender um *skill*, o contexto social pode ser o fator principal, que torna a aprendizagem significativa.

A criança pode aprender simplesmente devido a uma interação agradável com o Professor. Porém, um leitor iniciante pode resistir ler duas páginas, quando lhe é pedido pelo professor, mas pode querer ler um livro inteiro à irmã mais nova. Neste sentido, a atividade partilhada de ler para outra pessoa pode promover mais as capacidades emergentes do que a leitura orientada pelo professor. A motivação da criança pode ser muito mais forte e a interação permitir uma prática real e um contexto social mais apropriado para a aquisição da própria capacidade.

Através de conversas e interações com outras pessoas, o pensamento torna-se mais explícito e acessível, até a correções (ver capítulo 6). De facto, as crianças podem ser capazes de elaborar uma resposta, mas podem ter apenas uma vaga compreensão de como o fizeram. Ao falar, escrever, ou desenhar para outra pessoa, os pensamentos tornam-se sequenciais e mais percetíveis para o próprio. Por exemplo, depois de fazer manteiga nas aulas, Sebastião só, vagamente, consegue descrever como o fez. No entanto, enquanto brinca às casinhas com o Tó, Sebastião simula estar a fazer manteiga, manifestando ações na mesma ordem sequencial que ocorreu na aula. A discussão com o Tó sobre se devia bater o conteúdo da taça primeiro ou se devia olhar para as indicações na receita ajuda as duas crianças na clarificação dos passos envolvidos no processo.

As crianças numa sala de jardim de infância, que observaram a construção de um edifício no lote do outro lado da escola, tentam explicar a uma outra criança o que aconteceu. Assim que falam, as crianças clarificam a sequência dos acontecimentos. Quando uma criança resolve um problema matemático e explica a resposta ao professor, ela apercebe-se dos eventuais erros nos cálculos.

As atividades partilhadas permitem, aos participantes, clarificar e elaborar os seus pensamentos e a utilizar a linguagem. Para comunicar, e comunicar bem, com outra pessoa, tem que se ser claro e explícito. Uma pessoa tem que transformar a própria ideia em palavras e verbalizar até se certificar de que o outro a percebeu. Para haver comunicação, um indivíduo deve olhar para os diferentes aspetos de uma ideia ou tarefa e colocar-se na perspetiva do outro. Deste modo, existem mais probabilidades de encontrar e ver mais alternativas.

Atividade partilhada, regulação externa (*other-regulation*) e autorregulação

Nas atividades partilhadas com parceiros, ou atividades em que a criança está a desempenhar ou a realizar uma tarefa a um nível independente, ser regulado por outros e regular outros pode acontecer com frequência. Na preparação de uma peça dramática, por exemplo, as crianças vão discutir e argumentar sobre os papéis desempenhados por cada um e sobre o como a peça se vai desenvolver. Por vezes, uma criança concordará em desempenhar um papel ou cenário que foi sugerido por outra criança; nesse caso, a mesma criança pode insistir no papel ou cenário que sugeriu.

A importância das regulações externas (regulação pelos outros)

Os Vygotskianos utilizam o termo regulação externa (regulação por outrem – *other-regulation*) para descrever a situação em que uma pessoa regula outra pessoa ou é regulada por outra. Isto é distinto da autorregulação, em que um indivíduo se regula a si mesmo.

Muita da investigação pós-Vygotskiana sobre as atividades partilhadas foi efetuada no contexto das interações adulto-criança ou especialista-novato (inexperiente). Tornou-se, então, natural o enfoque nas regulações externas pelo adulto, tornando-se precursor da autorregulação, pela criança. Esta abordagem foi realizada, por exemplo, por James Wertsch (Wertsch, 1979, 1985), que identificou vários estádios da aprendizagem da criança, no que respeita a comportamentos auto direcionados. Nesta progressão, os primeiros estádios são caraterizados por um adulto que cria a estrutura da tarefa, guiando assim as crianças com uma série de passos, fornecendo um *feedback* detalhado. Nos estádios posteriores, a orientação pelo adulto diminui até que a criança seja capaz de, finalmente, planear, monitorizar e avaliar as próprias ações, de forma independente (Wertsch, 1985). A forma como as crianças regulam o próprio comportamento reflete a natureza partilhada da regulação que existe nos estádios iniciais: como, por exemplo, no discurso privado, as crianças continuam a utilizar a mesma linguagem que utilizaram no passado, quando verbalizaram sobre a tarefa, com o adulto.

Refletindo sobre as atividades partilhadas, que existem fora da interação especialista-inexperiente, podemos ver que as regulações externas não se limitam à regulação pelos adultos. Outro aspeto das regulações externas é a capacidade da criança poder regular, também, os comportamentos das outras pessoas. Igualmente, a ideia de que a aprendizagem é em simultâneo, regulador e objeto de regulação. São, pois, aspetos igualmente importantes para o desenvolvimento da autorregulação. Importante, ainda, referir que as pessoas veem mais facilmente os erros nos comportamentos dos outros do que nos próprios. Os Vygotskianos consideram que este é o primeiro passo e a razão justificativa para considerarem que as regulações-externas precedem a autorregulação (Leont'ev, 1978; Vygotsky, 1983). Neste sentido, as regulações externas são peças fundamentais no processo de aprendizagem.

Na perspetiva de Vygotsky, as origens da autorregulação podem ser encontradas na interação social da criança com outras pessoas, sendo um processo comum para o desenvolvimento de todas as funções mentais superiores. De facto, quando falamos da aprendizagem de um novo comportamento, é possível que as crianças sejam capazes, mais facilmente e antes, de regular este comportamento noutras pessoas do que regular o seu próprio comportamento. Muitos exemplos podem ser observados nas salas de jardim de infância. Crianças com aproximadamente 3 ou 4 anos de idade parecem ser obcecadas com regras, podendo passar grande parte do seu tempo a contar ao educador, quando as outras pessoas não estão a seguir as regras. Ser 'queixinhas' é um sintoma da vontade de regular os outros. O "queixinhas" usualmente não aplica a regra a si mesmo, mas será o primeiro a gritar quando alguém faz algo de mal. A criança quer reafirmar a regra. Para crianças pequenas, a regra e a pessoa que a estabelece é a mesma entidade: "Eu vou só tirar uma bolacha porque o professor disse que podia.". "Eu estou quieto porque o professor disse para eu estar.". O que as crianças aprendem utilizando a regra para regular os outros é a ideia de que a regra é abstrata e que existe marginalmente à pessoa que a estabelece. Havendo uma regra, esta pode ser aplicada noutras situações. Posteriormente, a criança começa a interiorizar a regra ou a desenvolver um padrão. Em vez de se ter que lembrar, cada vez que, quando há bolachas, se pode tirar apenas uma, a criança agora tem a regra: "Quando há bolachas ou outra comida, só se tira uma de cada vez.". Da mesma maneira que a regra interiorizada sobre estar quieto pode ser, "Eu preciso de ter uma voz mais silenciosa quando estou dentro de casa.".

A ideia de que as regulações externas precedem e preparam o caminho para a autorregulação não é limitada às interações sociais, mas pode ser aplicada às regulações de processos cognitivos. Pós-Vygotskyanos como Zuckerman e outros (Rubtsov, 1981; Zuckerman, 2003) consideram que as regulações-externas são um precursor do pensamento reflexivo, encontrado em adultos e crianças crescidas. Muitos teóricos, incluindo Piaget e teóricos do processamento de informação, consideram que a autorreflexão é parte do processo da resolução de problemas, a um nível mais elevado (Flavell, 1979; Piaget, 1977). Os adultos são não só capazes de resolver um problema, mas de refletir sobre a solução. Na perspetiva destes autores, as crianças em idade pré-escolar e na escola do primeiro ciclo não são capazes de refletir sobre os próprios pensamentos ou são muito pouco reflexivos. Contrariamente, Zuckerman considera que as regulações externas têm a mesma função que o pensamento reflexivo, na forma como avaliam e consideram as ações realizadas. Porém, na regulação por outro, a reflexão encontra-se fora da criança e é realizada por outras crianças, ou por um grupo inteiro de iguais, ou adultos. Eventualmente, a criança que foi reguladora de outro, relativamente às ações dos colegas, será capaz de autocriticar-se e de ter os mesmos procedimentos reflexivos, nas suas próprias ações. Pela mesma razão, a criança que foi sujeita a regulações por outros, vai interiorizar as estratégias utilizadas pelos parceiros e será capaz de recorrera a estas estratégias de forma independente. Envolver as crianças em atividades de regulação dos outros é muito vantajoso no desenvolvimento dos seus processos de pensamento. Iremos discutir este assunto nos Capítulos 12 e 13.

Utilização das regulações externas no desenvolvimento da autorregulação

Muito do que as crianças aprendem baseia-se em regras; algumas dessas regras são explícitas, tal como o comportamento na sala de aula, mas, algumas não são muito óbvias, como as regras dos jogos. Igualmente, quase tudo o que é ensinado na escola, como a ortografia, leitura, envolve a utilização de regras. Nas escolas, aprendem-se regras e padrões, tal como conceitos e estratégias.

Dado que, em termos de desenvolvimento, as crianças se envolvem, primeiro, em tarefas de regulação externa, elas podem perceber uma regra mais facilmente ao ver o erro de outra pessoa, como de um colega, do que ao tentar aplicar a mesma regra às suas próprias ações. Ou seja, as crianças podem estar a infringir uma regra, aquando numa atividade, e podem não se aperceber. Mas, se o colega do lado fizer o mesmo, rapidamente é advertido.

De facto, quantos de nós já se aperceberam de como é fácil rever o trabalho de outra pessoa? Erros de digitação e falhas no pensamento são, para o revisor, óbvias. Contudo, quando lemos a nossa própria escrita, os problemas e erros são muito mais difíceis de encontrar.

Os professores potenciam o desenvolvimento da autorregulação ao colocar as crianças em situações de regulação de outras. Seguem-se algumas recomendações específicas.

1. Planear exercícios nos quais as crianças têm que identificar erros no trabalho do professor/educador, ou em exercícios escritos. Apresentar frases escritas que contenham um ou dois erros de pontuação e gramática é útil no primeiro e segundo anos. É importante dizer à criança quantos erros se encontram na frase. Os professores podem cometer erros de propósito enquanto escrevem frases no quadro, que as crianças posteriormente vão corrigir. No princípio, as crianças provavelmente terão que ser sensibilizadas para ver os erros, pois, é de prever que pensem que o professor nunca erra.

2. Planear atividades, para crianças com dificuldades de autorregulação, que permitam a regulação de comportamentos de outras pessoas.

Permitir a responsabilização da regulação do comportamento que se quer que a criança aprenda. Numa sala de jardim de infância, existe uma criança, o José, que tem um tom de voz muito alto, que perturba as restantes crianças! As tentativas para o corrigir dizendo "Baixa a tua voz" parecem não ter efeito rigorosamente nenhum. A educadora até tentou utilizar uma gravação de vídeo para demonstrar à criança o quanto alta é a sua voz. Nenhuma das tentativas funcionou. Então, a educadora decidiu colocar um "medidor de ruído" no quadro e encoraja a criança a registar sempre que o nível de ruído de alguém é demasiado alto. A criança alvo adverte toda a gente, incluindo a educadora, registando sempre que alguém fala ou começa a levantar ligeiramente a voz. Passados três dias, a educadora nota que a criança já não utiliza um tom de voz tão alto!. Numa leitura Vygotskiana, a criança começou a internalizar um padrão que, neste caso, se manifesta num baixar de tom de voz. Assim, se inicialmente, a criança, quando advertida, reagia de forma incomodada, posteriormente, após a regulação de outros, a criança começou a reconhecer que "baixar a voz" significava algo específico.

3. Combinar regulações-de-outros e autorregulações com um mediador externo e discurso público ou privado. Utilizar mediadores externos para auxiliar a criança a modelar o comportamento que quer que a criança utilize, para regular os outros, ou a ela mesma. No exemplo anterior, o professor utilizou uma imagem de um medidor de ruído para auxiliar a criança a relembrar o que era suposto fazer para medir o tom de voz.

A função do professor na atividade partilhada

Um professor pode fazer parte da atividade partilhada de duas formas diferentes: como participante direto ou como a pessoa que promove, planeia, e cria as oportunidades para o desenvolvimento da atividade partilhada entre crianças. Nas atividades da sala de aula, os educadores podem assumir ambos os papéis, dependentemente dos objetivos, contextos, e conteúdos da informação veiculada ou matéria lecionada. Por vezes, em determinadas situações, só os adultos podem guiar e orientar a aprendizagem, mas, por vezes, as atividades com os seus parceiros são mais benéficas para o jovem que aprende. Saber se o professor deve participar diretamente na atividade é algo que depende de um número de fatores como, por exemplo: qual o círculo de aprendizagem da criança, as caraterísticas específicas das crianças, a idade da criança, o grupo e a sua dinâmica. Por exemplo, uma discussão entre um grupo de crianças de 5 anos pode levá-los a querer saber mais e a querer fazer perguntas que podem ser respondidas pelos próprios ou só pelo professor (Palincsar, Brown, & Campione, 1993). Nesta situação, o professor desempenha o papel de ambos, de planificador e de participante. Noutras alturas, perguntas diretas do professor podem conduzir ao mesmo objetivo e também à aprendizagem. Porém, sabemos que a participação direta conduz a uma maior motivação. Os professores experientes sabem que têm que utilizar uma série de técnicas, mudar constantemente a forma de exercer e alterar a quantidade de orientação, já que a forma de aprender varia de criança para criança.

Os professores como parceiros

Uma forma dos professores participarem numa atividade partilhada é empenharem-se no que os Vygotskianos chamam diálogo educacional (Newman et al., 1989). A palavra diálogo implica dar e receber, de todos os participantes. Neste sentido, uma aula tradicional dada ao estudante não é um exemplo de um diálogo educacional. Num diálogo educacional, as crianças exprimem as suas próprias perceções sobre o que o professor diz e do conceito apresentado. Este diálogo pode envolver tanto representações escritas como desenhadas, assim como discursos. Uma ideia de diálogo educacional é similar à noção de diálogo socrático, que é mais comummente atualizado no contexto do ensino de alunos mais velhos. Em ambos os tipos de diálogo, o professor tem um objetivo em mente e utiliza questões, de modo a conduzir os alunos na direção desse objetivo (Saran & Naisser, 2004). Não se trata de uma discussão sem rumo, mas de uma viagem de descoberta, guiada pelo professor. As crianças deverão descobrir o significado, mas o professor orienta-os em direção ao mesmo, ajudando-as a corrigir conceitos e a evitar linhas de raciocínio limitadas.

Com o objetivo de estabelecer um diálogo educacional, o professor deverá ter um conceito ou um objetivo em mente e deverá ser capaz de antecipar os equívocos possíveis que possam emergir. O professor deverá guiar, porém, a criança deverá realizar e construir a sua própria compreensão. Uma analogia possível seria a da condução em direção a um novo destino. A pessoa conduz à sua própria velocidade e toma as suas decisões sobre quando virar, no entanto, a sinalização rodoviária, no decurso do caminho, providencia informação útil e antecipa os possíveis erros de percurso. Ao longo da estrada da aprendizagem, o professor deverá ser aquele que coloca a sinalização naqueles que são os pontos mais úteis e importantes, assegurando que, aos alunos, não passa despercebido o caminho certo.

Através da colocação de questões, o professor modela a lógica da aprendizagem, ou as estratégias que as crianças podem e devem utilizar para atingir a próxima solução. Dito de outro modo, o professor constrói um modelo de aprendizagem que pode ser utilizado noutras situações. A educadora encontra-se a observar um novo livro de ciências com as suas crianças. A Vera pergunta, "fala sobre ursos?". A educadora responde, "nós poderíamos olhar para as ilustrações – assim, podemos ficar a saber se aparecem ursos - mas eu conheço uma forma mais rápida. Nós podemos procurar a palavra 'ursos' no índice, na parte de trás do livro". Apontando as colunas, ela diz, "o índice informa sobre todos os tópicos abordados no livro. Repara como está organizado alfabeticamente! Onde podemos encontrar ursos?". "Abaixo do T", respondem várias crianças. "Certo. Onde é a secção do T?", pergunta ela, enquanto posiciona o livro, de forma a que uma das crianças consiga virar a página. "Sim, eu consigo ver t's agora.", diz ela à medida que a criança encontra a secção T com sucesso. A educadora vira o livro na direção de outra criança e diz, "consegues encontrar ursos?". A criança aponta para a linha correta. "Percorre a linha com o teu dedo e encontrarás o número da página. Os ursos são discutidos na página 78.". Se a educadora tivesse dito simplesmente

"Sim" ou virado a página sem conduzir as crianças, elas não teriam sido expostas à aprendizagem de uma estratégia de pesquisa, para encontrar informação num livro.

Apesar da educadora/professora ter um objetivo em mente, as questões e os passos utilizados no diálogo educacional deverão ser escolhidos de acordo com cada uma das crianças ou grupo de crianças. Cada criança surge no diálogo com um passado e experiências únicas. Assim, as condições que podem conduzir a aprendizagem com umas crianças podem não conduzir com outras. O professor deverá ter sempre presente que as crianças deverão participar no diálogo, com vista à aprendizagem, em que o professor/educador orienta, mas é a criança que constrói o seu próprio significado (ver capítulo 1).

Um dos objetivos do diálogo educacional é o professor descobrir o que a criança percebe e faz sozinho e aquilo em que a sua assistência ou ajuda resultará melhor. De facto, inicialmente, o professor/educador tem um papel fundamental na aprendizagem, pois o aprendiz/aluno somente pode ter autonomia quando domina os diversos conceitos (Werstsch, 1985). Isto é algo que apenas o professor, que conhece o objetivo final, pode treinar e trabalhar com a criança.

Na monitorização do empenho da criança num diálogo educacional, o professor deverá responder a duas questões, a respeito dos processos de raciocínio: (a) como chegou a criança a esta resposta? (b) irá a resposta da criança encaixar, em última instância, no sistema de conceitos para esta área?. De facto, numa lógica Vygotskiana, é tão importante o domínio das novas ferramentas da mente, para a aprendizagem, como a aquisição de conhecimentos específicos, de tal modo que não é suficiente apenas atingir a resposta correta; é fundamental que a criança saiba utilizar as ferramentas que se constituem como as mais relevantes no encontro da resposta. Por exemplo, é mais importante para a criança conseguir descrever o padrão, numa série de objetos, do que predizer o novo objeto. O saber apenas que objeto se segue não providencia informação ao professor sobre se a criança compreende, ou não, o padrão.

O segundo aspeto que o professor deve ter em conta no diálogo educacional é descobrir se a resposta da criança irá, em última instância, encaixar no sistema de conceitos para uma área específica. O professor deverá ter presente a totalidade do sistema de aprendizagem. Este deverá assegurar-se de que cada novo conceito encaixa na totalidade do sistema, é compreendido e não causará problemas mais tarde. Contudo, quando este pergunta às crianças quantos dias tem uma semana, este descobre que algumas das crianças julgam ser cinco dias. A educadora/professora pede às crianças para lhe explicarem porque dizem ser cinco dias. As crianças nomeiam os cinco dias - de segunda a sexta-feira - que correspondem aos dias de aulas. No decurso do seu diálogo com as crianças, a educadora descobre que elas definem os dias da semana pelos dias em que se encontram na escola. Ela então revê a sua rotina de leitura do calendário, a fim de se assegurar que as crianças compreendem que existem sete dias na semana.

À medida que os professores participam no diálogo educacional, eles necessitam ter determinados aspetos em mente.

1. Ajudar a criança a distinguir propriedades essenciais das não essenciais. Por exemplo, ao mostrar à criança objetos de diferentes formatos, o professor deverá evidenciar que a cor e tamanho são irrelevantes. A professora perguntaria à criança, "Se nós pintarmos este objeto de vermelho, será ainda um círculo?". "Se pintarmos o círculo de azul, será agora um triângulo?". "E se o tornarmos maior? É ainda um círculo?".

2. Ajudar a criança a estabelecer conexões com o sistema de conceitos maior. Susana aponta para o número dois e diz, "É a letra dois.". A professora envolve-a num diálogo, perguntando "É uma letra ou um número?" e Susana diz, "É uma letra como esta" (apontando a letra A). A professora diz então, "Nós escrevemos tanto letras como números, mas usamo-los de forma diferente. Quantos dedos tenho levantados?", e a Susana responde, "dois." A professora diz, "Sim, nós escreveríamos isso com um número porque nós usamos os números para dizer 'quantos.' Nós usamos letras para fazer palavras.".

3. Procurar pistas a respeito dos processos de raciocínio da criança. Utilizando as respostas das crianças, tentar identificar as propriedades que são salientes. A educadora/professora pergunta às

crianças, "O que rima com bola?" e ela ouve as respostas: "tola, cola, sola e boné". Das respostas dadas pelas crianças, ela sabe que, pelo menos, algumas pensariam rima como com o mesmo som de início. A sua definição inicial de rima, "Soa ao mesmo," conduziu a algum equívoco. Ela então modifica a definição, para que as crianças saibam que parte das palavras deverão "soar o mesmo", para rimarem. Sabendo e percebendo o que a criança se encontra a pensar, a educadora/professora pode iniciar a reconstrução dos significados, percecionados pela criança.

4. Decidir a quantidade de apoio a providenciar. Porque a quantidade de apoio necessária a cada criança depende da sua ZDP; mesmo que duas crianças sejam incapazes de realizar uma determinada tarefa, elas poderão necessitar de apoios diferentes. Elisa e Frederico têm ambos dificuldade em articular a palavra balão. Mas, enquanto a Elisa requer apenas o primeiro som, a fim de conseguir dizer a palavra, Frederico, no entanto, necessita ouvir cada sílaba pronunciada lentamente. Assim, na tomada de decisão de como apoiar a aprendizagem de uma criança deverão ser colocadas questões como: Deverei variar a quantidade de apoio a proporcionar a cada uma criança?; precisará a criança mais de pistas verbais ou materiais/manipuláveis?; precisarei de alterar o contexto e tentar a atividade num grupo menor (ou maior)?; precisarei que a criança desenhe ou represente o seu pensamento ou que diga a outro como o fez?; precisará esta criança de várias pistas, ou de apenas uma?. Utilizando o tipo especial de avaliação, descrito no capítulo 14 deste livro, auxiliá-lo-á a determinar melhor que quantidade de apoio deverá ser prestado a crianças diferentes.

5. Criar possibilidades de delegar responsabilidades de aprendizagem às crianças. Organizar a sala de aula, de modo a que se tenha tempo para trabalhar com cada criança individualmente e em pequenos grupos de, até, oito crianças. Embora possa ser travado um diálogo com a turma inteira, algumas crianças aproveitam mais em grupos pequenos. A fim de maximizar o número de diálogos, deverão ser utilizados pares e matérias pré preparadas, a fim de providenciar

suporte e assistência a outros alunos em momentos em que seja necessário a interação do professor apenas com parte da turma.

6. Planificar o tamanho dos grupos para que o diálogo educacional seja significativo e efetivo. Organizar a sala de atividades e as atividades para que se possa ter tempo para cada e todas as crianças. Grupos com um número superior a 8, provavelmente, não são muito funcionais. Era se possa trabalhar com o grupo total, devemos estar atentos às crianças que tentam dominar o diálogo ou/e as que são anuladas ou desinteressadas, até. Para maximizar o número de diálogos, o educador pode e deve utilizar o trabalho/atividade entre pares, preparar previamente materiais e os andaimes considerados potenciadores da aprendizagem e do desenvolvimento.

Os professores enquanto planificadores

Os professores também se podem envolver indiretamente na atividade partilhada, modificando e planificando o ambiente de aprendizagem. Através da escolha de tarefas, objetos, livros, vídeos, programas de computador, cassetes e jogos de aprendizagem, o professor providencia assistência/auxílio, a fim de apoiar o desempenho independente. O professor pode criar mediadores facilitadores do processo (ver capítulo 5). Estes suportes são atualizados à medida que a criança domina a técnica. Por exemplo, quando a criança consegue resolver um problema matemático específico com manipuladores, auxiliares, o passo seguinte será o de a ver a resolvê-lo pelo desenho ou pela escrita, e, por fim, vê-la a resolvê-lo mentalmente (obviamente, para alguns conceitos será necessário mais do que um ano escolar para que a criança possa progredir, passando por todos estes passos). O objetivo da utilização de manipuladores é, não só, o de resolver o problema matemático, mas o de proporcionar um degrau, no sentido da interiorização do conceito de número. Deste modo, o professor necessita planear não só como utilizar estas ajudas mas também o modo como a criança irá efetuar a transição da sua utilização para formas mais avançadas de raciocínio. A utilização de materiais é também muito útil na consolidação da aprendizagem, quando a criança se encontra no nível independente da ZDP. A confirmação da sua compreensão ajuda a criança a tornar-se confiante e fortalece a própria compreensão.

Os professores também podem organizar as atividades partilhadas, propostas por outros, por exemplo, os pares. Podem envolver-se no processo de ensino não só quando interagem indireta ou diretamente com as crianças, mas também quando organizam diferentes atividades de pares, pois todas encorajam a aprendizagem. Na secção seguinte são discutidas as várias formas, através das quais os pares podem auxiliar a aprendizagem de cada um.

A função dos pares na atividade partilhada

A mera interação com um parceiro pode não ser suficiente para promover o desenvolvimento. Por vezes, a interação casual pode auxiliar as crianças a aprender, e, assim, esta aprendizagem será acidental. Os atributos importantes ou conceitos podem não emergir na interação com os parceiros. Quando as crianças interagem umas com outras, a situação social está recheada de informação, de vária ordem, relativas a amizade, interações passadas, conteúdos vários, o objetivo do grupo, etc.. É muito difícil para as crianças perceberem, por si mesmas, o que o grupo está a tentar realizar, em situações sociais diferentes. No entanto, ao estruturar a situação, o professor pode utilizar a interação entre parceiros ou iguais para promover mais objetivos de aprendizagem. Ambos, o objetivo do grupo e o tipo de interação devem ser definidos cuidadosamente.

Nos estádios iniciais do processo de aprendizagem, a interação com o professor pode ser mais benéfica do que as atividades partilhadas com os companheiros. Isto é particularmente verdade quando a criança não utiliza ainda uma capacidade ou estratégia corretamente ou quando um conceito é ainda muito vago para a criança. Se existirem mal entendimentos para a criança, então, isto significa que a criança não está preparada nem beneficiará da interação com os parceiros. Uma vez aprendida uma capacidade, praticar com um parceiro pode ser muito benéfico.

Para promover a aprendizagem, as crianças têm que se empenhar em tipos específicos de interação umas com as outras. Os Vygotskianos descrevem as seguintes interações de parceiros, como as mais benéficas para o desenvolvimento:

1. Cooperação com parceiros mais (menos) capazes na mesma tarefa. Quando um parceiro experiente ajuda um novato, ou fornece tutoria, existirão benefícios duplos para a aprendizagem. A tutoria, por parceiros, fornecendo um suporte individual, auxilia o inexperiente, que se encontra num nível inferior de compreensão. Igualmente, auxilia também o mais experiente, quando requer ou sugere que a criança seja mais explícita e consistente. Promove, também, a aprendizagem das capacidades metacognitivas da criança experiente, tal como uma compreensão mais profunda do conteúdo (Cohen, Kulik, & Kulik, 1982; Palincsar, Brown & Martin, 1987).

   Para levar a que a tutoria por pares funcione, no cenário da primeira infância, a atividade tem que ser planeada, rigorosamente. O tutor necessita de uma formação intensiva sobre o como ajudar outra pessoa a aprender. O jovem tutor provavelmente vai dizer a resposta, em vez de modelar estratégias que ajudarão o inexperiente. O educador deve verificar que cada criança obtém uma oportunidade para ser tutor. O educador deve dispor as crianças aos pares, atribuindo funções diferentes consoante o seu nível de desenvolvimento; por exemplo, alunos mais velhinhos podem ler um livro familiar a crianças em idade pré-escolar que não sabem ler.

2. Cooperar com parceiros igualmente capazes, na mesma tarefa. A ideia pela qual os efeitos benéficos da interação entre pares são limitados a situações de 'novato-especialista' foi uma das mais mal-interpretadas na leitura do princípio Vygotskiano da atividade partilhada (Zuckerman, 2003). De facto, a investigação realizada dentro (Wells, 1999) e fora da teoria Vygotskiana (Johnson & Johnson, 1994; Slavin, 1994) proporciona evidências dos efeitos positivos da cooperação entre parceiros, do mesmo nível de perícia.

Um dos mecanismos responsáveis pelos resultados cognitivos advindos da cooperação entre parceiros é o conflito cognitivo, sua criação e solução (Zuckerman, 2003). Por vezes, as crianças, num grupo, podem ter diferentes opiniões ou perspetivas. Uma consequência natural desses desacordos é um conflito cognitivo, que pode ser potenciador de crescimento/desenvolvimento. Ambos, Piagetianos e Vygotskianos acreditam que encontrar incompatibilidades ou diferentes pontos de vistas na mesma situação melhora a capacidade individual de desenvolvimento mental. Por exemplo, Diana, de oito anos, aprende que a terra gira à volta do sol, mas na discussão ela descobre que existem crianças que acreditam que o sol gira à volta da terra. Até ter que explicar as suas ideias a outra criança, ela não vai perceber a lógica interna da sua própria crença. Em crianças mais velhas, esta discussão externa pode ocorrer internamente. Um exemplo disso seria quando um estudante está a preparar a escrita de uma dissertação e tenta conceber os argumentos contra um adversário imaginário.

Outra forma de potenciar a aprendizagem seria o desempenho de vários papéis, que podem implicar diferentes processos cognitivos (i.e., planear, monitorizar), necessários à realização de uma tarefa (Zuckerman, 2003). Por exemplo, ao criar uma estrutura de blocos, uma criança desenha um plano para o edifício de blocos, outra criança constrói-o e uma terceira controla para ver se o plano se traduz no edifício final (Brofman, 1993). Cada criança tem um papel distinto, mas partilham o plano e os blocos. Os papéis desempenhados por cada criança mudam assim que o grupo passa para um novo projeto de construção. Este tipo de atividade partilhada auxilia as crianças a desenvolver todas as capacidades necessárias para complementar um processo: planear, monitorizar e avaliar os comportamentos.

Outro exemplo de como diferentes papéis podem ser coordenados nas atividades partilhadas é a atividade de pré alfabetização, para crianças em idade pré-escolar, na qual as crianças revezam-se na leitura de um livro para o parceiro. Para facilitar esta atividade partilhada, o educador atribui os papéis de narrador e ouvinte às crianças, aos pares, dando ao narrador uma carta com uma imagem de um boca e ao ouvinte uma carta com a imagem de um ouvido. Estas cartas auxiliam as crianças a não se confundirem nos papéis.

Corrigir os parceiros é outro exemplo de atividade partilhada, em que as crianças assumem papéis complementares. Na correção de parceiros, uma criança escreve e a outra corrige e verifica o trabalho do narrador. Ao atribuir os papéis de verificador, diretor ou editor, torna-se muito importante ser explícito sobre as normas para avaliar o trabalho do parceiro. As crianças não devem só dizer se gostam ou não da narrativa. A atividade partilhada é um veículo para as crianças aprenderem conceitos, capacidades e estratégias; estas têm que ser realizadas de maneira explícita ou as crianças não serão capazes de os aprender. Devemos ser muito específicos relativamente ao que se quer que elas façam. Um professor do segundo ano pede aos editores para comentar o fluxo da narrativa, o protagonista e a gramática simples (utilização de frases e pontos finais). Para apoiar as crianças no desempenho do papel de editor, o professor fá-los usar os "olhos de editor", sendo esses uns óculos sem lentes, ou uma lupa. Ao desempenhar o papel de editor, a criança vai aprender as ideias de fluxo, caráter, e gramática enquanto regula o seu parceiro. Este tipo de atividade pressupõe o princípio de que as regulações-por outros precedem a autorregulação. Se tenta utilizar os "olhos de editor" na sua sala de aulas, não se surpreenda quando as crianças começam a pedir-lhos quando estão a trabalhar individualmente! Estas crianças vão usar os óculos como lembrete (mediador externo), para que possam aplicar os mesmos processos de edição nas suas próprias narrativas, que utilizaram previamente com um parceiro. Nos exemplos prévios, existiam dois tipos de situações de aprendizagem. Num, a criança está a praticar um processo no qual a execução é comparada com uma norma ou padrão. Noutras palavras, existe uma resposta correta. Por outro lado, o objetivo da criança é o de praticar; o resultado não é especificado. É importante, nas situações em que as crianças estão a praticar algo específico, que o professor torne a atividade autocorretiva ou que forneça um exemplo que as crianças podem usar como comparação. Sem este passo, as crianças podem desviar-se umas das outras, em direções erradas.

3. Cooperação com parceiros em tarefas interligadas. Este tipo de cooperação tende a ser motivante para as crianças, encorajando-as a coordenar os papéis, fornecendo os componentes em falta nas capacidades individuais de uma criança. Um exemplo seria aquele em que as crianças possuem dados complementares de informação e têm que partilhar e coordenar esta informação para resolver um problema ou criar um todo. Cada elemento tem um dado fundamental de informação, como uma peça de um *puzzle*. Este tipo de atividade partilhada é utilizado em sessões de leitura, quando uma narrativa é dividida em várias partes e a cada criança é atribuída uma parte para ler. Cada criança tem que ler e resumir a sua parte e apresentar a mesma perante os outros, na ordem estabelecida.

A cooperação nas tarefas interligadas pode ser combinada ao atribuir vários papéis às crianças. Por exemplo, enquanto se trabalha pequenas peças de texto em grupos pequenos, as crianças em cada grupo podem desempenhar papéis diferentes, como a "pessoa que faz perguntas sobre as palavras que são difíceis de se dizer.". Como resultado, as crianças atualizam a cooperação em ambos os níveis, de conteúdo e ao nível de estratégias de leitura (Cole, 1989).

4. Cooperação com parceiros virtuais. As crianças nem sempre têm que desenvolver interações face-a-face com os seus parceiros, como forma de participar em atividades partilhadas. O que realmente interessa é o contexto global da atividade. Uma interação com um parceiro virtual pode ter o mesmo significado para a criança que uma interação com um parceiro fisicamente presente. Por exemplo, a tarefa de desenhar um mapa para um recém-chegado à escola leva os alunos a produzir mapas altamente detalhados do espaço

escolar. Os mesmos alunos produziriam provavelmente um mapa menos detalhado caso este resultasse de uma tarefa proposta pelo professor, obviamente familiarizado com o espaço físico da escola. Ao planificar uma atividade, com o objetivo de envolver as crianças em interações com parceiros virtuais, é importante ter presente que estas atividades irão resultar em aprendizagens mais positivas, caso estas se revelem significativas para os participantes. Por exemplo, a escrita de cartas será uma atividade significativa para muitos. Contudo, alunos do segundo ano, com acesso a variadas alternativas, no que respeita a meios de comunicação, poderão não demonstrar grande motivação ou interesse quando solicitados a escrever cartas uns aos outros. Neste sentido, uma segunda atividade mais arrojada pode propiciar um contexto mais significativo para a cooperação com parceiros virtuais.

5. Envolvimento em jogos de faz-de-conta e outros jogos. Um outro método a que os professores podem recorrer e que envolve a utilização de parceiros, com vista à aprendizagem e desenvolvimento de cada criança, é o envolvimento em atividades teatrais. Para mais informação, nestes tipos específicos de atividade partilhada, ver os capítulos 10 e 11.

    Mesmo quando não envolvidas em jogos de faz-de-conta muito realistas, as crianças pequenas podem obter benefícios dos elementos do jogo em atividades partilhadas específicas. Por exemplo, em vez de se exercer a partilha com um parceiro real, as crianças poderão fazê-lo com um parceiro imaginário ou com aquele a quem atribuem as caraterísticas de um parceiro real. A leitura para um animal de peluche ou para um animal de estimação despoleta os mesmos comportamentos de leitura nos leitores iniciantes, tal como se estivessem a fazer para uma pessoa, verdadeira.

Para concluir, as crianças beneficiam de todos os tipos de atividade partilhadas com adultos, parceiros, e materiais. Os modos de implementação dos princípios da atividade partilhada em atividades específicas serão discutidos na secção III.

Leituras adicionais

Newman D., Griffin P., & Cole, M. (1989). *The construction zone: Working for cognitive change in school.* Cambridge: Cambridge University Press.

Rogoff, B. (1990). *Apprenticeship in thinking: Cognitive development in social context.* New York: Oxford University Press.

Rubtsov, V. V. (1991). *Learning in children: Organization and development of cooperative actions.* New York: Nova Science Publishers.

Zuckerman, G. (2003). The learning activity in the first years of schooling: The developmental path toward reflection. In A. Kozulin, B. Gindis, V. S. Ageev, & S. M. Miller (Eds.), *Vygotsky's educational theory in cultural context* (pp. 177-199). New York: Cambridge University Press.

SECÇÃO III
APLICAÇÃO DA ABORDAGEM VYGOTSKIANA AO DESENVOLVIMENTO E À APRENDIZAGEM, NA PRIMEIRA INFÂNCIA

Esta secção tenta clarificar a aplicação dos princípios da perspetiva Vygotskiana ao desenvolvimento das crianças de diversas faixas etárias: desde os mais pequeninos às crianças do 1º ciclo do ensino básico. Embora os Vygotskianos não aventem estádios de desenvolvimento, consideram existir alguma variância no desenvolvimento das crianças das diferentes idades, em função das situações sociais das crianças, que influenciam a aquisição e a utilização das suas ferramentas da mente. São apresentadas e discutidas, para cada grupo de idade, exemplos específicos de ajudas/ andaimes (*scaffolding*). Estas ajudas são a combinação de várias táticas, discutidas na Secção II, e podem ser utilizadas para promover o desenvolvimento das crianças, esperado para a sua idade. Esta III Secção está organizada em 7 capítulos:

Capítulo 8	Realizações Desenvolvimentais (*Developmental Accomplishments*) e Atividade Principal (*Leading Activity*): crianças dos 0 aos 3 anos (*infants* e *toddlers*)
Capítulo 9	Suportes às Realizações Desenvolvimentais: crianças dos 0 aos 3 anos (*infants* e *toddlers*)
Capítulo 10	Realizações Desenvolvimentais (*Developmental Accomplishments*) e Atividade Principal (*Leading Activity*): crianças em idade de jardim de infância

CAPÍTULO 8

REALIZAÇÕES DESENVOLVIMENTAIS
(*DEVELOPMENTAL ACCOMPLISHMENTS*) E ATIVIDADE
PRINCIPAL (*LEADING ACTIVITY*): CRIANÇAS DOS 0
AOS 3 ANOS (*INFANTS E TODDLERS*)

Vygotsky considerava que o desenvolvimento inclui mudanças qualitativas e quantitativas. A criança atravessa vários períodos, ao longo do seu desenvolvimento, com mudanças qualitativas, quando existem alterações de natureza e forma do funcionamento mental, ou do pensamento. Cada fase revela novas estruturas cognitivas e emocionais. Contudo, existem períodos em que não se registam novas formações, embora não signifique que a criança não se esteja a desenvolver, ou a desenvolver as competências já existentes. No decurso desses períodos, o crescimento e o desenvolvimento surgem como mudanças quantitativas, no número de coisas que a criança consegue recordar-se e processar.

O conceito de realizações de desenvolvimento

As autoras (Bodrova e Leong) cunham o termo realizações de desenvolvimento ou desenvolvimentais, para descrever as neoformações ou novas formações cognitivas e sócio emocionais, que Vygotsky e colaboradores identificaram como os indicadores de cada período distinto do desenvolvimento infantil. Nem todas as habilidades novas para a criança, num determinado período de idade, são consideradas realizações de desenvolvimento. Apenas as que são críticas para a passagem da criança ao período seguinte são assim designadas. Por exemplo, a capacidade de pensar por imagens, consequência do pensamento sensório-motor, é uma realização desenvolvimental da primeira infância, pois é necessária para o jogo do faz-de-conta, que se desenvolve na idade pré-escolar. A apresentação destas realizações desenvolvimentais aparece nos documentos de Vygotsky, embora não enquanto teoria coerente[4]. Após a sua morte, os seus seguidores (Elkonin, 1977; Leont'ev, 1978) exploraram e consolidaram as suas ideias em estádios, que são atualmente utilizadas em estudos do desenvolvimento infantil, na Rússia (e.g., Karpov, 2005).

Situação social de Desenvolvimento

No quadro Vygotskyano, as realizações de desenvolvimento são consideradas consequências da situação social de desenvolvimento que é específica de cada idade. A situação social do desenvolvimento é definida por Vygotsky como "uma relação única, específica para uma determinada idade, entre a criança e a realidade, principalmente a realidade social que a rodeia" (Vygotsky, 1998, p. 198). É um conjunto único de fatores sociais e ambientais que se combinam para criar o contexto em que o desenvolvimento vai ocorrer e ser potenciado, como as competências de uma criança para interagir com esse contexto.

A situação social de desenvolvimento é determinada por dois fatores: primeiro, existem competências cognitivas e sócio emocionais, que são específicas de determinada idade: uma criança com 4 meses tem, obviamente, competências diferentes de uma criança com 4 anos de idade. Segundo, a forma como os adultos interagem com as crianças modifica-se à medida que a criança se torna mais desenvolvida. Vygotsky considera que a sociedade muda as expetativas e formas de tratar a criança, à medida que esta cresce. Portanto, o contexto social, ou o ambiente social da criança, é diferente consoante as idades. Por exemplo, muitas das expetativas para a idade pré-escolar são diferentes das para a idade escolar. É esperado das crianças

---

[4] Posição assumida pelas próprias autoras do texto original (cf. p. 96, da obra original).

em idade escolar que façam muito mais por si mesmas, autonomamente, e, por isso, muitas culturas enfatizam o desenvolvimento de comportamentos intencionais nesta idade. Estas expetativas sociais têm mudado ao longo da História; as expetativas em relação às crianças numa determinada idade, há 25 anos atrás, são diferentes das expetativas que hoje se têm em relação às crianças com a mesma idade. Por exemplo, as crianças vivem, cada vez mais, em grupo, comparativamente ao que acontecia antigamente, o que conduziu, também, à mudança das expetativas sociais. Hoje, espera-se, mais, que a criança interaja com os seus pares em idades muito precoces. Por vezes, até mesmo crianças da mesma idade se podem encontrar em situações sociais diferentes. É o caso, por exemplo, entre irmãos, em que o mais velho tem, normalmente, mais e maiores responsabilidades.

O papel do contexto ou situação social no desenvolvimento da criança

Vygotsky vê as mudanças da situação social do desenvolvimento como mecanismos que impulsionam o desenvolvimento, proporcionando novas e mais avançadas ferramentas mentais que potenciam as competências: "Novas formações que surgem em determinada idade permitem a reconstrução de toda a estrutura prévia da criança, mudando a forma como todo o sistema de relações lida com a realidade externa e interna" (Vygotsky, 1998, p.199). Isto significa que as capacidades das crianças se desenvolvem, e que o contexto social se adapta, acomodando as novas competências e necessidades. Espera-se que as crianças possam aprender, e o que esperamos ensiná-las depende, em parte, do que elas são capazes de fazer. Em termos de desenvolvimento, espera-se que as crianças sejam capazes de agir sem auxílio, em que pais e professores começam a atribuir--lhes mais responsabilidades, esperando que sejam mais independentes. As expetativas dos adultos e as ferramentas culturais que proporcionam às crianças são variáveis em função da idade. Tais ferramentas culturais são essenciais para o desenvolvimento da criança.

Quando as expetativas da sociedade não correspondem às capacidades reais das crianças e aos seus potenciais, subestimando ou sobrestimando, não serão criadas condições ótimas de desenvolvimento. Neste sentido, as condições propícias ao desenvolvimento dependem das expetativas dos adultos, tendo em conta se estas estão alinhadas ou não com o que a criança pode e será capaz de fazer. Se os adultos esperarem que uma criança de 2 anos de idade é capaz de identificar as 26 letras do alfabeto, mas a criança não tem a capacidade de fazê-lo, as expetativas dos adultos não serão favoráveis ao desenvolvimento. Por outro lado, se os pais não esperam que a criança com 2 anos de idade consiga usar palavras para expressar desejos e necessidades, esta subestimação pode ter um impacto negativo no desenvolvimento.

As manifestações do desenvolvimento traduzem e revelam as competências dos sujeitos, cada vez mais complexas, à medida que avançam na idade. Ou seja, o desenvolvimento manifesta-se num contínuo de funções mentais inferiores a funções mentais superiores.

A concetualização de atividade principal

A ideia original de Vygotsky de realizações de desenvolvimento não é propriamente uma teoria do desenvolvimento, rigorosa, sequencial, como acontece com Piaget, e a sua perspetiva de estádios de desenvolvimento. Foram os pós-Vygotskianos que aperfeiçoaram e disseminaram os princípios para uma teoria do desenvolvimento da criança que contem estádios bem definidos, equacionando os mecanismos explicativos subjacentes à transição de estádios (Karpov, 2005). Uma das principais inovações dos pós-Vygotskianos, que contribuiu para a teoria do desenvolvimento da criança, foi a introdução do conceito de atividade principal que substitui a noção Vygotskiana de situação social de desenvolvimento.

Concetualização de atividade principal

Leont'ev (1978, 1981) utiliza o termo atividade principal para especificar os tipos de interação entre criança e o ambiente social que conduzirá a realizações de desenvolvimento de determinado período da vida, preparando-a para o próximo período. A sua perspetiva clarificou o conceito de situação social de desenvolvimento, identificando os principais elementos necessários para um desenvolvimento ótimo. De acordo com Leont'ev,

> Alguns tipos de atividade são muito importantes numa determinada fase, sendo da maior importância para o desenvolvimento posterior do indivíduo, e outros são menos importantes. Pode dizer-se, portanto, que cada estádio do desenvolvimento psíquico/mental carateriza-se por uma relação precisa da criança com a realidade que é a principal desse estádio e por um tipo específico de atividade principal (1981, p. 395).

Leont'ev definiu a atividade principal como o único tipo de interação, num determinado período de vida, que

- Proporciona maiores realizações de desenvolvimento;
- Proporciona as bases para outras atividades (interações);
- Induz a criação de novos processos mentais e reestruturação dos antigos.

Proporciona maiores realizações de desenvolvimento. As crianças envolvem-se em vários tipos de atividades, mas apenas a atividade principal é crucial para a emergência das realizações de desenvolvimento. Quando se envolve na atividade principal, a criança aprende habilidades que tornam possível começar a sua que a capacitam para outros tipos de interação com o ambiente. As atividades principais são as únicas capazes de desenvolver a mente, pois permitem que a criança adquira novas funções mentais e reestruture as atuais.

Outro contributo da atividade principal, para qualquer período de idade, é que ela cria uma motivação para um novo tipo de atividade que se vai tornar na atividade principal do próximo período de vida. Assim, há um encadeamento de atividades, em que cada uma é um prenúncio da próxima. Por exemplo, no processo de jogar jogos, cada vez mais complexos, em idade pré-escolar ou jardim de infância, as crianças mais velhas tornam-se, gradualmente, mais interessadas em ganhar do que em, propriamente, jogar pelo jogar, sendo esta a atividade principal para a sua faixa etária. Os jogos, em que existem vencedores, motivam as crianças para vencerem, aperfeiçoarem e dominarem procedimentos e estratégias necessárias para o sucesso, trabalhando numa determinada direção, para um objetivo. Estas motivações para atingir objetivos são precedentes e antecipam a motivação necessária para as aprendizagens formais.

Proporciona as bases para outras atividades (interações). As atividades principais são as atividades ideais para o desenvolvimento, em qualquer faixa etária. Embora as crianças tenham ao seu alcance outras atividades, e possam desenvolver-se a partir delas, desde que estejam dentro da sua ZDP, as atividades principais são as mais benéficas porque têm um impacto não só numa ou duas áreas mas no estado global do desenvolvimento da criança.

Induz a criação de novos processos mentais e reestruturação dos antigos. O resultado da atividade principal é a emergência de novos processos mentais, pelo envolvimento da criança na atividade. Uma criança de 3 anos, no jardim de infância, envolve-se muito mais em jogos de faz-de-conta, o que lhe vai trazer maior controlo e autorregulação, bem como capacidade de monitorizar e controlar o seu comportamento. Esta autorregulação aumenta e vai influenciar a forma como recorda e utiliza as suas capacidades aprendidas, reestruturando-as.

Como as crianças começam a envolver-se na atividade principal

Na maioria dos casos, é possível apercebermo-nos do início de uma atividade principal, muito tempo antes de esta ser, propriamente, a atividade principal da criança. Apesar de uma criança, individualmente, por si própria, poder não ser capaz de se envolver na atividade, ela pode participar, se for apoiada por um adulto ou por um grupo de pares. É neste cenário que as crianças fazem as primeiras aquisições e depois as utilizam como novas ferramentas culturais, que são essenciais para, posteriormente, se envolverem na atividade principal, de forma independente.

A Tina, de dezoito meses, não se envolvia em jogos de faz-de-conta, atividade principal e típica de crianças de 4 ou 5 anos. No entanto, ela é capaz de ir além do seu estado atual de desenvolvimento e até mesmo experimentar um papel, solicitado por um adulto. Vendo a forma como a Tina transforma qualquer botão numa chave, como brinquedo novo, em que a sua mãe apoia o *role-playing* dizendo: "Oh, isso é o que eu preciso agora – um mecânico. Sr^a. mecânica, a minha máquina de lavar não trabalha. Pode arranjar-me isto, por favor?". A Tina acena e começa a colocar a sua chave na ranhura da máquina de lavar, olhando constantemente para a sua mãe.

Quando o desenvolvimento da atividade principal da criança fica aquém do esperado para a sua idade, a criança pode experienciar dificuldades, gorando as expetativas estabelecidas pelo seu contexto social. Por exemplo, uma criança em idade escolar, cujo jogo do faz-de-conta nunca atingiu um nível elevado, pode ter problemas na execução de tarefas escolares que exigem um alto nível de pensamento simbólico e autorregulação. Inverter o percurso não é opção. Os professores do segundo ano não podem reenviar os alunos para o primeiro ano ou para o jardim de infância. No entanto, é possível uma intervenção individual. Os alunos podem beneficiar se os professores tiverem em conta não só o nível da sua atividade principal atual – neste caso, a atividade de aprendizagem -, mas, igualmente, o nível que atingiram na atividade principal anterior.

Consonantes com a posição de Vygotsky, sobre o papel do contexto social no desenvolvimento da criança, Leont'ev e Elkonin entenderam a atividade principal como um constructo cultural, determinado pelas expetativas específicas de cada sociedade relativas às crianças. Por outras palavras, cada sociedade estabelece e especifica as atividades eficazes das situações sociais de desenvolvimento. As atividades principais (ver tabela 8.1), propostas por Leont'ev (1978) e Elkonin (1972), sao específicas das sociedades industrializadas, que podem ser diferentes noutras sociedades. Os Vygotskianos reconhecem que a atividade principal está intimamente relacionada com as ferramentas culturais e com os tipos específicos de instituições, como, por exemplo, algumas escolas que estão orientadas para transmitir essas ferramentas às crianças.

Tabela 8.1 Atividades principais e realizações desenvolvimentais na infância

Período/idade	Principal atividade	Realizações desenvolvimentais
Recém-nascidos, bebés (*infancy*)	Interações emocionais com os cuidadores	Vinculação Ações sensório-motoras, orientadas para o objeto (*object-oriented sensoriomotor actions*)
creche (*toddlerhood*)	Atividade orientada para o objeto (*object-oriented activity*)	Pensamento sensório-motor Autoconceito
Jardim de infância (*kindergarten*), Pré--escolar	Jogo simbólico, de faz-de-conta (*make believe play*)	Imaginação Função simbólica Capacidade para agir num plano mental, interno Integração do pensamento e emoções Autorregulação
Escola do 1º ciclo (*elementary grades*)	Atividade de aprendizagem	Raciocínio teórico/abstrato (*Theoretical reasoning*) Funções mentais superiores Motivação para aprender

Neste capítulo, apresentam-se as atividades principais e as realizações de desenvolvimento das crianças dos 0 aos 3 anos (*infants* e *toddlers*). No capítulo 10, apresentam-se as realizações desenvolvimentais e as atividades principais das crianças em idade de jardim de infância e o capítulo 12 focaliza-se nas realizações desenvolvimentais e nas atividades principais das crianças em idade das aprendizagens básicas (1º ciclo do ensino básico).

Realizações desenvolvimentais dos recém-nascidos (*infancy*)

A comunicação emocional é o contexto em que as realizações desenvolvimentais dos recém-nascidos ocorrem. Desta forma, os Vygotskianos reconhecem a importância das interações das crianças com os pais e cuidadores, interações estas que muitas outras teorias consideram, igualmente, importantes para o desenvolvimento. Contudo, ao contrário das teorias que veem estas interações como condição importante, mas não o fator determinante, Vygotsky viu essas interações como preponderantes na construção do contexto social que levaria à aprendizagem e ao desenvolvimento (Karpov, 2005).

A palavra emocional, na expressão comunicação emocional, é utiliza-da para enfatizar o facto de que os pais precisam interagir com os seus bebés de uma forma que vai além do cuidar apenas, ou seja, atender aos aspetos básicos, do tipo troca de fraldas e alimentação, por exemplo, sem verbalizações, carinhos, sorrisos, etc. . O objetivo das interações é estabelecer o contacto emocional e uma relação emocional, que condu-zirá às conquistas da criança: a vinculação e as ações sensório-motoras com os objetos.

Vinculação (*attachment*)

Embora o termo vinculação não tenha sido utilizado pelos Vygotskianos, o conceito de relação emocional é fundamental e a sua concetualização é muito semelhante às definições ocidentais de vinculação (Bowlby, 1969; Bretherton, 1992). Vinculação é uma relação emocional bidirecional que envolve a participação ativa da criança e do cuidador, sendo o modelo para as futuras relações que a criança irá desenvolver.

Muitos psicólogos ocidentais têm estudado a relação entre diferentes tipos de vinculação, desenvolvimento cognitivo e realização (Frankel & Bates, 1990; Grossman & Grossman, 1990). Os investigadores ocidentais consideram que a qualidade da vinculação afeta o estado emocional da criança, que, por sua vez, afeta o seu desenvolvimento cognitivo. A criança com frágil vinculação sofre de uma sensação de insegurança, o que prejudica a sua capacidade de aprendizagem. Do ponto de vista Vygotskiano, o papel da vinculação no desenvolvimento cognitivo vai além desta perspetiva. Uma vinculação frágil ou pobre priva, também, a crian-ça de interações cognitivas que são necessárias para o desenvolvimento mental ideal. As expetativas da criança para a experiência partilhada, experiências fundamentais para a aquisição das funções mentais, estão intimamente relacionadas com o tipo de interações que a criança teve com as suas figuras de vinculação precoce. As interações de um bebé com o(s) seu(s) cuidador(es) são cruciais ao desenvolvimento, propor-cionando experiências cognitivas.

Ações sensório-motoras orientadas para o objeto (*object-oriented sensorimotor actions*)

A comunicação emocional influencia, também, os empreendimentos, as ações sensório-motoras orientadas para os objetos. Ao agitar um chocalho, o pai não entretém apenas a criança, mas incentiva-a a criar novas ações, que podem realizar com esse mesmo objeto. Ele mostra ao bebé que o chocalho pode produzir sons ao ser abanado. Coloca o chocalho nas mãos do bebé e incentiva-o a abaná-lo. A interação pai-bebé com o chocalho é um bom ponto de partida para a interação bebé-objeto, assim como para as interações futuras com outros objetos. Experiências partilhadas estruturam a perceção do bebé, fazendo com que este seja capaz de focalizar-se num objeto, de forma global ou segmentada, e nos seus diversos atributos. Os cuidadores podem e devem utilizar palavras tais como: grande, pequeno, perto, longe, para mostrar os objetos ao bebé. Estas palavras descritivas chamam a atenção do bebé para as caraterísticas percetivas e relacionais.

Piaget considerava que a manipulação sensório-motora potencia os movimentos corporais e as ações espontâneas dos bebés. Considerava, igualmente, que os bebés descobrem propriedades, acidentalmente, pela exploração aleatória ou ao acaso (Ginsberg & Opper, 1988). Por seu turno, Vygotsky refere que as manipulações realizadas pelas crianças eram limitadas pelas suas capacidades motoras, e que a forma como interagem com os objetos é aprendida. A criança aprende a abanar o chocalho, não por um movimento ao acaso, quando ela o explora, mas porque lhe foi demonstrado por outra pessoa. Este aspeto da perspetiva Vygotskiana encontra evidências nas crianças severamente privadas de contacto emocional, e que não participavam muito na manipulação de objetos, mesmo que os objetos lhes fossem acessíveis (Lisina, 1974; Spitz, 1946). Vygotsky considerava que se o objeto de manipulação é uma consequência de ações espontâneas, o sujeito desenvolve-se independentemente da experiência social, e, neste sentido, a privação emocional não tem qualquer influência. Contudo, o que se verifica é que as crianças emocionalmente privadas têm demonstrado ter uma quase completa ausência de manipulação sensório-motora, significando que existe uma relação entre as interações emocionais e o desenvolvimento do comportamento exploratório.

Atividade principal dos recém-nascidos e bebés (*infants*): interações emocionais com os cuidadores

A atividade principal dos recém-nascidos e dos bebés é o envolvimento nas interações emocionais que, na teoria Vygotskiana, significa o estabelecimento de um diálogo emocional entre a criança e os seus cuidadores primários (Elkonin, 1969; Lisiana & Galiguzova, 1980). Os psicólogos ocidentais consideram que este tipo de diálogo emocional é essencial para o desenvolvimento social e emocional da criança, contudo, os seguidores de Vygotsky (Elkonin e Lisiana) vão mais longe, afirmando que esse diálogo é determinante do desenvolvimento cognitivo. Leont'ev (1978) considera, mesmo, que o diálogo emocional inicial prediz uma forte motivação para atividades partilhadas posteriores. Se as crianças quiserem e puderem comunicar com os outros é um bom prognóstico de experiências partilhadas, passando a ser vitais para o seu desenvolvimento e bem-estar. Vygotsky considerava que, nos bebés e recém-nascidos (*infancy*), todas as funções mentais são partilhadas, e só no final deste período alguns desses processos são apropriados pela própria criança. Do ponto de vista de muitos psicólogos ocidentais, incluindo Piaget, o fim deste período é também o momento em que ocorre a separação do *self* (Erickson, 1963; Piaget, 1952).

Interações emocionais (*emotional exchanges*)

A interação emocional das crianças com os seus cuidadores marca todo este período. Tem início em trocas meramente emocionais (ex. sorrir ou arrulhar), passando para diálogo com objetos (ex. sorrir após abanar um chocalho). A interação emocional pura inclui trocas que ocorrem quando o bebé atende, sorrindo ou arrulhando, a uma voz suave, ou mais física, quando o bebé, feliz, responde abraçando, saltando, com palmadinhas ou cócegas. Este tipo de trocas é muito positivo para a interação com os outros.

Uma análise detalhada da evolução do comportamento comunicativo das crianças, realizada por Maya Lisina e seus colaboradores (Lisina, 1974; Lisina & Galiguzova, 1980), sugere que as mudanças qualitativas nestes comportamentos marcam a transição do comportamento, inicialmente passivo do bebé em relação ao adulto, para um comportamento mais ativo, no diálogo. O início desta transição acontece por volta do segundo mês, quando o bebé começa a sorrir, como resposta ao sorriso e voz do seu cuidador:

> No segundo mês de vida do bebé, o sorriso do adulto e as suas palavras evocam uma resposta positiva: a criança acalma-se e foca a sua atenção no adulto; algum tempo depois, ela sorri e arrulha, com uma atividade motora, de forma mais enérgica (Zaporozhets & Markova, 1983, p. 74).

As primeiras iniciações das crianças

O marco seguinte, que Lisina e os seus colaboradores identificam no desenvolvimento dos comportamentos comunicativos das crianças, é a emergência do que Vygotsky designa como *komplets ozhivleniia*, ou seja, a forma como os bebés de 3 meses ficam animados face à presença e saudação de adultos familiares. Esta manifestação não se limita aos sorrisos, mas inclui, igualmente, gestos e vocalizações, como quando o bebé bate palminhas, quando pressente a presença do seu cuidador.

Com 2 meses, o bebé já possui, como caraterística, a reação complexa, que incluí todos os componentes equacionados, conhecida como complexa animação [*komplets ozhivleniia*]. A complexa animação surge como uma reação educativa e rapidamente passa a uma atividade que ativa a atenção dos adultos e que os mantém em contacto (Zaporozhets & Markova, 1983, pp. 74-75).

Entre os 3-6 meses, os bebés começam a utilizar o sorriso e vocalizações para desafiar os cuidadores para interações emocionais. O que Lisina e colaboradores descrevem são os comportamentos similares aos descritos por Tronick e outros autores, como componentes da "interação sincrónica" ("sincronia interacional", *"interational synchrony")* (Tronick, 1989). Para os Vygotskianos, o aspeto mais importante ou pertinente sobre este novo comportamento comunicativo é o facto de, agora, os bebés poderem iniciar o diálogo com os adultos, e não somente responderem às suas investiduras e solicitações.

Interações com os objetos

No decurso da segunda metade do primeiro ano de vida, o diálogo estritamente emocional, de interações entre o cuidador e a criança, é complementado com objetos e ações sobre os objetos. Agora, o pai faz tilintar um guizo como resposta ao sorriso da criança. Neste período, os pais começam a designar objetos e a falar sobre eles. Os pais e os outros interpretam as ações dos bebés como se as suas ações quisessem transmitir qualquer coisa. Por exemplo, aos 6 meses, a Lisa gesticulava na direção do seu urso de peluche, e a sua irmã diz: "Oh, queres o teu ursinho .....Eu dou o ursinho à Lisa .....". Para os bebés, os objetos são importantes enquanto mediadores dos outros. Por modelação, de como se interage com os objetos e como se interage com os outros mais velhos, proporciona-se auxílio que irá permitir à criança adquirir as ações orientadas para o objeto. A manipulação dos objetos inicialmente acontece em experiências partilhadas, como todos os outros processos mentais. É um produto do diálogo emocional entre a criança e o cuidador.

Primeiros gestos ou ações e primeiras palavras

É neste novo contexto de comunicação com os objetos que os bebés desenvolvem as suas primeiras ferramentas (*tools*) comunicacionais:

gestos e palavras. Quando o bebé tenta alcançar um brinquedo atrativo, que está fora do seu alcance, o adulto ajuda-o e aproxima o objeto à criança. A ação, os gestos, de tentar alcançar um inatingível brinquedo, na presença do cuidador, é sinal, para o adulto, do desejo ou vontade da criança pelo brinquedo. Vygotsky descreve o desenvolvimento dos primeiros gestos dos bebés como um exemplo de como as ferramentas mentais emergem primeiro num plano intermental:

> Inicialmente, o gesto de apontar representa simplesmente um movimento de agarrar um objeto, mal sucedido, revelando uma ação futura. A criança tenta agarrar um objeto, que se encontra distante, as mãos agitam-se no ar e os dedos fazem movimentos de indicação (Vygotsky, 1997, p. 104).

É o adulto que atribui significado aos gestos das crianças; em muitas situações, os gestos funcionam como indicação, apenas, no contexto de atividade partilhada. Somente mais tarde, o gesto é reconhecido enquanto tal (com intenção), pela própria criança. É o comportamento do adulto que dá significado ao gesto de apontar; já há algum tempo que o gesto existe como apontar, mas, apenas, no contexto de atividade partilhada. Só mais tarde é que o gesto é reconhecido como sendo um gesto pela própria criança:

> Quando a mãe auxilia a criança e reconhece o seu movimento como indicação, a situação muda substancialmente. O gesto de indicação surge como gesto para os outros ... . Neste sentido, os outros modificam a sua ideia inicial de movimento de indicação, sem sucesso. Somente posteriormente, com base no facto de o movimento de apontar, mal sucedido, ser relacionado, pela criança, com a total situação objetiva, consegue ela própria perceber o movimento como uma direção (Vygotsky, 1997, p. 105).

Tal como os gestos iniciais, as primeiras palavras proferidas pelas crianças são inicialmente percebidas pelos adultos, que com elas interatuam, com significado. Somente mais tarde, são utilizadas, com significado, pelas crianças, para designar pessoas, objetos e ações. Os pais ficam contentes quando o bebé faz os sons "pa-pa", aleatório, na presença do pai, e rapidamente associam este som ao significado "papá", um significado que o bebé aprende com os pais. Tal como todas as ferramentas mentais, a linguagem surge pela primeira vez na sua forma partilhada com adultos, que promovem a maior parte da conversa. Gradualmente, os monólogos dos cuidadores são transformados em verdadeiros diálogos com os bebés, que usam os sorrisos, gestos e vocalizações para participar ativamente. No final deste período, os bebés utilizam a linguagem de uma forma mais independente, o que sinaliza o início da apropriação desta ferramenta essencial.

No final do primeiro ano de vida, as crianças aumentam o interesse na interação com os seus cuidadores, e com objetos, e interessam-se pelas suas próprias ações com esses objetos. Os Vygotskianos colocam a hipótese de que a razão para este interesse deve-se à atitude positiva dos adultos, que é uma manifestação de sentimento de segurança, que se generaliza a tudo o que os adultos revelam ou fazem na presença da criança (Karpov, 2005). Para além de estarem interessados em interagir com os adultos, ao invés de objetos, as crianças tornam-se cada vez mais competentes em estabelecer e manter estas interações, atualizando o seu repertório de ferramentas de comunicação (tanto verbais como não verbais), o que lhes permite dialogar e desenvolver-se. Deste modo, preparam-se as crianças para a transição para a atividade principal da primeira infância (*toddlerhood*): atividade orientada para o objeto.

Realizações Desenvolvimentais das crianças dos 3 anos (*toddlers*)

Quando as crianças fazem a transição de bebé (*infancy*) para a 1ª infância (*toddlers*), o seu desenvolvimento social altera-se. Eles tornam-se capazes de fazer mais coisas, de forma independente, maioritariamente, devido ao seu desenvolvimento motor. As crianças são agora capazes de andar, chegar a um número variado de objetos e explorar novos lugares. Devido ao desenvolvimento das capacidades motoras, as crianças podem manejar objetos, de formas mais complexas. O surgimento da fala torna a criança mais independente, ao permitir que ela expresse desejo por objetos ou ações, incluindo aqueles que não estão presentes. Por exemplo, uma criança poderá pedir mais bolachas, após ter comido a última. Esta maior independência pode, mesmo, criar situações perniciosas, em que os pais devem impor limites ao comportamento da criança. Enquanto bebés, não conseguem mexer-se ou chegar a objetos sem a permissão ou ajuda dos adultos; os adultos regulam o seu comportamento, até restringindo, não dando objetos potencialmente perigosos. As crianças, não estando limitadas, podem procurar objetos e situações, por si mesmas. Uma das alterações no desenvolvimento social passa por as crianças deverem respeitar e internalizar as restrições impostas pelos adultos. Os pais esperam que os seus filhos não toquem em fichas elétricas e que se lembrem disso sempre que as virem. A capacidade de falar das crianças torna-se uma mais-valia, pois quando começam a utilizar a linguagem privada podem controlar o seu próprio comportamento e internalizar as restrições e regras dos adultos.

Esta independência crescente é, porém, ainda limitada pelas capacidades e conhecimentos da criança, particularmente na manipulação de objetos. Elkonin (1972) descreveu a primeira infância como o período em que os pais ainda necessitam de estar presentes (física ou virtualmente) em todas as ações da criança. Elisa tem uma boneca na mão, enquanto anda pela casa. Apenas quando o pai lhe pergunta "Vais dar comida ao teu bebé?", é que ela começa a brincar com a boneca como se fosse um bebé, utilizando uma colher que está na mesa. À medida que as crianças crescem, passando de ações relacionadas com objetos para ações independentes, elas adquirem as ferramentas para explorar e perceber as propriedades dos objetos e das situações. Estas ferramentas favorecem o seu desenvolvimento cognitivo. É através da comparação dos resultados das suas ações com os modelos apresentados pelos adultos que se consciencializam das suas próprias ações. Este desenvolvimento conduz à emergência do conceito de si próprio ou autoconceito.

Vygotsky considerava que, na primeira infância, o pensamento não verbal (sensório-motor) começa a desaparecer com a linguagem falada, que, por sua vez, conduz à emergência do pensamento verbal (Vygotsky, 1987). Contudo, as crianças desta idade ainda não pensam sob as palavras. As suas palavras estão associadas a certas ações mas não são a base do pensamento. Vygotsky considerava que a criança apenas associa a palavra "colher" quando está a comer com uma colher, mas não pensa na palavra para planear o que fazer com ela, quando ela não está presente. As palavras são integradas no pensamento, mas a criança ainda está dependente das manipulações físicas dos objetos para resolver problemas. Quando a criança consegue pensar primeiro nas palavras, significa que linguagem e pensamento se fundiram. Esta situação ocorre no final da idade pré--escolar e início da escolaridade básica formal.

Nos bebés, a atividade orientada para o objeto, associada ao crescente domínio da linguagem, leva à seguinte realização desenvolvimental: Pensamento sensório-motor e autoconceito.

Pensamento Sensório-Motor

Como Piaget (1952), também Vygotsky considerava que as crianças pequenas utilizam o tipo de pensamento sensório-motor; ou seja, resolvem problemas utilizando ações e perceções motoras. Contrariamente a Piaget, Vygotsky (1987) referia que o pensamento sensório-motor era mediado por outras pessoas, através da linguagem e atividade partilhada, e que não seria resultado da maturação dos esquemas sensório-motores, como defendia Piaget.

Os Vygotskianos consideram que o pensamento sensório-motor é um passo importante no desenvolvimento cognitivo. Alexander Zaporozhets, que estudou o desenvolvimento da perceção e pensamento em crianças pequenas, escreveu

As representações visuais da realidade e a capacidade para manipular estas representações, por crianças pequenas, constituem a base de um edifício de vários andares que é o pensamento humano. Sem esta base é impossível construir o edifício, ou os níveis cognitivos: estes sistemas complexos de operações abstratas formam-se com o auxílio de sistemas simbólicos especiais (Zaporozhets, 1986, pp. 242-243).

Uma caraterística importante do pensamento sensório-motor, dos bebés, comparada com as ações sensório-motoras isoladas dos recém--nascidos, é a associação (introdução) do pensamento ao discurso. O ser capaz de utilizar palavras para descrever as propriedades dos objetos e ações liberta os sujeitos das limitações do aqui e agora, permitindo--lhes desenvolver as suas primeiras generalizações. Ainda, a utilização de palavras transforma a própria perceção, passando de séries isoladas de imagens sensoriais para um sistema significativo de relações entre objetos percecionados:

> A perceção não verbal vai sendo gradualmente substituída pela perceção verbal. A perceção objetiva desenvolve-se conjuntamente com a nomeação do objeto... O discurso modifica a estrutura da perceção devido à generalização. Analisa o que é percecionado e categoriza, significando um processamento complexo e lógico, isto é, parcela o objeto, a ação, a qualidade, etc. (Vygotsky, 1998, p.280).

Como resultado do envolvimento nas ações com objetos, mediadas pelos adultos, e pela aprendizagem de palavras, que significam essas mesmas ações e objetos, os bebés tornam-se capazes de generalizar as suas ações, de objeto para objeto e de uma situação para outra. Um exemplo de generalização é quando um bebé aprende que diferentes objetos podem ter a mesma função: pode beber de um copo, de uma caneca, de uma garrafa. Outro exemplo, é quando o bebé utiliza o mesmo objeto em diferentes situações: depois de aprender a calçar as meias, Teresa coloca meias ao seu urso de peluche e nas pernas da cadeira, e ainda tenta calçar meias ao gato! Nestes exemplos, os bebés revelam as primeiras noções de generalização – de que a mesma ação pode ser realizada com diferentes objetos, em diferentes situações e por diferentes pessoas. Separar ações de objetos permite a utilização de ações do tipo faz-de-conta, a base da emergência da imaginação e da função simbólica.

Emergência do autoconceito

A segunda maior realização desenvolvimental deste período é a emergência do autoconceito ou consciência ou conhecimento de si (*self-awareness*) (Elkonin, 1972; Leont'ev 1978). Inicialmente, os bebés percebem que fazem coisas de maneira diferente da dos adultos. Mais tarde, descobrem que têm pensamentos e desejos diferentes dos dos seus cuidadores. Os bebés expressam esta consciência, por exemplo, ao quererem fazer as coisas por eles próprios, afirmando a sua própria vontade e querendo fazer de forma independente, sem auxílio dos outros. Este comportamento independente, nas crianças desta idade, é similar ao que Erikson (1963) designou de autonomia. Contrariamente, as crianças mais pequeninas participam em diálogos emocionais sem se aperceberem da sua separação/individualidade.

À medida que o bebé começa a perceber-se como entidade autónoma, separada do outro, começa a tentar afirmar-se, opondo-se aos outros. Todos nós já experienciámos situações como esta: a mãe do Ricardo, de dois anos, tenta que ele beba um copo de leite, que ele recusa. Por fim, ela diz: "Ok, não há leite para ti". Então, ele, imediatamente, tenta alcançar e agarrar o leite.

Perceber as vontades e necessidades dos outros é um processo demorado, e, não raras vezes, os bebés ficam confusos se os adultos cedem facilmente às suas exigências: deixam de ter certezas quanto às suas ações. Este fenómeno pode levar a birras e explosões, muito frequentes e associadas à primeira infância. Para os Vygotskianos, estes comportamentos, aparentemente negativos, são indicadores de uma importante reestruturação nos processos emocionais e sociais, das crianças desta idade. A crescente consciencialização dos seus desejos, associada à perceção de que muitos desses desejos não podem ser satisfeitos realmente, leva os bebés a tentarem satisfazer alguns desses desejos duma forma imaginária, recorrendo ao faz-de-conta (Elkonin, 1978; Vygotsky, 1977).

O desenvolvimento do autoconceito potencia, também, o desenvolvimento da autorregulação, quando as crianças se apercebem que os seus comportamentos são diferentes ou similares dos comportamentos modelados pelos adultos. O Marco está em frente da tomada de eletricidade e aproxima-se da mesma. Ele olha para a mãe enquanto se aproxima da tomada. Ele tem noção da desaprovação da mãe quando esta diz, "Não, Marco. Não mexas na tomada". Embora possa parecer um comportamento de desafio, os Vygotskianos consideram que é o primeiro passo para a autorregulação, ou seja, quando a criança aprende que o seu comportamento é dissonante do esperado pela mãe.

O crescente domínio da linguagem conduz à emergência do discurso privado, que irá ajudar a autorregular o comportamento. Com 3 anos de idade, a criança é capaz de utilizar o discurso modelado, aprendido com os adultos, para se regular. Por exemplo, a Nina tem estado a utilizar um lápis para desenhar, numa folha de papel. Quando a mãe sai do quarto, ela começa a desenhar na parede. A mãe da Nina já lhe havia dito para não desenhar na parede. Com uma cara séria, a Nina diz, de si para si, desenhando na parede, "Não, a Nina não desenha.". O discurso privado que ela utiliza são as palavras que ouviu a mãe dizer-lhe. Ela repete este discurso para si própria, mas as advertências não são suficientemente fortes para inibir o comportamento.

Inúmeros estudos, com referencial Vygotskiano (ver Smirnova, 1998, para a revisão deste tópico), sobre a autorregulação, revelaram as limitações e fragilidades dos mecanismos autorregulatórios nos bebés. Eles indicam que a qualidade das interações adulto-criança, durante os primeiros anos de vida, tem um impacto significativo nos comportamentos autorregulatórios da criança.

Principal atividade dos bebés (*toddlers*): Atividade orientada para o objeto

Para os bebés (1 a 3 anos de idade), a atividade principal é a atividade orientada para o objeto. Ao contrário dos recém-nascidos, que tratam os objetos como meros corpos físicos, capazes de rolar, saltar, ou fazer barulho, os bebés aprendem os aspetos culturais de determinada utilização dos objetos. Aprendem que se come com uma colher, que se usa uma escova do cabelo, e que se calçam luvas nas mãos. A função dos objetos não pode ser descoberta pela simples manipulação destes objetos; é necessário um adulto, que guia, que orienta o bebé, com demonstrações e ações conjuntas sobre os objetos, para que apreendam a sua utilidade.

Mediação da atividade orientada para o objeto, pelo adulto

Quando um bebé está a aprender, pela primeira vez, como realizar uma ação orientada para o objeto, os adultos têm que segurar a mão da criança para que esta complete a ação, sendo a participação da criança, na ação, mínima. Por exemplo, ao ensinar a criança a comer sozinha, o cuidador tem de guiar a mão da criança, que está a segurar a colher, até à boca. Neste sentido, todos os componentes da ação, desde o planear até à execução e *feedback*, são atualizados pelo adulto. Paulatinamente, o adulto deve permitir, à criança, algumas fases da ação. A criança pode, eventualmente, conseguir mover a colher em direção à boca, mas, pode precisar, ainda, de ajuda para apanhar a comida do prato, e coordenar o movimento final da colher à boca. Chegará o tempo em que toda a ação é conseguida pelo próprio bebé. À medida que os bebés desenvolvem esquemas generalizados de ações e os associam a palavras específicas, os adultos podem iniciar novas ações, com a simples demonstração das mesmas ou, simplesmente, a partir de simples instruções verbais dadas à criança. Por exemplo, uma criança que já saiba atirar uma bola pode ser-lhe sugerido atirar as suas meias sujas para o cesto da roupa.

Atividade Instrumental

No decurso das suas ações com os objetos, mediadas pelos adultos, os bebés também descobrem que alguns objetos podem ser utilizados como ferramentas ou instrumentos. Elkonin (1969) chamou a este processo atividade instrumental. Em vez de brincar com um objeto de cada vez, como os recém-nascidos, os bebés brincam com vários objetos ao mesmo tempo. Eles colocam um bloco dentro de uma tigela, ou empilham os blocos, uns em cima dos outros, ao invés dos recém-nascidos, que tendem a examinar um bloco de cada vez, sem considerar como é que vários blocos podem ser utilizados conjuntamente. A manipulação coordenada permite aos bebés ver as relações entre os objetos e os seus atributos. Utilizando objetos–instrumentos, os bebés começam a explorar os atributos ocultos, ou seja, aos que eles não conseguem aceder, de forma imediata, pelos seus sentidos. Tobias brinca na caixa de areia, fazendo bolos com o balde, destruindo-os, depois, com a pá. Percebe, no entanto, que quando pressiona, apenas, a pá sobre o balde, que nada acontece. Os conceitos de frágil/leve e duro/forte são os mais relevantes nesta situação, e Tobias não consegue saber se um novo objeto é mais frágil ou mais forte que a sua pá, enquanto não testar, através do toque e do choque entre objetos.

O papel da linguagem na atividade orientada para o objeto

A descoberta de novas propriedades dos objetos potencia o surgimento de novos conceitos, que apenas serão utilizados em novas situações se a criança aprender novas palavras ou frases para as designar. Assim, para os bebés, a linguagem deixa de ser uma ferramenta utilizada apenas para a comunicação emocional, como era quando a criança era mais pequena. Agora, a linguagem está relacionada com as ações orientadas para o objeto. A linguagem facilita a manipulação de objetos, já que permite a memorização e a compreensão de novos atributos e as relações entre os objetos. Por exemplo, as palavras "coloca dentro" irão precipitar várias associações entre objetos, tais como um carrito e uma caixa.

Ainda, os Vygotskianos consideram que a forma como um bebé brinca com um objeto é determinada, em parte, pelo próprio nome do objeto. Se o cuidador entregar ao bebé um pau e disser que é uma colher, a criança irá fazer de conta que come com ele. Se a criança apanha um pau e faz-de-conta que come com ele, a criança dirá "colher". Por outro lado, se o cuidador utiliza o mesmo pau e diz "caneta", o bebé irá tratar o pau como sendo uma caneta e simulará escrever com ele. Considera-se que os atributos físicos de um objeto não são os únicos determinantes da forma como a criança brinca ou utiliza um objeto; também o seu significado o é, quando transmitido pelos outros (Elkonin, 1989; Karpov, 2005). Neste sentido, isto significa que, mesmo quando os bebés parecem estar envolvidos numa exploração independente, eles agem, ainda, em atividade mediada pelos adultos.

Reestruturação da perceção, através da atividade orientada para o objeto

Para além das ferramentas mentais baseadas na linguagem, os bebés adquirem outra categoria de ferramentas – baseadas em imagens não verbais. Vygotsky considerou a perceção como a função dominante nas crianças desta idade e a primeira a transformar-se, passando de função mental inferior a função mental superior (ver capítulo 2). No entanto, não foram especificados os mecanismos desta transformação. Foram os pós-Vygotskianos que analisaram a emergência da perceção mediada, em crianças pequenas. Zaporozhets e Venger propuseram o conceito padrões sensoriais (*sensory standards*) para descrever ferramentas mentais específicas, responsáveis pela transformação da perceção de um nível inferior (função mental inferior) para um nível superior (função mental superior). O termo padrões sensoriais descreve as "representações correspondentes a padrões socialmente elaborados de caraterísticas sensoriais dos objetos" (Venger, 1988, p.148). Um exemplo de um padrão sensorial refere-se à cor de um nome de um objeto familiar que tenha essa cor, como, por exemplo, o caqui vermelho. A existência destes padrões é demonstrada pelo facto de nós termos nomes para as cores como "turquesa", "violeta", ou "verde marinho". Também falamos sobre algo ter um gosto "de mentol" ou um cheiro "de fruta". Os primeiros padrões sensoriais a serem adquiridos pelas crianças mais novas são as cores do espetro, as formas geométricas simples e os gostos básicos.

Substituição Simbólica

Outra forma utilizada pelos adultos para mediar a atividade orientada para o objeto dos bebés é disponibilizar brinquedos específicos para brincar. Os brinquedos a selecionar para os recém-nascidos devem encorajar a descoberta das propriedades físicas dos objetos, que rolam, fazem barulho; os brinquedos a selecionar para os bebés devem encorajar a imitação das ações dos adultos. Uma criança que tenha recentemente aprendido a comer sozinha e a escovar o seu cabelo, irá agora tentar utilizar a mesma colher para alimentar o seu boneco ou a mesma escova para escovar o cabelo da sua boneca. Neste sentido, apesar do bebé utilizar os brinquedos, ele não brinca, ainda, com eles da mesma forma e com o mesmo sentido com que irá fazer mais tarde. Não existe nenhuma situação imaginária, ela não está também a desempenhar nenhum papel imaginário e não atribui qualquer papel aos próprios brinquedos.

Mais tarde, seguindo as demonstrações dos adultos, os bebés são capazes de ir além da simples imitação e começar a utilizar os objetos em termos de faz-de-conta; a ação de alimentar um bebé pode ser agora feita utilizando um lápis ou um pau que representam a colher. Esta utilização de substituição de objetos pode ser observada nos bebés com quase 2 anos de idade, dependendo da experiência que estes tiveram com os modelos criados pelos adultos para estas ações de faz-de-conta (ver Karpov, 2005, para a revisão da investigação que relaciona os modelos dos adultos com o nível do brincar das crianças). No final do seu 3 ano de vida, as crianças não só se envolvem em ações de faz-de-conta, como também começam a utilizar a linguagem, indicando o rudimentar *role-playing* em que estão envolvidos. Sheila balança a sua boneca e diz, "A bebé da mamã Sheila".

O desenvolvimento da substituição do objeto (*object substitution*) é a capacidade para utilizar um objeto no lugar de outro, o que sinaliza a emergência da função simbólica, uma competência que irá continuar a desenvolver-se durante o período pré-escolar.

A utilização da linguagem, quando envolvida na atividade orientada para o objeto, prepara as crianças para a transição para a atividade principal dos anos pré-escolares, o jogo do faz-de-conta. A mediação dos adultos e a comunicação e jogos com as outras crianças facilitam o desenvolvimento da linguagem. Enquanto as crianças até esta idade não têm capacidades para brincar e lidar com os pares da sua idade, as crianças dos 1-3 anos (*toddlers*) beneficiam do contacto com crianças de todas as idades.

Leituras adicionais

Elkonin, D. (1972). Toward the problem of stages in the mental development of the child. *Soviet Psychology, 10*, 225-251.

Elkonin, D. (1972). *Ibrannye psychologicheskie trudy* [selected psychological works]. Moscow: Pedagogika.

Karpov, Y. V. (2005). *The neo-Vygotskian approach to child development*. NY: Cambridge University Press.

Leont'ev, A. N. (1978). *Activity, consciousness, and personality*. Engllewood Cliffs, NJ: Prentice Hall.

Leont'ev, A. N. (1981). *Problems in the development of mind*. Moscow: Progress Publishers.

Zaporozhets, A., & Markova, T. A. (1983). Principles of preschool pedagogy: the psychological foundations of preschool education. *Soviet Education, 25*(3), 71-90.

CAPÍTULO 9
SUPORTES ÀS REALIZAÇÕES DESENVOLVIMENTAIS:
CRIANÇAS DOS 0 AOS 3 ANOS

De acordo com Vygotsky, os bebés nascem seres sociais e desde os primeiros minutos de vida, o seu desenvolvimento depende das interações com os seus cuidadores[5]. Mesmo quando começam a caminhar, quando as ações das crianças com os objetos se tornam cada vez mais importantes no seu desenvolvimento mental, os Vygotskianos acreditam que não são as caraterísticas físicas do objeto que afetam o desenvolvimento, antes, o significado cultural atribuído ao objeto. Ainda, o significado cultural do objeto não é algo que a criança possa descobrir por si própria, mas apenas através das interações com os adultos.

Auxiliar os Bebés desde o Nascimento aos 6 Meses

Andaimes (ajudas) na Comunicação Emocional

Os cuidadores apoiam o desenvolvimento das interações emocionais, na medida em que respondem às expressões emocionais do bebé. É importante notar que estas interações devem mudar à medida que o bebé cresce. O cuidador deverá ter sempre em conta não apenas as capacidades atuais

---

[5] No original, *caregiver*. Ao longo de todo o capítulo, *caregiver* foi traduzido por cuidador. (N.T.).

do bebé, mas também as emergentes, que existem dentro da zona de desenvolvimento proximal do bebé (ZDP).

Realçamos um aspeto que o adulto pode fazer para potenciar o desenvolvimento cognitivo e emocional dos bebés mais pequenos: tratarem os comportamentos que ainda não são verdadeiramente comunicativos como se fossem comunicativos. De facto, nos primeiros meses de vida, os bebés não expressam verdadeiras reações emocionais aos seus cuidadores; eles ainda não são capazes de interações recíprocas. Contudo, é crucial, neste período, que os cuidadores tomem a iniciativa de estabelecerem contacto emocional com os bebés. Responder ao choro do recém-nascido, aos espirros e às expressões faciais, como se eles estivessem a tentar comunicar, como é caraterístico dos pais que estão em sintonia com os seus bebés, promovendo, assim, o desenvolvimento da comunicação emocional. É esta comunicação emocional que permite e possibilita o desenvolvimento ótimo posterior (ver Capítulo 8). Pelo contrário, responder apenas às necessidades físicas do recém-nascido, sem ter em conta o diálogo emocional com ele, pode resultar em futuros problemas de comunicação.

Maya Lisina, seguidora da perspetiva Vygotskiana, que desenvolveu uma teoria da primeira infância, carateriza o papel dos adultos, nos primeiros meses da vida do bebé, como os que assumem a liderança, através da utilização das ferramentas de comunicação, que são apropriadas e utilizadas pelas crianças, posteriormente (Lisina, 1986). Deste modo, os cuidadores devem falar com os bebés, cantar-lhes, contar-lhes estórias e ler-lhes livros, muito antes do interesse manifesto dos bebés por estas atividades. Pelo mesmo motivo, quando um bebé chora, os cuidadores devem tratar o choro como uma mensagem e responder com uma mensagem verbal e não verbal apropriada, em vez de simplesmente satisfazerem a presumida necessidade do bebé de comida ou desejo de colo.

Ajudas (*scaffolding*) às Primeiras Iniciações da Criança

Os cuidadores devem continuar a tomar a iniciativa no diálogo emocional até cerca do terceiro mês de idade, quando os bebés desenvolvem os sorrisos sociais e, posteriormente, outros componentes do complexo de animação, a reação a uma aproximação do cuidador. Inicialmente, este complexo de animação aparece como resposta do bebé ao sorriso e à fala dos cuidadores, mas, mais tarde, os bebés começam a utilizar o mesmo comportamento para iniciar um diálogo emocional com o cuidador. Os Vygotskianos enfatizam a importância das interações diretas entre a criança e o adulto. Eles veem o adulto como o transmissor das competências culturais necessárias ao desenvolvimento futuro da criança. Nenhum objeto inanimado, por mais sofisticado que seja, pode substituir um adulto durante este período crucial do desenvolvimento das crianças. Mais ainda, mesmo a questão do "se" ou "em que medida" um bebé pode beneficiar ao interagir com meios de comunicação ou brinquedos inteligentes, no futuro, depende largamente da qualidade das interações humano-a-humano, estabelecidas nos primeiros meses e anos de vida.

Como discutido no Capítulo 8, muitos dos comportamentos do bebé aparecem primeiro num estado de partilha com o cuidador e apenas mais tarde são expressos de forma independente ou autónoma. Para o bebé ser capaz de, finalmente, separar-se do adulto e de comprometer-se em ações independentes, é importante dar ao bebé a oportunidade de iniciar algumas ações por ele próprio. Por exemplo, considerando a forma como o cuidador alimenta o bebé: se o cuidador coloca a colher na boca do bebé sem ter em conta a real necessidade de comida do bebé, mas somente a hora da refeição, o adulto priva a criança da oportunidade de dar sinal das suas necessidades. Os Vygotskianos acreditam que é importante que o bebé dê sinal, de alguma forma, das suas necessidades. Eles aconselham os pais a esperar até o bebé abrir a boca ou apertar os lábios antes de colocarem a colher cheia de comida na sua boca. Os pais devem esperar que o bebé inicie a interação, permitindo ao bebé o controlo da situação. Estas primeiras iniciações permitem, mais tarde, comunicações mais complexas.

Mesmo em contexto de grupo de cuidados (por exemplo, berçário ou creche), onde a quantidade de tempo que os cuidadores gastam com cada criança individualmente é, por vezes, limitado, é possível utilizar rotinas como o alimentar, dar banho ou mudar a fralda para providenciar atenção a cada um e, consequentemente, promover interações emocionais com todas as crianças. Um exemplo de tal abordagem, que é bastante consistente com as ideias Vygotskianas, quanto à importância da situação social no desenvolvimento das crianças (Obukhova, 1996), é o sistema desenvolvido no Instituto Lóczy, na Hungria, por Emmi Pikler, e, mais tarde, adaptado nos Estados Unidos, por Magda Gerber (Gerber & Johnson, 1998). Neste sistema, os adultos são encorajados a verbalizar sobre o que pretendem proporcionar aos bebés (e.g., "Eu vou levantar-te.") e esperar pela resposta do bebé, antes de prosseguirem. Isto faz com que o bebé seja um participante ativo nas rotinas dos cuidados e, consequentemente, um participante ativo nas interações com o adulto. As ações do adulto têm que ser contingentes à resposta da criança e não deve constrange-la. Alguns especialistas em cuidados parentais encorajam os pais a falar ininterruptamente com a sua criança, descrevendo tudo o que a criança está a fazer, assim como a descrever o que os pais estão a fazer. Esta prática não trata a criança como um par participante. Comunicar implica interação e participação ativa de todos os intervenientes. Em interação, mesmo o adulto não deverá falar continuamente. Cada participante deve ter a sua vez, a sua oportunidade. Pikler e Gerber consideravam que o mesmo será verdade nas interações com um bebé, mesmo que o bebé esteja a comunicar apenas com gestos, expressões faciais, contacto ocular e movimentos.

Os Vygotskianos consideram que os adultos devem responder sempre a um nível superior do nível atual da criança. Quando os bebés começam a chamar a atenção dos seus cuidadores com os seus gestos e vocalizações, os adultos devem potenciar e promover estas iniciações, a um nível mais elevado. Por exemplo, quando o bebé murmura ou balbucia, o cuidador deve falar como se ele estivesse a participar numa conversa. Quando o bebé olha para alguma coisa, o cuidador deve agir como se o bebé tivesse apontado para algo. Devem fazer-se comentários sobre o objeto ou trazê-lo para mais perto. Se o bebé aponta ou atinge um objeto, o cuidador deve reagir como se o bebé tivesse descrito um aspeto de um objeto ou o próprio objeto. O cuidador deve depois comentar sobre o que o bebé vê ou toca. Ou seja, o cuidador deve, sempre, verbalizar as ações. Quando o bebé olha para o lado ou quebra o olhar fixo, o cuidador deve afastar-se e esperar; o bebé indica *stop* e o cuidador idealmente deve responder, dando ao bebé uma pausa na interação.

Ajudas aos Bebés dos 6 aos 12 Meses de Idade

Suporte às interações com os objetos

Apesar dos adultos introduzirem, desde muito cedo, vários objetos na vida dos bebés, é apenas durante a segunda metade da primeira infância (*infancy*) que o bebé realmente se interessa em manipulá-los. Por um lado, este novo interesse em objetos é impulsionado pelo aumento da destreza do bebé e a habilidade para alcançar e agarrar. Por outro lado, é maior o interesse do próprio bebé em tudo o que os seus cuidadores primários lhes proporcionam. Enquanto as interações calorosas e de amor entre os bebés e os seus cuidadores potenciam o desenvolvimento de ligações afetivas, agora adquirem um novo foco: ações orientadas para os objetos. "Através da manipulação dos objetos e da chamada da atenção do bebé para estas manipulações, um adulto pode transferir os interesses da criança e as emoções positivas dela para estes objetos." (Karpov, 2005, p. 86; Zapozozhets & Lisina, 1974, p. 67).

Ao descrever a evolução das necessidades de comunicação na primeira infância, Lisina define este período da infância em termos da comunicação que passa do emocional para o prático (Lisina, 1986). Os bebés continuam a solicitar a atenção do adulto, mas já não se satisfazem quando esta atenção é limitada aos sorrisos e murmúrios. Agora os bebés querem os adultos a cooperar com eles na exploração e na manipulação dos objetos. Por vezes, esta cooperação consiste em ajudar a criança a manter um objeto; noutras vezes, o bebé quer o adulto para ajudá-lo com uma manipulação difícil. Noutras alturas, tudo o que os bebés querem é o encorajamento e o elogio dos adultos. Os adultos tornam-se os mediadores das interações da criança com o mundo. A criança começa a servir-se do adulto como uma extensão de si mesmo – ambos fisicamente, como os seus braços e pernas, e como o transmissor de conhecimento sobre os objetos, ainda desconhecidos para a própria criança.

Os cuidadores, consequentemente, devem introduzir objetos, progressivamente mais complexos, aos bebés desta idade, e devem modelar novas operações e providenciar oportunidades que lhes permita praticarem estas novas operações e de as aplicar a novos objetos. Os Vygotskianos sugerem que os adultos conseguem dar um melhor suporte ao desenvolvimento dos bebés dos 6 aos 12 meses, optando por brinquedos apropriados ou objetos do dia-a-dia para os bebés manipularem, modelando a utilização destes materiais, para que as crianças possam usá-los de forma mais eficaz. Todo o processo de ajuda às crianças na manipulação de objetos consiste numa interação entre o determinar o potencial de desenvolvimento das atividades do bebé e o que ele consegue fazer sozinho. Os adultos têm que ser sensíveis ao que a criança é atualmente capaz de realizar, e providenciar ajudas para o que ela está próxima de alcançar.

Posteriormente, os bebés começam também a explorar objetos por si mesmos, por isso, os adultos precisam escolher objetos com caraterísticas diferentes, que possam ser experimentados de várias formas. Por exemplo, devem ser proporcionados aos bebés brinquedos de vários tamanhos que são apreendidos de formas diferentes. Objetos com caraterísticas diferentes –cores, texturas, peso– caraterísticas estimulantes, especialmente, quando fazem parte do mesmo brinquedo ou objeto.

O desenvolvimento da capacidade de alcançar e agarrar é dependente do modo como os adultos interagem com a criança. Apesar destas ações motoras parecerem algo que os bebés fazem de forma independente, na realidade, os adultos modelam estes comportamentos. Ao segurar o chocalho fora do alcance do bebé, o adulto leva a criança a esticar o seu braço mais longe e a inclinar-se para a frente para tocá-lo. Os adultos demonstram como utilizar os diferentes brinquedos, como um chocalho, agitando-o ou segurando a mão do bebé à volta dele, para levá-lo a agitá-lo. Os Vygotskianos consideram que estes comportamentos simples não são descobertos pelo bebé, antes, são socialmente modelados pelos estímulos dos adultos. Os objetos só por si, como um mobile suspenso, mesmo que colorido ou tecnicamente sofisticado, não desencadeia o mesmo desenvolvimento que um adulto que varia as suas ações em resposta ao bebé e o mantem ocupado, mudando os objetos e variando a distância do objeto ao seu alcance. Só outro ser humano pode realizar os pequenos e subtis ajustamentos necessários para aumentar o envolvimento, à medida que a criança aprende a manipular os objetos.

Auxiliar (*scaffolding*) os primeiros gestos

É através das interações com os objetos que os gestos dos bebés se vão relacionar com a linguagem. A linguagem é inicialmente aprendida através da atividade partilhada, em que os cuidadores providenciam as palavras e o bebé contribui com os gestos. Um adulto diz coisas como "Queres segurar no teu urso?", e o bebé agita o braço na sua direção. À medida que o tempo passa, a criança apropria e associa as palavras aos objetos e ações que o adulto proporcionou. Estas tornam-se as primeiras palavras que a criança aprende. É importante que a linguagem que os adultos utilizam esteja em consonância com os gestos e interações que a criança estabelece com os objetos.

Os Vygotskianos enfatizam a importância da contingência, ou conexão, da linguagem com as próprias ações da criança com os objetos e as pessoas. Ouvir as conversas dos adultos, o rádio ou a televisão, onde o discurso não é interativo, não tem o mesmo efeito positivo no desenvolvimento como a comunicação direta e cara-a-cara. Por esta razão, mesmos os vídeos e os brinquedos que são concebidos especificamente para bebés e que são programados enquanto interativos nunca poderão substituir as interações humanas. As interações verbais importantes e pertinentes são as que são verdadeiramente de resposta a uma vocalização específica da criança. As palavras do brinquedo ou do vídeo não são contingentes com as ações do bebé. Lisina não considera esta espécie eletrónica de diálogo mecanizado como tão valiosa como a verdadeira interação, que só pode ocorrer entre o bebé e um adulto que responde e é afetuoso.

Ajudas às crianças dos 12 aos 24 meses de idade

A transição da *infancy* para a *toddlerhood* ocorre quando os bebés se tornam autónomos em termos motores, ou seja, a mobilidade abre à criança novas oportunidades para interagir com pessoas e explorar objetos. Mas também significa que o bebé agora pode viver situações que são inseguras ou alcançar objetos que antes precisavam da cooperação do adulto. Os bebés (*young toddlers*), frequentemente, parecem estar a atuar em oposição ao adulto, o que fez o próprio Vygotsky e muitos dos seus seguidores descrever esta idade em termos desafiadores, que são frequentemente descritos e designados, no Ocidente, por os "terríveis dois" ("*terrible twos*", referindo-se aos dois anos de idade) (Vygotsky, 1998). Os Vygotskianos consideram que, na realidade, estes aparentes comportamentos de oposição são apenas uma extensão da exploração que as crianças fazem quando são mais novas. Um bebé pequeno (*young toddler*) não estará apto a seguir as diretrizes dos adultos, para pararem de fazer algo. Contudo, é importante que o cuidador não interaja somente de forma motora com a criança ou o objeto fora do alcance, mas utilize, também, ordens simples como "não", a acompanhar as ações. A utilização simultânea da linguagem com a ação é importante, porque o adulto está a agir como se a criança estivesse a um nível superior, estando apto a utilizar quer um discurso privado quer auto dirigido.

Apoiar atividades orientadas para o objeto

Detentores de conhecimento, sempre em expansão, sobre as caraterísticas físicas de variados objetos, as crianças desta idade (12-24 meses, *toddlers*) começam a testar a relação entre esses objetos. Agora já não se satisfazem com a exploração de um objeto; as crianças olham agora para o efeito de um objeto noutro, como colocar um objeto dentro de outro ou bater um objeto contra outro. Portanto, quando interagem com as crianças desta idade, os adultos devem dar-lhes objetos que os ajudam a descobrir diferenças e semelhanças, assim como caraterísticas menos óbvias ou mais escondidas que são reveladas apenas como resultado de ações de um objeto sobre outro. Por exemplo, a criança não pode saber se um objeto é mais macio que outro sem efetivamente tentar encaixá-lo noutro objeto, ou batendo-o contra outro.

O pai da Carminho dá-lhe dois baldes de plástico que cabem um dentro do outro. Ele deixa-a manipulá-los, mas ele também mostra como é que os objetos se encaixam. No início, ela aperta-os para colocar um dentro do outro, mas rapidamente se apercebe do modo de virar os objetos para os fazer caber. Depois, ele dá-lhe um cubo fofo que pode ser apertado. A Carminho aperta o objeto. O pai mostra-lhe como é que ela pode apertar o objeto e encaixá-lo dentro do balde grande. A Carminho faz isto uma série de vezes, virando o objeto na sua mão. O pai verbaliza as suas ações, à medida que ela age sobre os objetos. Ele diz "Aperta e coloca dentro.". A Carminho descobre, posteriormente, que pode colocar o bloco fofo dentro do balde mais pequeno.

Para os Vygotskianos, os comportamentos exploratórios das crianças resultam de uma interação entre o que o adulto demonstra e as próprias explorações da criança. Uma ajuda apropriada ocorre quando os adultos ajudam a criança a descobrir uma relação e depois se afastam e permitem à criança passar ao próximo passo ou nível. Esta atividade partilhada não pode ser dominada pelo adulto se a criança está eventualmente a aprender como manipular objetos de forma autónoma e encontram novas maneiras de interagir com eles. Por outro lado, se a criança brinca com um objeto sozinha sem partilhar esta experiência com outro, irá demorar muito mais a descobrir todo o potencial do objeto. Os Vygotskianos enfatizam a importância de ajudas ajustadas aos bebés, de forma a potenciarem e atingirem o patamar superior do nível de desenvolvimento.

Auxiliar a atividade instrumental

À medida que as crianças desta idade descobrem a utilidade ou funcionalidade dos objetos, elas aprendem que podem utilizar alguns como simples ferramentas. Ao início, as crianças tratam as ferramentas que seguram como se fossem meramente uma extensão das suas mãos; mais tarde, aprendem a ajustar as suas mãos para acomodar as caraterísticas específicas da ferramenta, como a sua forma ou peso (Novoselova, 1978). Por exemplo, os bebés, quando começam a utilizar a colher, não seguram a colher de uma forma muito correta, utilizando a preensão palmar. Consequentemente, e frequentemente, não conseguem coordenar o movimento de levar a colher à boca ou viram a colher na direção errada, vertendo, muitas vezes, o conteúdo. À medida que se tornam familiarizados com esta atividade, começam a segurar a colher, de modo diferente de outros objetos, ergonomizando a sua mão ao objeto, controlando, permitindo-lhes atingir os objetivos.

Os adultos providenciam orientação e auxílio à medida que a criança aprende a utilizar as muitas ferramentas do mundo que a rodeiam. Neste contexto, as ferramentas podem variar de utensílios de alimentação, como colheres e copos, a vassouras, escovas e pás. Primeiro, a utilização da ferramenta pode ocorrer com o adulto a colocar a sua mão sobre a da criança, para moldar a correta posição da mão (ou da posição do corpo, no caso de ferramentas maiores), para agarrarem a ferramenta com maior eficácia. A seguir, a criança e o adulto começam juntos, mas a criança completa a ação. Depois, à medida que a criança começa a utilizar a ferramenta, como a utilizada pelos adultos, o pai, ou a mãe, deve ficar atrás, a observar a criança a completar a ação, providenciando suporte, apenas quando a criança faz algo errado. Neste caso, o papel do adulto é providenciar *feedback* e incentivo. Seguindo o princípio de auxílio, o pai, ou a mãe, está a imputar responsabilidade à criança na utilização da ferramenta.

Auxiliar o desenvolvimento dos conceitos sensório-motores

À medida que aprendem a utilizar os objetos, as crianças desta idade (*toddlers*) imitam a maneira como os adultos interagem com eles. Os Vygotskianos argumentam que esta imitação, de série de comportamentos, se torna internalizada, e a criança começa a desenvolver um esquema específico para interagir com um objeto específico ou conceito sensório-motor.

Para auxiliar a Elisa a aprender a utilizar a escova e o escovar, a mãe mostra-lhe como ela deve escovar o seu próprio cabelo. A Elisa observa a sua mãe atentamente. Ela segura na escova e tenta imitar a mãe. Ao olhar para a mãe, ela bate com a parte detrás da escova na cabeça. A mãe ajusta a escova para que os pelos estejam do lado da escova que estará em contacto direto com o cabelo. Posteriormente, faz os movimentos que a Elisa deverá reproduzir. Ela acena e diz "Vamos escovar o teu cabelo.". Através desta interação, a Elisa desenvolve um esquema sensório-motor ou conceito para a escova, que combina não apenas representações visuais, táteis e cinestésicas de escovar, mas também está associado às palavras específicas que a mãe usou para explicar a utilização desta nova ferramenta. Consequentemente, o desenvolvimento de uma criança na utilização de ferramentas de uso corrente é essencialmente formado pelas interações que ela tem com o seu pai ou a sua mãe. Se o pai, ou a mãe, não está por perto para demonstrar a sua utilização, é improvável que a Elisa soubesse sequer o que fazer com a escova.

É importante que o adulto modele a utilização de uma ferramenta e a linguagem associada a ela, quando é introduzida. Sem estes modelos, as crianças não desenvolverão os importantes esquemas sensório-motores que são os alicerces (*building blocks*) de outros conceitos. Os adultos devem modelar a utilização da ferramenta e também a linguagem e as ações sensório-motoras que a acompanham. Assim como nos bebés, as pessoas, do mundo das crianças desta faixa etária, devem agir sempre a um nível superior ao que a criança realmente está, nesse momento. A utilização da linguagem durante os episódios introdutórios, como o exemplo da escova de cabelo da Elisa, assegura que as crianças fazem a transição dos conceitos puramente sensório-motores para os simbólico verbais, também. A palavra "escova" trará à mente da Elisa mais do que, apenas, uma imagem do objeto, mas também a ação e a sensação da escova no seu cabelo. Estas palavras iniciais são os alicerces básicos dos muitos conceitos que a criança irá aprender nos anos que se seguirão.

Suportes na aquisição dos padrões sensoriais

Um outro foco importante a potenciar nestas idades é certificarmo-nos de que as crianças (*toddlers*) não aprendem apenas as palavras para descrever as caraterísticas dos objetos, como grande, vermelho, ou pegajoso, mas que elas começam a utilizar estas palavras como ferramentas mentais para explorarem tantos objetos novos como objetos familiares. Os Vygotskianos enfatizam o valor instrumental das palavras descritivas e os seus conceitos associados, a que chamam padrões sensoriais (ver Capítulo 8). Sobre esta matéria, os Vygotskianos enfatizam que aprender bastantes palavras abstratas como vermelho e quadrado não ajuda as crianças desta idade a estruturar a sua perceção ou a utilizar mais palavras familiares que exemplificam estas caraterísticas sensoriais. Assim, descrever uma cor como "vermelho como um tomate" ou descrever uma forma como "redonda como uma bola" será uma melhor maneira de ajudar a criança a aprender sobre cores e formas.

Os Vygotskianos consideram que a aprendizagem das palavras que designam as cores e as formas deve ser integrada numa atividade com significado. Por exemplo, perguntar, apenas, à criança para segurar numa bola grande ou num bloco vermelho pode não levar a que a criança isole a propriedade da cor ou do tamanho de outras caraterísticas da bola ou do bloco. Por outro lado, experimentar que uma cor pode ser um sinal de algumas caraterísticas escondidas, que não podem ser descobertas por observação sozinha, fará com que a criança preste mais atenção à ausência ou presença de uma cor específica. Um bom exemplo será mostrar à criança que quando um morango está maduro e doce é todo vermelho, e que os morangos verdes ainda não estão maduros e não sabem assim tão bem! Assim, a cor vermelha tem um significado que fará a criança tentar prestar atenção a ela. Outro exemplo será mostrar formas diferentes, estando a criança a tentar rolar vários objetos como uma bola, uma maçã e uma caixa, enquanto diz à criança a forma do objeto. Depois de descobrir que apenas os objetos redondos rolam, a criança prestará mais atenção à forma.

Apoiar as substituições simbólicas

Para nos assegurarmos de que as crianças desta idade constroem a capacidade de fazer substituições simbólicas, os adultos têm que manifestar e providenciar suporte verbal. Uma maneira de o fazer é brincando com a criança, à medida que a substituição é modelada.

O Rui tem um carro de brincar e à medida que ele faz o carro andar o seu pai diz "Varrrooom.". O pai agarra um bloco e diz "Este é o meu carro", e puxa-o para a frente. O Rui está muito satisfeito. Ele chega ao bloco. O pai segura-o para ele e o Rui deixa cair o seu carro de brincar e imita os movimentos do pai, dizendo "varoom", como se o bloco fosse o carro de brincar. O pai do Rui mostrou-lhe uma outra alternativa de brincar com o bloco. Noutras situações, o bloco pode torna-se o homem que anda e fala a outro bloco; pode tornar-se um telefone que utilizam para simular falar, podendo, finalmente, torna-se uma almofada para o urso de peluche do Rui. Demonstrando todas as coisas diferentes em que o bloco se pode tornar através das suas ações e linguagem, o pai do Rui auxilia-o a realizar substituições simbólicas.

A importância deste jogo interativo não pode ser subestimada numa idade em que os brinquedos se tornam cada vez mais réplicas específicas do real. As crianças terão poucas possibilidades de exercitarem a substituição simbólica se a maioria dos brinquedos que ganham se parecem exatamente com a coisa/objeto real. Os adultos podem ajudar a modelar como é que os brinquedos podem ser utilizados de diferentes maneiras e como é que objetos do dia-a-dia se podem tornar brinquedos e, assim, promover esta capacidade cognitiva, que virá a ser concretizada anos mais tarde em jogos simbólicos.

Auxiliar as crianças, dos 24 aos 36 meses de idade: transição do infantário para o pré-escolar (jardim de infância)

Auxiliar a emergência do autoconceito

À medida que as crianças começam a sair da 1ª infância, elas começam a comportar-se de forma independente dos adultos. À medida que andam por si próprios e utilizam objetos, quando os adultos não estão presentes, as crianças descobrem que a sua própria vontade e os seus desejos podem não ser os mesmos que os dos seus pais ou cuidadores. A transição de bebé pequeno (*baby*) a bebé maior (*toddler)* é baseada na capacidade de se separar fisicamente dos cuidadores, gatinhando ou caminhando. A transição do infantário para o jardim de infância (pré-escolar) é outro degrau para a independência, mas desta vez é mais mental do que física. Por volta dos 2 anos, as crianças descobrem que podem dizer "não" e recusar fazer o que o adulto quer.

A Maria, que antes comia o que a sua mãe lhe punha no prato, agora recusa comer espinafres. A mãe tenta dar-lhe espinafres, mas ela fecha a boca e recusa comer os legumes. Quando pode, deixa cair ou deita fora os espinafres.

Os adultos podem potenciar a emergência do autoconceito da criança, reconhecendo que muito do aparente comportamento obstinado nesta idade não é desafio mas uma tentativa de independência. Não ficar emocionalmente perturbado com o comportamento de uma criança é difícil quando a criança está a ter um acesso de mau humor no meio do supermercado. Contudo, ajuda a atenuar a situação, se o acesso de mau humor é tratado de uma forma calma e racional. Quando uma criança desta idade recusa alguma coisa, poderá não ser pelas mesmas razões que uma criança mais velha o faz. A rejeição do espinafre, por exemplo, pode ter a ver mais com o tempo e o lugar do que com o gosto. Oferecer, mais tarde, o espinafre como uma opção pode encorajar a criança a experimentá-lo. Ao criar oportunidades da criança afirmar a sua vontade em situações não perigosas, vai permitir a construção do seu autoconceito, como pessoa autónoma.

Proporcionar à criança escolhas reais e o estabelecimento de limites razoáveis ajuda-a a construir o seu autoconceito e a entender as regras. Agir e comportar-se dentro desses limites permite à criança afirmar a sua independência, o que é algo que têm que experimentar, por forma a desenvolverem-se normalmente.

Ajudas no início do jogo de faz-de-conta

As crianças começam a manifestar os seus primeiros atos simbólicos durante a 1ª infância, o que levará ao desenvolvimento do jogo do faz--de-conta. As crianças começam por utilizar as ferramentas que sabem usar, mas num contexto diferente daquele que a ferramenta é geralmente ou vulgarmente utilizada. Ao utilizar a ferramenta fora do seu contexto habitual, elas dão os primeiros passos em direção à abstração.

O Tobias pega na colher e finge alimentar o seu urso. Não há comida, mas o Tobias continua a agir como se fosse uma situação real. Ele ainda não atingiu o nível do jogo do faz-de-conta, das crianças que utilizam, por exemplo, um pau como se fosse uma colher. Ele está apenas no primeiro nível da substituição simbólica.

O jogo de faz-de-conta emerge da utilização de ferramentas, mas tal como os outros comportamentos da criança, os Vygotskianos consideram que o jogo de faz-de-conta é modelado primeiro por alguém do mundo social da criança. O papel do adulto na promoção do jogo de faz-de--conta é mostrar à criança como é que ela pode fingir alimentar o urso. No mesmo sentido, o utilizar a linguagem para descrever as ações ajuda a criança a mover-se no mundo do faz-de-conta.

A mãe da Francisca apanha a ovelha de peluche e diz "Oh, o bebé está com tanta fome. Eu vou dar de comer ao bebé.". A mãe agarra uma das colheres e diz "Aqui, nham nham" (ela mexe os lábios), e eleva a colher até à boca da ovelha bebé. A Francisca segura numa colher e diz "Nham" e mexe os seus lábios à medida que bate no rosto da ovelha bebé com a colher. A mãe ajusta a sua mão e a Francisca repete o movimento, dizendo "nham", mas desta vez coloca a colher perto da boca da ovelha. Ela olha para a mãe. A mãe sorri e acena "Nham, nham.".

Por vezes, a criança manifesta comportamentos independentes, como deslizar um carro ao longo de uma mesa. Nesta altura, é importante o adulto verbalizar, descrevendo a ação. O adulto deve dizer "Vroom, vroom. Estás a conduzir o teu carro?". Ao verbalizar palavras que a criança é capaz de repetir e ao descrever a situação, o adulto ajuda-a no domínio do jogo do faz-de-conta, que ocorrerá no próximo estádio de desenvolvimento – a idade pré-escolar.

Apoiar o início da autorregulação

Os Vygotskianos associam o início da autorregulação, na 1ª infância, à utilização do discurso privado (ver Capítulos 6 e 7). Embora a utilização do discurso privado possa variar de criança para criança, dependendo até do nível global do desenvolvimento da linguagem (Smirnova, 1998), algumas recomendações, para auxiliar a aprendizagem do discurso privado, podem ser aplicadas a todas as crianças desta idade.

Primeiro, para serem capazes de regular as suas próprias ações, as crianças precisam aprender as regras e normas e a linguagem que as descreve. Significa que ao dizer às crianças desta idade o que fazer e o que não fazer, os adultos devem utilizar uma linguagem simples mas específica. Dizer "Não toques no fogão," ou "Desliga a TV" é melhor que dizer "não" ou "pára.", ou dizer-se "Não toques no fogão. Está muito quente e é perigoso. Podes magoar-te. Aurora.", pois será demasiado longo para a criança se lembrar. O discurso que o adulto utiliza deve modelar o que a criança dirá a si mesmo.

Segundo, antes de emitir auto comandos em discurso privado, as crianças desta idade precisam compreender a relação entre o seu discurso e o seu efeito no comportamento de outras pessoas (ver Capítulo 7, para uma discussão da regulação por outros ou externa e da autorregulação). Uma boa forma de praticar esta relação é fazer jogos em que o adulto e a criança se revezam, dizendo um ao outro o que fazer e depois fazendo. Por exemplo, pode alternar-se rodando um carro de brincar a descer a rampa ou colocar um bloco no cimo de outro, pedindo a cada um para fazer uma ação simples. O adulto diz "Tu apanhas um bloco" e a criança apanha um bloco. Depois a criança diz "Tu apanhas um bloco" e o adulto apanha o bloco. Este género de jogos promove a relação entre dar ordens e obedecer a elas.

Por fim, os adultos podem auxiliar as crianças, reiterando e expandindo o discurso privado da criança, enquanto modelam a ação. Por exemplo, para as crianças que continuam a dizer "não", quando se aproximam de uma panela quente, isso significará segurar a mão da criança para trás, encorajando-a a continuar a dizer "não" e dizer "Isso mesmo. Não, não toques na panela.". As ações das crianças desta idade não devem ser interpretadas da mesma maneira que as das crianças de 4 ou 5 anos de idade. A criança de 2-3 anos não está a ser desobediente propositadamente ou a provocar, pois ela não é capaz ainda de se autorregular. O discurso privado está apenas a emergir. Com o auxílio adequado do adulto durante os próximos anos, a criança será capaz de utilizar o discurso privado, independentemente de ser ou não para regular o seu comportamento.

Leituras adicionais

Karpov, Y. V. (2005). *The neo-Vygotskian approach to child development*. New York: Cambridge University Press.

Venger, L. A. (1988). The origin and development of cognitive abilities in preschool children. *International Journal of Behavioral Development, 11*(2), 147-153.

Vygotsky, L. S. (1998). *Child psychology* (Vol. 5). New York: Plenum Press.

CAPÍTULO 10
REALIZAÇÕES DESENVOLVIMENTAIS
(*DEVELOPMENTAL ACCOMPLISHMENTS*) E ATIVIDADE
PRINCIPAL (*LEADING ACTIVITY*): CRIANÇAS EM
IDADE DE JARDIM DE INFÂNCIA

Neste capítulo, discute-se as realizações desenvolvimentais e a atividade principal, em crianças (dos 3 aos 5 anos) do jardim de infância, em idade pré-escolar. As concetualizações de realização desenvolvimental e de atividade principal podem ser encontradas no início do capítulo 8.

Realizações desenvolvimentais

As realizações de desenvolvimento que emergem nas crianças em idade de jardim de infância são a imaginação, a função simbólica, a capacidade de agir a um nível mental interno, a integração de pensamentos com emoções e a autorregulação. Estas aquisições não emergem se a criança não tiver experienciado, suficientemente, a atividade principal (*leading*) deste período. Somente é possível atingir esta fase de desenvolvimento se a criança se envolver em brincadeiras de faz-de-conta, criativas, com fantasia. Como foi referido no capítulo 8, as realizações desenvolvimentais não são apenas o resultado da maturação; requerem, igualmente, a participação na atividade principal e o suporte do contexto social, de modo a assegurar uma participação suficientemente intensa com vista à obtenção dos resultados esperados.

Função simbólica

A função simbólica é a primeira realização desenvolvimental da primeira infância, que deve surgir até ao final do jardim de infância (Elkonin, 1972; Leont'ev, 1978). As crianças que revelam esta aquisição são capazes de utilizar objetos, ações, palavras e pessoas para representar outra coisa. Por exemplo, são capazes de utilizar uma vulgar caixa atribuindo-lhe a função de nave espacial, agitar os braços como se estivesse a voar, dizendo "nós somos extraterrestres", ou fingir ser uma árvore, ... São exemplos da atualização da função simbólica. Vygotsky considerou que a utilização simbólica de objetos, ações e pessoas preparavam o caminho para a alfabetização, baseada na utilização de símbolos como o desenho, a leitura e a escrita.

Outra faceta da função simbólica traduz-se, por exemplo, quando as crianças começam a empregar palavras como conceitos. Vygotsky referiu que os primeiros conceitos das crianças diferem dos dos adultos (ver capítulo 6). A forma das crianças pequenas foi designada por complexos, em que os vários atributos utilizados para categorizar um objeto não são diferenciados uns dos outros (Vygotsky, 1962). Assim, os atributos estão ligados entre si num complexo; o bloco é "grande – quadrado – verme-lho". Somente após a realização de várias experiências e manipulações com objetos e pessoas, através de atividades partilhadas, cada atributo pode ser reconhecido de forma independente; o bloco passa a "grande" e "quadrado" e "vermelho". As crianças em idade pré-escolar (as mais novas) podem utilizar a palavra "vermelho", quando na realidade querem expressar o composto "grande–quadrado-vermelho". Os adultos podem perceber a utilização da palavra "vermelho", pela criança, como um sinal de que o conceito dela é igual ao seu – um atributo que descreve a cor. Nas conversas diárias, em que as crianças estão dependentes de pistas contextuais, pode não ser claro se o significado que atribuem a uma palavra e o significado atribuído pelos adultos à mesma palavra é igual ou diferente. Todavia, quando é solicitado a uma criança que empregue uma determinada palavra fora do contexto, torna-se frequentemente óbvio que os conceitos de ambos, criança e adulto, são diferentes. Por exemplo, na atividade de separação de blocos por cor, uma criança de quatro anos pode juntar todos os blocos que sejam grandes, vermelhos e quadrados e deixar de fora os blocos vermelhos, mais pequenos ou blocos vermelhos retangulares. No final do jardim de infância, a maioria das crianças, através de interações com pessoas e objetos, refinam os seus "complexos" iniciais. Os seus "complexos" vão tornando-se cada vez mais próximos dos conceitos dos adultos para formar o que Vygotsky designou de conceitos do dia-a-dia *(everyday concepts)* (Vygotsky, 1962). Estes conceitos do quotidiano são baseados na intuição e em observações simplistas e não são dependentes de definições rígidas ou científicas. Estão integrados numa estrutura pessoal, mais ampla. Por exemplo, quando a criança utiliza a palavra "peixe" ela pode referir--se a um objeto que encontrou registado com essa palavra bem como para referir uma ideia mais generalizada, incluindo tudo que nada, desde um pequeno peixe a uma baleia. Mentalmente, ainda não possui uma definição rigorosa, da palavra "peixe", como parte de um esquema de classificação científica.

Início da ação no plano mental interno

Mais desenvolvida que um bebé que começa a dar os primeiros passos, a criança que frequenta o jardim de infância, em idade pré-escolar, deve ter desenvolvido a capacidade de pensar num plano mental interno, querendo isto dizer que o seu pensamento já não depende da manipulação física de objetos. Um exemplo é a capacidade de pensar com imagens visuais, o que representa a passagem de um raciocínio sensório-motor, dos mais pequenos, para um raciocínio concetual abstrato, caraterístico das crianças mais velhas (Zaporozhets, 2002). No jardim de infância, as crianças mais velhinhas já não necessitam de tocar ou manipular fisicamente um objeto para poderem pensar sobre ele. Conseguem manipular as imagens na sua mente. Aos 2 anos e meio, o Marco não consegue resolver um *puzzle* se não pegar nas peças e, através de várias tentativas, encaixar no sítio correto. Pelos cinco anos, a criança olha para as peças que tem à sua frente, escolhe aquelas que encaixam e ignora as restantes, que são muito pequenas ou têm formatos diferentes. Deixou de precisar tocar nas peças, conseguindo avaliar mentalmente se têm o tamanho adequado. A capacidade de pensar com imagens visuais é uma competência importante e que não está associada à linguagem.

No final do jardim de infância, a maioria das crianças é capaz de utilizar, para além de imagens visuais discretas, representações não verbais generalizáveis, o que Venger denominou de modelos (Venger, 1986, 1996). Exemplos de modelos são os desenhos esquemáticos, construções com blocos e adereços que as crianças criam e utilizam para representar um papel que estão a desempenhar. Estes modelos precoces revelam muito acerca dos processos de pensamento das crianças. Em crianças mais novas, nos seus novos desenhos esquemáticos de pessoas, a caraterística proeminente é a cabeça. Será que elas veem apenas a cabeça ou algo mais estará envolvido?. Venger considera que estes modelos são abreviados e inexatos pois representam as propriedades essenciais de um determinado objeto para a criança. A cabeça encerra, para ela, a essência de qualquer pessoa. As crianças pequenas percebem os objetos quase do mesmo modo que os adultos, mas mentalmente não consideram os mesmos elementos como importantes. Por exemplo, percebem as rodas de um veículo como sendo essenciais, portanto, na maioria das vezes, desenham carros e autocarros com rodas e nunca com pessoas. À medida que a sua perceção muda, já podem aparecer pessoas nos desenhos, em vez ou acrescido às portas e para-choques do veículo. Na realidade, elas veem todos os atributos, como as portas, as pessoas e os demais detalhes do carro, mas o modelo do desenho representa apenas os elementos que para elas são essenciais. Mais tarde, serão capazes de identificar propriedades essenciais de um objeto, num plano interno, utilizando elementos abstratos como palavras ou números. Contudo, enquanto crianças em idade pré-escolar necessitam ainda do suporte de imagens visuais, de modo a realizar abstrações. Desenhos abreviados e esquemáticos são um marco importante para a utilização de outras representações simbólicas mais avançadas e elaboradas.

Imaginação

A imaginação é uma atividade mental criadora (*generative*), que permite às crianças inventar novas formas de pensar acerca de todo o tipo de coisas. A Joana e o Tó reproduzem a história do Capuchinho Vermelho. Da primeira vez, o Tó é um lobo barulhento. Da segunda vez, a Joana pediu ao Tó para ser um lobo simpático que se torna no seu animal de estimação. Eles tentaram fazer isto juntos, alternando as caraterísticas dos papéis de faz-de-conta. As crianças podem imaginar novos edifícios e construções, quando brincam com legos. Elas inventam novas formas de usar os objetos enquanto brincam, sendo capazes de transformar um pedaço de pano num tapete mágico ou na copa de uma árvore, como o cenário do jogo exige. A imaginação liberta as crianças do mundo real; as crianças podem inventar um novo mundo - com palavras, símbolos e imagens - que existem nas suas mentes. Nestes novos mundos, elas podem resolver problemas e questões reais. O pensamento imaginário separa o pensamento em dois planos, o plano real e o plano imaginário. No plano imaginário, as regras podem ser alteradas e manipuladas à vontade, de forma a explorar novos resultados. O pensamento imaginário ajuda-nos a criar novas combinações de ideias e a criar novas soluções para os problemas. Permite-nos pensar fora da caixa (*outside the box*), permitindo chegar-se a soluções criativas para velhos dilemas (Dyachenko, 1996; Kravtsova, 1996).

Integração de emoções e pensamento

O desempenho ou realização desenvolvimental da integração das emoções e pensamento deve emergir, igualmente, no final do jardim de infância, quando as emoções das crianças se tornam conscientes ou refletidas ("pensadas", "*thoughtful*") (Elkonin, 1972; Leont'ev, 1978; Vygotsky, 1998; Zaporozhets & Nerovich, 1986). As crianças entre os 1-3 anos (*toddlers*) reagem emocionalmente a situações imediatas: quando se sentem zangados, choram e atiram-se para o chão. Pelo contrário, a maioria das crianças em idade pré-escolar modera as suas emoções, recorrendo à memória de experiências passadas, quando confrontadas com situações novas. Estas experiências passadas coloram a perceção da criança e a reação a novos acontecimentos. Beatriz de quatro anos quer brincar com um grupo de crianças mais velhas, mas quando ela se dirige ao grupo, este exclui-a. Esta rejeição é repetida todos os dias, mas a Beatriz parece não recordar o que aconteceu no dia anterior. A sua irmã de cinco anos, Mónica, é também rejeitada pelas crianças mais velhas, mas, em vez de tentar juntar-se ao grupo todos os dias, ela diz à mãe que prefere ficar em casa. Ela recorda as rejeições e essa memória influencia os seus comportamentos, as suas decisões.

Este desempenho desenvolvimental, de relacionar emoções e pensamentos, explica porque é que os sentimentos de sucesso e de fracasso afetam a motivação das crianças e a sua predisposição para avançar para novas tarefas de aprendizagem. Esta perspetiva é sustentada pela observação de que as crianças em idade pré-escolar estão motivadas para a aprendizagem, considerando-se que as crianças podem aprender qualquer coisa a qualquer momento, aspeto nem sempre encontrado em crianças mais velhas (ver, e.g., Nicholls, 1978). Isto também explica porque é que os sentimentos positivos e negativos das crianças para com o outro, até ao final do jardim de infância, se tornam tão difíceis de mudar. A fusão de pensamento e emoção cria opiniões e perceções fortes que são um desafio e resistentes à mudança.

Desenvolvimento da autorregulação

No final do jardim de infância, as crianças devem ser capazes de se autorregular, ou seja, ter capacidade de agir de forma deliberada, de forma planeada, orientando o seu próprio comportamento. Elas devem ser capazes de regular os seus comportamentos físicos e emocionais, e alguns dos seus comportamentos cognitivos. As crianças mais pequenas são reativas, significando que as suas ações são reações espontâneas ao ambiente. A Francisca vê uma bolacha, e, estando com fome, ela agarra a bolacha. O Luís vê que o João tem um brinquedo que ele quer, então tira o brinquedo ao João. A Francisca e o Luís agem sem pensar nas consequências das suas ações; os seus comportamentos são reações puras às situações. Eles são escravos do ambiente. Vygotsky considera que durante a idade pré-escolar há uma mudança na relação entre as intenções das crianças e a subsequente implementação de uma ação. Em vez de terem uma resposta espontânea e imediata a uma situação, normalmente, as crianças nesta fase são capazes de inibir a sua reação inicial e agir em conformidade, de forma planeada. Em vez de agirem sem pensarem, as crianças podem pensar antes de agir. A criança autorregulada age deliberadamente e, assim, domina o seu próprio comportamento.

Na tradição Vygotskiana, a autorregulação física, cognitiva e sócio emocional são consideradas partes de um todo. As crianças brincam e pensam intencionalmente. Elas podem focar a sua atenção de forma intencional, ignorando as distrações. Elas podem lembrar-se intencionalmente, aprender informação que não é necessariamente interessante, mas que é requerida pela situação. Elas podem adiar a gratificação, parar com o comportamento agressivo, e agir de forma positiva, controlando as suas emoções.

A autorregulação tem sido frequentemente relegada para o domínio quente/afetivo do desenvolvimento sócio emocional, mas, cada vez mais, os psicólogos Ocidentais entendem a autorregulação como envolvendo a regulação dos processos cognitivos e sócio emocionais (Blair, 2002). No entanto, eles são partes de um todo. A autorregulação física, cognitiva e emocional não se desenvolve todas ao mesmo tempo. Primeiro, as crianças aprendem a regular os seus comportamentos físicos, depois regulam a parte emocional. A autorregulação cognitiva, que envolve processos avançados como a metacognição e o pensamento reflexivo, não emerge nunca antes do final do ensino fundamental/elementar.

Vários processos são responsáveis pela emergência da autorregulação durante a idade pré-escolar. Estes incluem a utilização do discurso privado, o envolvimento em regulações externas e a generalização de regras. Como vimos no Capítulo 6, a pré-escola e o jardim de infância são os anos em que as crianças mais utilizam o diálogo privado ou o discurso de si para si. O discurso privado funciona como uma ferramenta de autorregulação:

as palavras que os adultos utilizam para regular os comportamentos das crianças podem agora ser por elas apropriadas para dirigirem os seus próprios comportamentos. Assim, as instruções do adulto internalizam-se, transformando-se em regras para a própria ação.

Como outras funções mentais superiores, antes da autorregulação fazer parte dos processos mentais da criança, ela existe de uma forma partilhada ou intermental (ver Capítulos 2 e 7). Muito antes das crianças serem capazes de autorregularem os seus comportamentos, elas participaram em regulações-pelos outros ou interações em que o seu comportamento é guiado por outros (Wertsch, 1979). As crianças percebem primeiro nos outros, que em si, a quebra de regras, mesmo que estejam, elas próprias, a infringi-las. Elas aplicam as regras aos outros antes de as aplicarem a elas mesmas. Este reconhecimento das regras é um passo em direção à generalização das regras, nas diferentes situações. Quando a regulação é realizada por uma pessoa mais competente, normalmente um pai ou um professor, este orienta o comportamento da criança de uma forma que ela ainda não é capaz; mas esta regulação apetrecha a criança com ferramentas mentais específicas que, naturalmente, a conduzirão à autorregulação. Contudo, pode adotar-se uma postura exagerada. Se um adulto é muito controlador, regulando toda a atividade, a verdadeira autorregulação não se desenvolverá. Nesse caso, as crianças podem ser capazes de auto iniciarem comportamentos desejados ou abster-se dos comportamentos indesejados, por iniciativa própria.

No final do jardim de infância, a maioria das crianças torna-se capaz de generalizar as regras, baseadas na experiência, base da autorregulação. As crianças de três anos podem lembrar-se de determinadas restrições, mas são incapazes de generalizá-las a situações que parecem semelhantes, aos olhos dos adultos. A Diana recorda-se de ter sido avisada pela mãe por bater no Tó, mas ela não dá o próximo passo, que consiste em generalizar a entidade específica de agredir, numa regra. A Diana provavelmente bateria na Maria pois não há uma regra sobre agredir a Maria, apenas uma regra sobre agredir o Tó. Aos cinco anos de idade, as crianças podem generalizar a regra "não bater nas outras pessoas", a partir da situação.

É importante notar que a autorregulação tem dois aspetos: inclui aquilo que a criança deve fazer e aquilo que a criança não deve fazer. A autorregulação não deve ser construída apenas com base no evitamento de comportamentos indesejados. De facto, envolve a inibição de um comportamento e a subsequente representação de outro. Uma criança verdadeiramente autorregulada é capaz de comportamentos intencionais; ela é capaz de pensar antes de agir. No final do jardim de infância, a Diana não pode somente resistir em bater à Maria quando quer o brinquedo dela mas também sabe que deve dizer "Posso brincar depois de ti?". A Diana pode parar de bater e agir de forma pró-social.

Jogo de faz-de-conta: a atividade principal

Para os Vygotskianos (Elkonin, 1972; Leont'ev, 1978; Vygotsky, 1998; Zaporozhets & Markova, 1983), o jogo de faz-de-conta é a atividade principal do período pré-escolar. Vygotsky e outros teóricos, como Piaget (Piaget, 1951), consideram que o jogar promove o desenvolvimento das capacidades mentais e sociais das crianças. Jogar é um ato simbólico e social.

Conceções de jogo em Psicologia e em Educação

Muitas pessoas têm a ideia de que jogar é o oposto de trabalhar. Esta definição comum de jogar engloba qualquer situação em que as pessoas não são produtivas ou estão envolvidos em atividades específicas. Jogar é muitas vezes descrito como algo agradável, livre e espontâneo. Esses pontos de vista fazem do jogo uma atividade bastante superficial, o que pode minar a importância do jogo no desenvolvimento de crianças pequenas.

Ao longo dos anos, muitos psicólogos têm enfatizado a importância do jogo no desenvolvimento da criança. Salientam vários aspetos do jogo e como eles influenciam os processos psicológicos específicos. Alguns aspetos do jogo podem ser vistos à luz das perspetivas psicanalíticas (Erickson, 1963, 1977; Freud, 1996), da interação social (Howes, 1980;

Howes & Matheson, 1992; Parten, 1932; Rubin, 1980) e da perspetiva construtivista (Piaget, 1951). Outras perspetivas sobre o jogo foram analisadas por Vygotsky e Elkonin, tais como a visão do jogo enquanto comportamento instintivo, que, agora, são do interesse meramente histórico (Elkonin, 2005).

O jogo na perspetiva Vygotskiana

Vygotsky considerava que jogar era promotor do desenvolvimento cognitivo, emocional e social. Esta é a visão mais integrada do jogo, comparativamente a outras que só analisaram os benefícios em um dos aspetos do desenvolvimento. Vygotsky limitou a definição de jogo à dramatização ou ao jogo de faz-de-conta, em crianças em idade pré-escolar e do 1º ciclo do ensino básico. A definição de jogo, por Vygotsky, não inclui atividades como os movimentos, manipulação de objetos e explorações que foram (e ainda são) referências de jogos para a maioria dos educadores. O verdadeiro jogo, de acordo com Vygotsky, tem três componentes:

- as crianças criam situações imaginárias;
- assumem, ou agem, papéis, e
- seguem um conjunto de regras determinadas para funções específicas.

A criação de situações imaginárias e a interpretação de papéis são caraterísticas comuns do jogo de faz-de-conta. Outra caraterística, apontada por Vygotsky, é que jogar não é uma atividade totalmente espontânea, pois os jogadores estão dependentes de um conjunto de regras. De facto, a situação imaginária e a interpretação de papéis são atividades planeadas e existem regras para participar no jogo. Esta é uma visão de jogo, que pode parecer pouco intuitiva ou espontânea.

Vygotsky considerava que as crianças que estão envolvidas nos jogos dramáticos agem de forma específica, em função dos papéis que estão a representar. Tal como Vygotsky refere,

Mesmo em situações imaginárias, no jogo, há sempre regras - não são regras estabelecidas durante e que mudam ao longo do jogo, mas regras decorrentes da própria situação do jogo. Portanto, imaginar que uma criança pode comportar-se numa situação imaginária sem regras, i.e., como se comporta numa situação real é simplesmente impossível. Se a criança está a fazer o papel de mãe, então ela tem regras do comportamento maternal. O papel que a criança assume e a sua relação com o objeto decorre de regras, i.e., o jogo tem sempre regras. No jogo, a criança é livre, mas é uma liberdade ilusória (1967, p.10).

As situações imaginárias criadas pelo jogo são a primeira construção do comportamento independente da criança, que canaliza as ações, de forma direta, contrariamente a outras atividades, em que as crianças cumprem as diretivas impostas de fora. É o primeiro passo para o autocontrolo, o início da autorregulação. Ao invés de evidenciar um comportamento totalmente espontâneo, a criança encarna as ações requeridas pelo papel. Por exemplo, enquanto assume o papel de motorista de camião, a criança tem de ficar "na cabine" e não pode sair a correr atrás de um amigo, a não ser que ele faça *stop* ao camião. Para continuar a jogar, e continuar a desempenhar o papel, a criança tem de inibir o desejo de correr.

Cada situação imaginária, ou jogo, contem um conjunto de papéis e regras que surgem naturalmente. Os papéis são ações de personagens que a criança interpreta, como o pirata ou o professor. As regras são um conjunto de comportamentos, permitidos ou não, no presente cenário. Os papéis e as regras mudam consoante o tema do jogo. Por exemplo, um grupo de crianças a interpretar uma situação num supermercado terá papéis diferentes daqueles que têm quando estão a interpretar uma luta de leões. As regras, inicialmente, estão implícitas nos jogos; posteriormente, essas regras passam a explícitas e são negociadas entre as crianças.

Jogar, então, envolve situações imaginárias explícitas e papéis, com regras implícitas. A situação imaginária é aquela que a criança cria. Embora a situação seja considerada imaginária, pode ser observada por outras, porque as crianças manifestam caraterísticas da situação, de forma explícita. Elas dizem coisas como "vamos fingir que há uma cadeira aqui e uma mesa aqui. Vamos fingir que são seis meninos de uma turma e nós somos os professores". As crianças podem também tornar a situação mais explícita, utilizando gestos e sons, como "vroom, vroom", de um trator ou "ihu, ihu", como uma criança em cima de um cavalo.

As regras podem ser também explícitas. Quando interpreta a mãe, a criança pode vestir-se como a mãe, agarrar um bebé ao colo, e atuar como uma mãe a alimentar o seu bebé. Ela diz às outras crianças que é mãe, explicitamente, mesmo que isso seja fácil de adivinhar.

Por outro lado, as regras são consideradas implícitas quando não podem ser observadas facilmente e são inferidas pelo comportamento. As regras são expressas como parte do comportamento associado a um papel específico. Cada papel, numa situação imaginária, ou jogo, impõe uma série de regras ao comportamento da criança. As regras tornam--se aparentes quando a criança as viola. As crianças distinguem entre jogar às mães e jogar aos professores. Há gestos, linguagem, acessórios que pertencem a um determinado papel. Crianças em fases iniciais do jogo podem não estar cientes dessas diferenças. Contudo, muitas crian-ças de quatro anos mostram que são sensíveis aos erros na realização do papel e muitas vezes corrigem os outros: "As mamãs carregam uma bolsa!", "Quando és a professora, os meninos têm que estar sentados.", "Os professores leem os livros assim.". As crianças divertem-se a violar as regras, pois veem isso como uma piada. O Tony de três anos diz, "Agora eu sou o pai.", sobe para cima da cadeira e depois ri, "O papá não se pode sentar na cadeira alta!".

Como o jogo influencia o desenvolvimento

Os Vygotskyanos consideram que o jogo influencia e tem uma impor-tância fundamental no desenvolvimento, de múltiplas formas. Os principais efeitos do jogo são os seguintes:

1. O jogo cria a ZDP para muitas áreas do desenvolvimento intelectual;
2. O jogo facilita a separação entre pensamento e ação e os objetos;

3. O jogo facilita o desenvolvimento da autorregulação;

4. O jogo influencia a motivação;

5. O jogo facilita a descentração.

A criação da Zona de Desenvolvimento Proximal (ZDP)

Para Vygotsky, brincar estabelece a Zona de Desenvolvimento Proximal para as crianças, proporcionando ajuda às capacidades emergentes. Não só as crianças podem agir de uma forma mais socialmente aceite, mas também mostrar melhor as suas capacidades cognitivas - níveis mais elevados de autorregulação, e maior capacidade de participar e lembrar-se, intencionalmente.

Ao brincar, a criança comporta-se sempre além da sua idade, a um nível superior do seu comportamento diário; Ao brincar, a criança revela e desenvolve todos os aspetos; A relação entre o brincar e o desenvolvimento deve ser comparada à relação entre ensino e desenvolvimento.... Brincar é fonte de desenvolvimento e cria a zona de desenvolvimento proximal. (Vygotsky, 1978, p.74).

Não é apenas o conteúdo da brincadeira que define a Zona de Desenvolvimento Proximal. Os processos psicológicos que a criança precisa para brincar criam o suporte para as capacidades emergentes. Os papéis, regras e o incentivo motivacional fornecido pela situação imaginária dão o suporte necessário à criança para a executar a um nível superior da Zona de Desenvolvimento Proximal.

Os Vygotskianos analisaram os mecanismos através dos quais o brincar influencia o desenvolvimento. Por exemplo, Manujlenko (Elkoinin, 1978) e Istomina (Istomina, 1977) registaram que a criança utiliza capacidades mentais mais desenvolvidas enquanto brinca, do que durante outra atividade, operando com o que Vygotsky identifica como o nível mais elevado da ZDP. Manujlenko encontrou, também, níveis mais elevados de autorregulação ao brincar que em outros momentos do dia. Por exemplo, num jogo, um rapaz, a quem lhe é perguntado se quer ser vigia, observa-se que ele se mantem no seu lugar e concentrado por um longo período de tempo muito superior ao tempo da atividade proposta pelo professor, na sala de aula.

Istomina comparou o número de itens que as crianças poderiam recordar durante uma sessão de brincadeira dramatizada, envolvendo um supermercado, com os que poderiam ser recordados numa típica experiência de laboratório. Na situação dramatizada foi dada às crianças uma lista de palavras descrevendo itens que elas podiam comprar no supermercado. Na experiência de laboratório, foi-lhes dada a mesma lista em papel. Istomina registou que as crianças lembravam-se de mais itens na condição da brincadeira dramatizada.

Se compararmos o comportamento infantil, a brincar e a não brincar, vemos exemplos de níveis elevados e baixos da ZDP. No não brincar, ou na vida real, na situação do supermercado, Luís quer doces, mas a mãe não lhos dá fazendo com que ele chore. Ele não pode controlar o seu comportamento. Reage automaticamente ao querer doces e diz ainda, "Eu não consigo parar de chorar.". Enquanto joga, o Luís pode controlar o seu comportamento. Pode fingir ir ao supermercado e não chorar. Ele pode fingir que chora e de seguida parar. Brincar permite atuar a um nível mais elevado do que em situação real.

No exemplo da sala de aula, Jessica de 5 anos tem problemas em estar sentada em grupo. Ela encosta-se às outras crianças e conversa com o seu parceiro. Apesar do apoio do professor, ela não é capaz de estar sentada mais de 3 minutos. Em contraste, quando brinca à escola com vários amigos, ela é capaz de estar bastante mais tempo sentada. Fingindo ser boa aluna ela é capaz de se concentrar e agir de forma interessada por 10 minutos. Brincar fornece os papéis, regras e o cenário que permitem que ela participe e se concentre a um nível superior ao que poderia sem estas estruturas.

Se a criança não tem experiências de brincar, é provável que venha a apresentar dificuldades ao nível do desenvolvimento cognitivo e sócio emocional. Este aspeto levou os seguidores de Vygotsky, Leont'ev e Elkonin, a sugerirem o brincar como atividade principal, para crianças dos 3 aos 6 anos (Elkonin, 1972; Leont'ev, 1978). Leont'ev e Elkonin consideram que para esta faixa etária, brincar desempenha um papel único e não pode ser substituído por outra atividade, mesmo que elas beneficiem de outras atividades neste período. As suas investigações sobre o brincar, enquanto atividade principal da primeira infância, serão discutidas mais tarde, neste capítulo.

Numa leitura anterior, "Foco de uma lente de aumento", Vygotsky quis dizer que as novas realizações de desenvolvimento tornam-se visíveis, no jogo, muito mais cedo que outras atividades, especialmente as atividades de aprendizagem escolar. Neste sentido, aos 4 anos, atividades típicas académicas, tal como o reconhecimento de letras, não são tão bons preditores, como o brincar, das habilidades escolares posteriores. Aos 4 anos, brincar permite observar, mais do que em outras situações, elevados níveis de capacidades como a atenção e resolução de problemas.

Facilitar a separação entre pensamento e ação e objetos

Ao brincar, a criança age de acordo com as ideias internas, em vez de com a realidade externa. Vê uma coisa, mas age de forma diferente ao que vê, tal como quando ela brinca com um bloco de folhas grande como se fosse um teclado de computador. Nas palavras de Vygotsky, "uma condição é alcançada quando a criança começa a agir independentemente do que ela percebe." (1978, p.97).

Porque brincar requer a substituição de um objeto por outro, a criança começa a retirar e a separar o significado do objeto do próprio objeto (Berck, 1994). Quando uma criança utiliza uma peça como barco, a ideia de "como um barco" ("*boatness*") torna-o separado do barco real. Se o objeto é feito para atuar como barco, ele pode ficar a ser barco. É na fase ou idade pré-escolar que se desenvolve a capacidade de substituição e se é mais flexível. Eventualmente, os objetos podem simbolizar-se através de um simples gesto ou a partir da frase "Vamos fingir...".

Esta separação do significado dos objetos é uma preparação do desenvolvimento das ideias e pensamento abstrato (Berck, 1994). No pensamento abstrato, nós avaliamos, manipulamos e controlamos pensamentos e ideias sem referência ao mundo real. Este ato de separar o objeto da ideia é também uma forma de preparar a transição para a escrita, em que a palavra não se parece em nada com o objeto que representa. E quando o comportamento não é definido pelo objeto não é reativo. Os objetos podem ser utilizados como ferramentas para compreender outras ideias. Em vez de utilizar os objetos como objetos, a criança pode utilizá-los para resolver problemas, tal como na matemática.

O *role-play* de uma situação imaginária requer que as crianças utilizem dois tipos de ações em simultâneo – externa e interna. Ao brincar, as ações internas – operações sobre os significados – ainda dependem de operações externas sobre os objetos. As crianças encenam as suas ideais internas sobre objetos reais, visto que ainda não podem operar totalmente num plano interno. No entanto, a emergência das ações internas realça o início da transição da criança das formas mais arcaicas de pensamento para processos em que o pensamento não ocorre internamente, como no caso dos pensamentos sensório-motores e de representação visual. A utilização de ações internas é o primeiro e mais importante passo no desenvolvimento do pensamento abstrato.

> A criança aprende a reconhecer de forma consciente as suas ações e compreende que cada objeto tem o seu significado. Do ponto de vista do desenvolvimento, o facto de se criar uma situação imaginária pode ser considerado um meio para desenvolver o pensamento abstrato. (Vygotsky, 1967, p.17).

Por exemplo, quando a Marcela usa uma peça de lego como um telefone para pedir *pizza* num restaurante, ela sabe que o objeto está a ser usado para fingir de telefone, objeto que ela segura na sua orelha e começa a falar. Utilizando o objeto desta forma impõe, pela sua ação, um outro significado ao objeto.

Facilitar o desenvolvimento da autorregulação

O desenvolvimento da autorregulação, no brincar/no jogo, torna-se possível devido às necessidades da criança em seguir as regras da brincadeira e porque os parceiros dessa brincadeira estão constantemente a monitorizar-se uns aos outros, cumprindo os requisitos das regras (i.e., envolver-se em autorregulação).

Em primeiro lugar, a capacidade emergente de uma criança para se autorregular é aplicada a ações físicas (e.g., uma criança que se desloca sobre quatro patas quando se joga ao gato ou continuar parado quando se joga ao guarda), aos comportamentos sociais (quando fica à espera de ser chamada para jogar ao estudante) e à mudança dos registos do discurso (usando uma voz grossa quando se dramatiza uma história) na utilização da linguagem. Mais tarde, a autorregulação estende-se aos processos mentais, como a memória e a atenção.

O impacto na motivação da criança

No jogo, as crianças desenvolvem um complexo sistema hierárquico de objetivos imediatos e a longo-prazo em que os objetivos imediatos podem, ocasionalmente, ser esquecidos em prol dos objetivos a longo-prazo. Através do processo de coordenação destes objetivos, de curto e de longo prazo, as crianças tornam-se cientes das suas próprias ações, o que torna possível a passagem de comportamentos reativos a comportamentos intencionais. A fim de jogar aos aviões, a criança tem que primeiro fazer os bilhetes e os passaportes e estabelecer uma linha de segurança. Elas têm que adiar a brincadeira do avião para fazer adereços e organizar o ambiente.

Como facilita a descentração cognitiva

A capacidade de se colocar na perspetiva dos outros é fundamental para coordenar múltiplos papéis e negociar cenários de brincadeiras. Ainda, a brincar, a criança aprende a olhar para os objetos através dos olhos dos seus parceiros de brincadeira – uma forma de descentração cognitiva. Para agir como paciente que está prestes a levar uma injeção, com um lápis, o Vicente coloca o lápis no bolso da Lili, que faz de enfermeira. Vicente age, como paciente para as ações do médico, porque ele antecipa o que o médico vai fazer. Ele pensa nas suas próprias ações e nas ações dos seus parceiros de jogo. Essas capacidades de descentração poderão, eventualmente, levar ao desenvolvimento do pensamento reflexivo.

A trajetória desenvolvimental do jogo/brincar

Elkonin fez investigações com o objetivo de perceber a relação entre o brincar e o desenvolvimento de atividades de aprendizagem, em crianças mais velhas. A partir da conceção de atividade principal de Leont'ev, identificou as propriedades que fazem do jogo/brincar a atividade principal da primeira infância. Nesta secção, apresentamos a descrição do jogo/brincar, resultante da sua leitura.

O jogo/brincar das crianças pequenas

De acordo com Elkonin (Elkonin, 1972, 1978), as raízes do brincar assentam nas atividades orientadas para objetos, ou instrumentais, nas crianças dos 1-3 anos (*toddlers*) (ver Capítulos 8 e 9). Durante estas atividades manipulativas, as crianças exploram as propriedades físicas dos objetos e aprendem a utilizá-los de forma convencional. Mais tarde, quando as crianças começam a utilizar objetos do quotidiano em situações imaginárias, o brincar/jogo emerge. Por exemplo, Leila, uma criança de dois anos de idade, agarra uma colher e tenta alimentar-se. Ela usa a colher de uma forma convencional, não apenas para bater na mesa. Os primeiros sinais de jogo ocorrem quando o João, de 18 meses de idade, alimenta o seu urso ou finge alimentar-se. Jogar implica deixar de lado as explorações da criança e começar a utilizar os objetos do quotidiano ou de uso comum.

Para o comportamento se tornar jogo, a criança deve rotular a ação com as palavras. Assim, a linguagem desempenha um papel importante na transformação do comportamento de manipulação no brincar. Quando o professor diz: "Será que tu alimentaste o teu urso?", ele ajuda a criança na transição para o jogo, apenas por ter pegado numa colher. A Júlia, com vinte meses de idade, rola o camião, para trás e para a frente, enquanto escuta os sons que ele faz. A educadora diz: "Porque é que não conduzes o teu camião até aqui para lhe pôr gasolina?". A Júlia aceita o repto e empurra o camião na direção da educadora. Sem interação com verbalizações por parte da educadora, a criança apenas explora o movimento do camião e escuta os sons das rodas. As ações da educadora criam uma ZDP, mais do que a mera manipulação física, impulsionando a criança a um nível mais elevado e sofisticado do jogo.

No jogo, a criança pode fingir ser outra pessoa ou utilizar um objeto de uma maneira simbólica. Como Piaget, Elkonin define função simbólica enquanto utilização de objetos, ações, palavras e pessoas que representam outra coisa. Para se qualificar como brincar/jogo, a exploração de objetos deve incluir representação simbólica. Quando a criança aperta, deixa cair, e/ou atira um copo de plástico para a mesa, isso é manipulação de objetos, mas não é brincar. Quando a criança utiliza um copo como sendo um pato, fá-lo nadar na mesa, bicando as migalhas de pão, as ações tornam-se brincar/jogar.

O jogo nas crianças em idade de jardim de infância ou pré-escolar

Elkonin descreve o brincar das crianças em idade pré-escolar, inicialmente, orientado para o objeto (Elkonin, 1969, 1972, 1978). Este tipo de jogo centra-se nos objetos, sendo de importância secundária os papéis dos jogadores envolvidos na interação. Quando o João e a Joana, meninos de 3 anos, brincam juntos na casinha das bonecas, eles dizem um ao outro, "Nós estamos a brincar às casas.", mas, neste caso, os papéis não são equacionados nem distribuídos. As crianças desta idade ocupam o tempo a lavar pratos e panelas, a mexer no fogão, mas não falam muito umas com as outras. Comparando estes comportamentos com o jogo de crianças mais velhas, em idade pré-escolar, vemos que este último é muito mais orientado socialmente. Nas crianças de 5 anos de idade, o mexer nas panelas e o lavar pratos proporciona um contexto para os papéis sociais intrincados, em que as crianças assumem bem os diversos papéis. Os objetos, agora, não são o foco do jogo. As ações de lavar e de mexer podem até mesmo ser abreviadas ou simplesmente identificadas verbalmente. No jogo orientado socialmente, os papéis são negociados e mantêm-se, podendo prolongar-se por um grande período de tempo. A criança assume a personagem quando está a brincar. Este tipo de jogo é típico das crianças de 4-6 anos, mas prolonga-se sob outras formas, na escola básica.

Segundo o paradigma de Vygotsky, o jogo socialmente orientado não tem que ocorrer com outras crianças, em interação. A criança pode envolver-se no que é designado por Jogo do Diretor (director's play), como quando brinca com amigos ou personagens imaginárias ou encena com brinquedos, mas estando sozinhos (Kravtsova, 1996). Ivo finge ser o maestro de uma orquestra sinfónica composta por peluches e bonecas. A Maria brinca às escolas, e num momento finge ser a professora e no outro fala para o seu aluno, um ursinho de peluche. Contrariamente a alguns investigadores ocidentais (Parten, 1932), os Vygotskyanos não consideram todas as brincadeiras solitárias imaturas. Se a criança está a brincar sozinha, mas a fingir que existem outras pessoas, então as brincadeiras (jogo do diretor, director's play) são consideradas equivalentes ao jogo social.

Ao invés de Piaget (Piaget, 1951), os Vygotskyanos não consideram que o jogo orientado socialmente (socially oriented play) desaparece quando as crianças atingem a idade dos 7 ou 8 anos. As crianças de 10 e 11 anos ainda jogam socialmente, mas a importância do jogo social enquanto atividade principal desvanece. À medida que as crianças crescem, elas desenvolvem regras cada vez mais explícitas para as suas brincadeiras socialmente orientadas. Francisco, de seis anos de idade, diz "este é um rapaz mau, e os maus vão tentar sempre apanhar o bom rapaz", e a Maria responde, "sim, mas ele não será capaz porque os bons meninos são mais rápidos e os seus aviões são melhores, e portanto ele vai fugir.". Quanto mais crescidas são as crianças, mais tempo despendem na negociação de papéis e de ações (regras) e menos tempo é gasto em dramatizar o script (situação imaginária). Na verdade, aos 6 anos de idade, as crianças passam, muitas vezes, vários minutos a discutir um cenário e apenas alguns segundos a atualizar a situação.

Atividades que não jogos (*nonplay activities*), no jardim de infância

Embora não principais, existem outras atividades que potenciam o desenvolvimento, neste período:

- Jogos com regras;
- Atividades produtivas (dramatizações e contar histórias, construção com blocos, arte e desenho);
- Atividades pré académicas (iniciação à leitura e escrita e à matemática);
- Atividades motoras (atividades psicomotoras globais).

Jogos com regras

Jogar jogos (*game-playing*) é outro tipo de interação tipo jogo (*play--like interation*), que surge por volta dos 5 anos de idade. Os jogos são semelhantes às brincadeiras de faz-de-conta, em que os participantes cumprem regras explícitas e detalhadas, mas a situação imaginária e os papéis são omissos. Por exemplo, jogar xadrez cria uma situação imaginária. Porquê? Porque o cavaleiro, a rainha, o rei, ... e por aí adiante, apenas se podem mover numa determinada direção e porque proteger e remover peças são conceitos únicos no xadrez. Embora um jogo de xadrez não seja um substituto direto das relações da vida real, é, apesar de tudo, uma espécie de situação imaginária (Vygotsky, 1978).

Outro exemplo de jogo (*game-playing*) é o futebol, um jogo em que os jogadores não podem tocar na bola com as mãos, exceto o guarda-redes. O futebol cria uma situação imaginária, uma vez que qualquer um dos participantes pode mexer na bola com as suas mãos. Contudo, todos os participantes concordam em não utilizar as mãos. Isto é semelhante ao fenómeno que ocorre quando as crianças, durante uma dramatização ou jogo dramático, explicitam o que podem ou não fazer.

Os jogos são, igualmente, distintos do brincar de faz-de-conta (*make-believe play*), pelo equilíbrio entre papéis e regras. Na brincadeira faz-de-conta, os papéis são explícitos, mas as regras não. Nas brincadeiras sociais, as crianças discutem as regras e o que é esperado acontecer, no entanto, se as regras forem quebradas, a brincadeira não termina. Uma criança pode fazer algo fora da sequência combinada, que não vai alterar o curso da brincadeira. Por outro lado, os jogos têm regras bem explícitas; se as regras não forem cumpridas, então o jogo não pode continuar.

Jogos com regras promovem uma ZPD, para o desenvolvimento de uma quantidade vasta de capacidades e surgem como complemento à brincadeira faz-de-conta. Os jogos ajudam as crianças a aprender a ajustar as suas ações, cumprindo, obrigatoriamente, as regras e as normas. As crianças obedecem, voluntariamente, para poderem jogar o jogo. Os teóricos Vygotskianos consideram que os jogos proporcionam uma oportunidade de desenvolvimento da resiliência, pelo confronto com os contratempos e constrangimentos. Quando as crianças perdem, ganham prática em lidar com insucessos, mesmo que temporários (Michailenko & Korotkova, 2002), tal como acontece como quando a aprendizagem académica é difícil.

Os teóricos Vygotskianos consideram que os jogos com regras preparam as crianças pequenas para tipos específicos de atividades de aprendizagem que são frequentemente utilizadas em jardim de infância e nas escolas de escolaridade básica – os jogos didáticos. Nos jogos didáticos, as crianças envolvem-se em interações que são lúdicas, como outros jogos. A diferença é que os jogos didáticos têm um conteúdo académico. Ao jogarem corretamente estes jogos, as crianças do jardim de infância aprendem comportamentos importantes, essenciais para que, mais tarde, se envolvam facilmente na atividade de aprendizagem, como, por exemplo, a capacidade de identificar a tarefa de aprendizagem (ver capítulos 12 e 13). Na sala do jardim de infância, a Lisete e a Manel estão a jogar com o Dominó Alfabético, fazendo correspondências entre as imagens e palavras. As duas crianças conseguem dizer que o objetivo do jogo é encontrar imagens cujo nome comece pela mesma letra. Elas sabem o que estão a aprender enquanto estão a jogar. Mais tarde, quando a Lisete tenta ensinar as regras deste jogo ao seu irmão de três anos, Jacinto, percebemos que a mesma tarefa não tem a mesma função de aprendizagem para ele. Apesar do Jacinto saber os sons iniciais e os nomes das letras, e de verbalizar a imagem, ele não é capaz de se concentrar no aspeto da tarefa de aprendizagem do jogo – que é combinar os sons iniciais que lhe são correspondentes. Em vez disso, o Jacinto agrupa as imagens com base na similaridade entre elas. Para um jogo ser uma tarefa de aprendizagem, a criança tem de estar apta para esse nível de aprendizagem, para as reais exigências e objetivos da tarefa ou atividade.

Atividades produtivas

Os Vygotskianos identificam vários tipos de atividades produtivas para crianças pequenas, potenciadoras do seu desenvolvimento (Zaporozhets, 1978). Nas dramatizações, as crianças representam histórias familiares ou contos de fada, como A bela adormecida. Tal como as brincadeiras, o jogo, as dramatizações também promovem a criação de papéis e a formação de um cenário imaginário, simulado. A diferença na dramatização é que existe um guião previamente estabelecido, ou seja, não é criado pelas crianças, como nas brincadeiras do faz-de-conta. Educadores criativos, contudo, utilizam, frequentemente, as dramatizações como ponto de partida para o verdadeiro jogo (real play). Desta forma, a dramatização enriquece as brincadeiras. Uma outra vantagem é a possibilidade de ser utilizada pelos educadores para ensinarem a estrutura subjacente das histórias. A dramatização auxilia também o desenvolvimento da linguagem, da literacia, pois promove a utilização de vocabulário novo e cria oportunidades para as crianças praticarem as suas capacidades de memória.

A construção com blocos e outros jogos de construção, principalmente quando jogados com outras crianças, promove, tal como outros jogos, a capacidade de partilha. As atividades de construção, durante e após a criação de estruturas, quando as crianças atribuem a outros ou a si próprios papéis, e têm de comunicar com outras pessoas, promovem desenvolvimento, tal como outro tipo de jogos (Brofman, 1993). Nestas atividades (construção com blocos ou com tubos de plástico), as crianças podem aprender a utilizar um conjunto de símbolos diferentes, como, por exemplo, ler diagramas ou fazer mapas.

Atividades pré académicas

À imagem de autores de livros como *Engaging Children's Minds: The Project Approach* (Katz & Chard, 1989) ou *Hundred Languages of Children* (Edwards, Gandini & Forman, 1994), os Vygotskianos defendem que as aptidões pré académicas não devem ser o alvo primordial do currículo pré-escolar. Contudo, os Vygotskianas consideram que as atividades pré académicas podem ser benéficas, para crianças desta faixa etária, se emergirem dos seus interesses e, apenas, se ocorrerem num contexto social adequado, como o do jogo de faz-de-conta, a pintura, ou as construções com blocos (Zaporozhets, 1978). Contudo, apresentar as atividades académicas em contexto liderado por um educador, em que as crianças são incentivadas a fazer entoações ou contagens em voz alta, não é adequado. Não promove as realizações desenvolvimentais específicas desta faixa etária e pouco contribui para preparar as crianças para a escola.

Por outro lado, são apropriadas, quando as atividades pré académicas são promovidas no contexto das interações da criança com os materiais, quer nas construções com blocos, quer em outras brincadeiras. Por exemplo, escrever pode surgir do desejo de redigir mensagens a amigos ou enviar ou deixar uma mensagem num bilhete à mãe ou ao pai. Ao discutir a questão do ensino precoce da leitura e da escrita (literacia), Vygotsky (1997) enfatizava que "ensinar deve operar-se duma forma em que ler e escrever satisfaçam as necessidades da criança" e que "o objetivo da instrução não deve ser o de ensinar [a criança] a escrever o alfabeto, mas antes ensinar-lhe a linguagem escrita". Da mesma forma, a situação ideal para a aprendizagem dos números pode surgir pela utilização e envolvimento em atividades como, por exemplo, nas refeições ou em jogos de faz-de-conta, pela distribuição de chávenas pelas crianças ou a medição de quantidades de ingredientes necessárias para a concretização de uma certa iguaria culinária.

Atividades motoras

As atividades motoras, ou de movimento, constituem o terceiro tipo de atividades que promovem o desenvolvimento, nesta idade. Gal'perin (1992) e Leont'ev (1978) consideram que as atividades motoras, que exigem a inibição de respostas reativas, são particularmente úteis no desenvolvimento da atenção e da autorregulação. Os seus estudos sugerem que há uma relação entre o controlo motor e o controlo posterior dos processos mentais. Para os educadores, isto significa que as crianças que não conseguem permanecer imóveis ou inibir a sua agitação têm grandes probabilidades de vir a apresentar dificuldades, também, na educação formal. As atividades que requerem que as crianças permaneçam mais imóveis como, por exemplo, ouvir histórias ou jogos de estátua são particularmente úteis na promoção da autorregulação (Michailenko & Korotkova, 2002).

Preparação para a escola

A perspetiva de Vygotsky quanto à preparação para a frequência escolar assenta na assunção de que o desenvolvimento infantil é orientado por mudanças nas situações sociais em que a criança toma parte. Neste sentido, a questão da preparação para a frequência da escola encerra em si dois aspetos. O primeiro diz respeito à própria situação social enquanto composta por práticas culturais particulares de escolarização e as expetativas associadas ao papel de aluno. O segundo aspeto refere-se à consciência que a criança tem destas expetativas e a sua capacidade de as atingir. Para adquirir esta consciência, a criança tem de participar nas atividades escolares e envolver-se em interações sociais específicas com os professores e os seus colegas. Desta forma, Vygotsky considerava que a preparação escolar se constituía durante os primeiros meses de frequência na escola básica, através de interações levadas a cabo nesse ambiente e não em atividades anteriores à entrada na escola.

No entanto, determinadas realizações dos anos pré-escolares fazem com que esta preparação se torne mais fácil para as crianças. Entre estas aquisições há a referir o domínio de determinadas ferramentas mentais, o desenvolvimento da autorregulação, e a integração das emoções e cognições. Os seguidores de Vygotsky alegam que a quantidade de capacidades e conceitos não é tão importante como o nível a que os processos cognitivos operam. Por exemplo, a capacidade da criança adaptar os comportamentos a uma regra (Elkonin, 1989) ou realizar aprendizagens intencionalmente são mais importantes do que ser capaz de contar até cem. Capacidades cognitivas como ser capaz de respeitar regras ou memorizar facilitam aprendizagens posteriores.

As realizações ou aquisições sociais e emocionais da primeira infância são extremamente importantes para o posterior sucesso escolar. As crianças precisam estar motivadas para aprender em ambientes formais, isto é, para aprender em situações em que o resultado da aprendizagem possa não estar diretamente relacionado com os seus interesses ou desejos. A motivação para aprender em situações destas necessita de curiosidade e do desejo de aprender, como fazer coisas novas e corresponder às expetativas e exigências escolares. Estas qualidades apenas são possíveis se a criança for capaz de pensar sobre emoções. Com estes pré-requisitos sócio emocionais, a criança em idade pré-escolar é capaz de concretizar a transição adequada entre uma aprendizagem que responde às aspirações, desejos, interesses dela para passar a corresponder a uma outra que segue os princípios, exigências e normas da orientação escolar.

Leituras adicionais

Berk, L. E. (1994). Vygotsky's theory. The importance of make-believe play. *Young children, 50*(1), 30-39.

Berk, L. E., & Winsler, A. (1995). Scaffolding children's learning: Vygotsky and early childhood education. *NAEYC Research and Practice Series, 7*. Washington, Dc. National Association for the Education of Young children.

Elkonin, D. (1977). Toward the problem of stages in the mental development of the child. In M. Cole (Ed.), *Soviet developmental psychology*. White Palins, NY: M. E. Sharpe (Original work published in 1971).

Elkonin, D. (2005). The psychology of play. Preface. *Journal of Russian and East European psychology, 43*(1) (Original work published in 1978).

Karpov, Yu. V. (2005). *The neo-Vygotskian approach to child development*. NY: Cambridge University Press.

Vygotsky, L. S. (1977). Play and its role in the mental development of the child. In J. S. Bruner, A. Jolly, & K. Sylva (Eds.), *Play: its role in development and evolution* (pp. 537--554). NY; Basic Books (Original work published in 1966).

CAPÍTULO 11
SUPORTES ÀS REALIZAÇÕES DESENVOLVIMENTAIS: CRIANÇAS EM IDADE PRÉ-ESCOLAR, NO JARDIM DE INFÂNCIA

O que poderíamos fazer com crianças numa sala de atividades de um infantário ou de um jardim de infância? Numa perspetiva Vygotskiana, numa sala de atividades não devem estar somente presentes as questões académicas e as capacidades. Isto não quer dizer que as competências académicas não sejam importantes ou que sejam incompatíveis com o desenvolvimento das crianças, mas sim que a educação pré-escolar deve abarcar muito mais e não se deve reduzir apenas às competências académicas, de conteúdo.

O objetivo da educação pré-escolar, em geral, incluindo o infantário, deve ser a promoção da prática experiencial, fomentando a aprendizagem, o mais precoce possível, permitindo evidenciar as capacidades inatas das crianças, que serão imprescindíveis para o desejado sucesso académico. O desenvolvimento ou intervenção precoce não deve significar antecipação das metas e dos objetivos do currículo do primeiro ciclo, mas, ao invés, criar oportunidades de aprendizagem que permitam que as crianças atinjam o desenvolvimento esperado para as suas idades.

Uma boa educação é a que cria boas oportunidade de aprendizagem, o que significa permitir que a criança desenvolva o seu potencial, de forma harmoniosa, e não acelerar ou antecipar o desenvolvimento e as aprendizagens, encurtando, assim, o seu período de infância. O importante é apostar na expansão e enriquecimento das atividades que são exclusivamente da idade pré-escolar, como as atividades lúdicas, os jogos, que implicam interações com os pares e adultos (Zaporozhets, 1978, p.88).

Esta frase descreve o conceito de amplificação (*amplification*) de Zaporozhets – a ideia de que os educadores devem utilizar as ferramentas e táticas para promover as capacidades, que se encontram dentro da ZDP da criança, proporcionando as experiências potenciadoras das realizações desenvolvimentais (ver Capítulo 4). No jardim de infância e/ou no infantário, a atividade principal é o jogo, o brincar – Idade do Jogar.

Neste capítulo, iremos ver a evolução do jogo – atividade principal desta faixa etária-, nestas idades, e, igualmente, analisar a perspetiva Vygotskiana sobre como promover o desenvolvimento a partir de atividades como as atividades produtivas, atividades pré académicas e atividades motoras.

Apoiar o jogo de faz-de-conta enquanto atividade principal

Caraterísticas do jogo maduro (*mature*)

Nem todas as brincadeiras (jogos) podem ser consideradas atividade principal, porque nem todas têm por objetivo promover desenvolvimento. Elkonin utiliza os termos maduras (*mature*), desenvolvidas (*developed*) ou avançadas (*advanced*) para descrever o tipo de brincadeira (jogo) que proporciona o máximo de desenvolvimento (Elkonin, 2005). Este tipo de brincadeiras tem as seguintes caraterísticas:

1. Representações simbólicas e ações simbólicas,
2. A linguagem é utilizada para criar um cenário pretendido,
3. Complexos de temas interligados,
4. Papéis ricos, multifacetados,
5. Período de tempo prolongado (vários dias).

Enquanto algumas destas caraterísticas emergem apenas nos jogos dos 3 anos de idade, todos elas devem estar presentes no final da idade do jardim de infância, no pré-escolar.

1. Representações simbólicas e ações simbólicas. Nas brincadeiras, ou jogos, avançadas, as crianças utilizam objetos e ações, simbolicamente, para representar outros objetos e ações. As crianças que brincam a este nível não interrompem a sua brincadeira, mesmo quando não têm o brinquedo ou adereços. Elas simplesmente inventam ou substituem por outra coisa que não exija um substituto físico. As crianças deste nível tratam as ações simbolicamente. Podem considerar que o edifício havia caído embora não precise fazer a queda da estrutura. Elas só precisam dizer "vamos fingir que caiu".

2. A linguagem é utilizada para criar um cenário pretendido. As crianças utilizam a linguagem para criar cenários imaginários. A linguagem serve para verbalizar sobre os adereços e como vão ser utilizados: "Isto é um telefone", diz o João ao pegar no bloco. As crianças criam o jogo, os cenários, planificam e discutem: "vamos para o México, mas temos que entrar num avião. Primeiro temos que fazer as malas e depois vamos buscar os bilhetes", diz a Elsa, a Rosa e a Cátia. "Está bem, depois vamos buscar também os nossos namorados, ok!", acrescenta a Rosa. Depois de fazerem as suas malas – na verdade, uma bolsa e saco de compras, elas fingem que vão ao balcão dos bilhetes. A Elsa diz, "agora, eu entrego o teu bilhete". Rasga um pouco de papel, que encontra na prateleira e rabisca sobre ele. "Preciso de 3 para mim", diz a Rosa. "Eu preciso de 2 e não 3.", diz a Cátia. Cada cenário ou cena é verbalizado, planeado, acompanhado por linguagem. A comunicação permite que cada participante diga quem é quem e o que vai acontecer a seguir.

3. Complexo de temas interligados. O jogo avançado tem vários temas que estão interligados para formar um todo. As crianças facilmente incorporam novas pessoas, brinquedos e ideias, sem interromper o fluxo da brincadeira. Elas também podem integrar temas aparentemente independentes numa situação imaginária. Por

exemplo, elas podem fingir que o mecânico está a arranjar uma ambulância e que fica doente, por isso têm que chamar o médico. Assim funde-se o tema hospital e o tema garagem.

4. Papéis ricos, multifacetados. Nos jogos avançados, as crianças assumem, coordenam e integram vários papéis, em simultâneo. Em brincadeiras menos desenvolvidas, as crianças determinam papéis mais estereotipados, mais relacionados com a sua vida diária, tal como ser a mamã que alimenta o seu filho e prepara as refeições. O jogo pode tornar-se mais elaborado e a mamã vai trabalhar e, mais tarde, quando regressa do trabalho, leva o seu filho, que está doente, ao hospital. Depois ela faz o papel de doutor que cura a criança; depois, pode passar a ser o paciente, sendo a criança o doente. O jogo pode finalizar retornando à fase inicial em que a criança é a mamã. Cada papel é planeado, conjuntamente com a criação do cenário. São sinalizadas as vozes, os gestos e os adereços.

5. Período de tempo prolongado (vários dias). O período de tempo prolongado refere-se a dois aspetos diferentes dos jogos. O primeiro refere-se ao tempo que a criança consegue estar no jogo, o tempo que a criança consegue ser criativa e flexível nos seus papéis e nos seus enredos. Quanto maior for este tempo mais probabilidade tem de se desenvolver. O segundo aspeto refere-se à continuidade, ou seja, se é capaz, ou continua, após interrupção. As crianças mais velhas são capazes de continuar a brincar o mesmo jogo, "uma batalha" ou "cenas de hospital", dias consecutivos. Com quatro anos de idade, as crianças, com apoio e orientação, conseguem manter-se no mesmo jogo durante alguns dias. Contudo, as educadoras dos jardins de infância, regra geral, não são de opinião que se deva prolongar o mesmo jogo durante vários dias, porque, por norma, elas pensam que os jogos/brincadeira se esgotam e as crianças não têm interesse, motivação ou capacidade. Porém, na perspetiva de Vygotsky e Elkonin, o mesmo jogo/brincadeira, realizado em dias consecutivos, pode conduzir a níveis elevados de ZPD, levando as crianças a adquirir, assim, mais autorregulação, capacidade de planificar e desenvolvimento da memória.

Níveis de jogos encontrados nas salas de jardim de infância

As crianças começam por aprender brincadeiras e jogar, naturalmente, em casa, levando, posteriormente, para as salas de atividades essas temáticas. As crianças, por norma, brincam com os seus vizinhos, em grupos de várias idades, desde os 3 aos dez anos e até mais velhas. Infelizmente, hoje em dia, as crianças não brincam tanto, como antigamente, pois não vêm tanto para a rua e jardins. Hoje, quase sempre, elas jogam/brincam com os colegas da mesma idade, cujas capacidades e interesses se aproximam. As crianças de hoje participam, mais frequentemente, em atividades dirigidos por adultos, mesmo atividades como o futebol ou a dança. Há ainda outras crianças que raramente se envolvem em jogos dramáticos. Nos dias de hoje, as crianças começam, precocemente, a assistir a televisão e a jogar no computador. Todavia, essas atividades lúdicas não potenciam o mesmo tipo de desenvolvimento que o jogo de faz-de-conta.

Estas alterações nas atividades da infância podem conduzir a que as crianças apresentem apenas caraterísticas de jogo imaturo. Muitas crianças podem sair do infantário sem ter aprendido a brincar/jogar, caso este tipo de jogo não seja proporcionado. Uma replicação recente, na Rússia, de uma pesquisa, datada de 1940, compara as capacidades das crianças em seguir as instruções de brincar e não brincar, em crianças em idade pré--escolar (Elkonnin, 1978). Nos anos 40, as crianças em idade pré-escolar seguiam melhor as instruções nas atividades de jogo que no outro tipo de atividades. Contudo, atualmente, esta diferença não é tão significativa, somente quando as crianças são muito mais velhas (Smirnova & Gudareva, 2004). Ainda, a capacidade de seguir as indicações, em todas as idades e em todas as condições, geralmente, tem diminuído, se comparado com o que foi encontrado no estudo de 1940. As autoras referem que, hoje, uma criança com sete anos de idade apresenta uma capacidade de auto-controlo encontrada já nas crianças do pré-escolar, no estudo de 1940. As autoras atribuem este fenómeno ao declínio da quantidade e qualidade das brincadeiras em idade pré-escolar, no jardim de infância.

A tabela 11.1 mostra, comparativamente, crianças que têm experiência de brincar e as que são imaturas nas brincadeiras. Elkonin descreve a forma como vivem essas atividades, dentro do mesmo grupo de idades. Utilizamos os termos maturo e imaturo para poder distinguir o tipo de brincadeira, que deve emergir nas crianças que frequentam o jardim de infância.

Os educadores devem, precocemente, apoiar as crianças que apresentam imaturidade nas brincadeiras, por forma a poderem alcançar o nível superior de desenvolvimento, autonomamente, sem apoios por parte da educadora.

Tabela 11.1. Jogo maduro e imaturo

Jogo imaturo/não desenvolvido	Jogo maduro/desenvolvido
A criança repete, vezes sem conta, as mesmas ações, como, por exemplo, limpar pratos, dar comida à boneca.	As crianças criam um cenário desejado e desenvolvem a(s) cena(s) nesse mesmo cenário.
A criança utiliza os objetos de forma realista sem inventar outras formas.	As crianças inventam formas para atualizar os seus papéis.
O jogo não implica papéis (ou não são criados/inventados) ou pode ter papéis básicos baseados na ação ou instruídos.	As crianças desempenham papéis que têm caraterísticas específicas ou regras. As crianças podem assumir vários papéis, mudando o tipo de linguagem e as ações que identificam os diferentes papéis. Podem caraterizar os jogos com adereços.
As crianças utilizam pouca linguagem para criar o cenário ou o papel. A linguagem tende a ser do tipo etiqueta da pessoa, papel ou ação: "sou a mãe", ou "vou lavar".	As crianças assumem longos diálogos em torno da tarefa/jogo, sobre o(s) seu(s) papel(éis) e até sobre o cenário e os acessórios. As crianças verbalizam muito, até aquando da planificação da ação.
As crianças não estão em verdadeira interação ou interações coordenadas, embora possam brincar em jogos paralelos, com outras crianças.	O jogo articula vários temas e papéis. Todos os papéis assumem uma participação no cenário de jogo. As crianças podem assumir mais do que um papel. E novas ideias podem surgir mesmo durante o jogo planeado inicialmente.
As crianças não conseguem descrever o que vão fazer (verbalizar a planificação), antes de iniciar a ação.	As crianças podem envolver-se em grandes discussões sobre a distribuição de papéis, cenários, adereços, com um vocabulário bastante alargado.
As crianças lutam, zangam-se e amuam por papéis, jogo ou tarefa.	As crianças resolvem disputas e mal-entendidos, apresentando grande capacidade argumentativa.
As crianças não conseguem permanecer na tarefa mais do que 5-10 minutos, sem se interessar pela do vizinho do lado.	As crianças envolvem-se e imergem na tarefa, conseguindo até prolongá-la em dias seguidos, explorando-a bastante.

Enriquecimento do brincar/jogo

Da observação realizada em vários infantários e jardins de infância, mesmo os pertencentes ao programa *Head Start*, constata-se (Bodrova & Leong, 2001) que as crianças apresentam um nível baixo de jogo de faz-de-conta, em que as crianças com 4 e 5 anos revelam caraterísticas das crianças mais pequenas, não apresentando novos temas, ou seja, fazem sempre a mesma brincadeira, brincando às casinhas, às escolinhas e aos médicos; revelam, também, agressividade nas brincadeiras, imitando muito a violência que observam na televisão. Nas suas brincadeiras, na sala de atividades, não revelam grande criatividade, dependendo muito do realismo dos brinquedos e dos adereços, sendo incapazes de utilizar a imaginação para recrear esses objetos ou utilizando-os de forma imaginativa. Mas, o nível de imaturidade das brincadeiras observadas é insuficiente para prever o potencial das crianças. As crianças têm capacidades, porém, é necessário que os educadores as estimulem (Bodrova & Leong, 2001).

Quando se recomenda que as educadoras devem intervir nas brincadeiras/jogos, isto não significa que devem brincar, literalmente, ou seja, envolver-se completamente, assumindo algum papel ou personagem. Aliás, a interação com o adulto coloca a criança sempre numa posição de subordinação, embora o professor possa não ter intenção; faça o que fizer, a criança será sempre uma criança. Se o educador tenta entrar verdadeiramente na brincadeira, ele vai tentar ter o maior controlo da situação, e a criança perde a oportunidade de fazer como ela quer. Por essa razão, a criança manifesta preferência em brincar sozinha. Mesmo quando a educadora pergunta "e agora que se faz"?. Ela, com esta instrução, e mesmo de forma subtil, controla a brincadeira e dá indicação da atividade.

Uma outra desvantagem, derivada das orientações do adulto (educadora/professora), é que ele não se apercebe nem consegue observar os comportamentos que estão dentro de cada ZDP das crianças. Para que ele consiga ter essa noção é necessário estar mais atento às brincadeiras das crianças, em diferentes contextos sociais, e somente assim poderá perceber a ZDP e potenciar o desenvolvimento das crianças.

Todavia, o papel do educador é fundamental, mesmo nas atividades lúdicas (no processo jogo/brincar). Saber proporcionar andaimes no processo de jogo é crucial e tem um impacto muito positivo no desenvolvimento. É importante que os educadores façam observações profundas do processo jogo; um educador que seja mais subtil irá perceber que a brincadeira, o jogo, pode ser um andaime bastante positivo, a atualizar na sala de aula (Berk, 1994; Bodrova & Leong 2003[a]; Smiliansky & Shefatya, 1990). No nosso trabalho, em salas de jardim de infância, verificamos que as tipologias de intervenção seguintes fomentam níveis superiores do jogo/brincadeira:

1. Proporcionar o tempo suficiente para a criança brincar;
2. Proporcionar ideias de temas, nos jogos, que estendam as experiências e enriqueçam o jogo;
3. Escolher os adereços, os suportes e os brinquedos/jogos apropriados;
4. Ajudar as crianças a planificar as brincadeiras;
5. Monitorizar a sequência e o processo do jogo/das brincadeiras;
6. Acompanhar (*coach*) as crianças que possam apresentar necessidades;
7. Sugerir ou modelar temas que podem ser realizados em grupo;
8. Modelar, de forma apropriada, soluções para a resolução de conflitos;
9. Encorajar e orientar a criança a envolver-se em novas brincadeiras/jogos.

Assim,

1. Proporcionar o tempo suficiente para a criança brincar. As crianças em idade pré-escolar necessitam de tempo, entre 40 a 60 minutos, sem interrupção, por dia, para as suas brincadeiras, para que se desenvolvam e enriqueçam as suas brincadeiras. No início do ano letivo, o educador deve começar por facultar 20 minutos, para atividades mais livres, e, lentamente, deve permitir, mais tempo, até ao limite de 40 a 60 minutos. Relativamente ao tempo de interrupção, não significa que o educador deva retirar a criança da brincadeira ou mudar de atividade, pois as brincadeiras têm um

processo contínuo. Quando a criança passa para outra atividade, interrompe o seu papel e o tema que estava a trabalhar. Nesta idade, a criança não tem grande capacidade para parar e recomeçar, com continuidade, jogos ou atividades, a não ser que já esteja a um nível superior de desenvolvimento.

No entanto, o educador não deve interromper a brincadeira, ou jogo, para introduzir conceitos académicos. Consideramos interrupção, quando os educadores, no decurso da brincadeira da criança, impõem atividades académicas, que desviam a orientação do jogo, como, por exemplo, quando um grupo de crianças que simulam ser mecânicos, o educador lhes solicita que encontrem todos os blocos quadrados e que os coloquem numa pilha. É também interrupção, quando aproveitam para questionar, descontextualizadamente, sobre elementos de um objeto, que até pode não estar presente na atividade. No entanto, sendo uma intervenção do educador, é uma interrupção apropriada, por exemplo, o educador perguntar "João diz-me de quantas peças precisas para que o bloco fique em linha reta?". A criança aponta para a retangular. "Sim, precisas de uma peça retangular!". A educadora diz ao João, para ele, e os seus amigos, construírem uma torre, utilizando objetos retangulares.

As crianças devem começar a desenvolver as suas capacidades de jogar/ brincar, muito antes do jardim de infância, ou em idade pré-escolar. Mesmo, em idade escolar, embora não descurando as aprendizagens escolares, académicas, e muito especialmente com as crianças de risco, é aconselhável que os professores estabeleçam um horário diário, contemplando o tempo para as brincadeiras ou atividades livres e jogos. Atividade que deve ser prevalente no contexto do pré-escolar. Sabemos que as crianças com cinco anos de idade apreciam as várias versões de histórias, de contos, e gostam de as utilizar nas suas atividades livres. As educadoras podem tentar induzir o interesse para livros sobre o espaço, oceanos, viagens de barco, livros de períodos históricos, introduzindo, assim, novos temas para explorar.

2. Proporcionar ideias de temas, nos jogos, que estendam as experiências e enriqueçam o jogo. A educadora Ana levou as suas crianças

a um hospital pediátrico, e a visita foi guiada por uma enfermeira que ia dando indicações sobre a cadeia alimentar. De regresso ao jardim de infância, a educadora sugere que se faça uma dramatização sobre o que viram. Esta proposta gera grande confusão, pois todas querem ser os doutores, para puderem usar o estetoscópio e ficar com o bloco de prescrição das receitas médicas.

As crianças são capazes de criar novos papéis de faz-de-conta, embora sejam os prediletos a casinha das bonecas e os super-heróis. Porém, nem todas as crianças são iguais, existindo algumas que não são muito autónomas ou criativas na vivência de papéis. Nestes casos, os educadores devem incentivar e criar situações propícias ao desenvolvimento.

As crianças desta idade podem manifestar um maior interesse pelos objetos do que pelas pessoas. Consequentemente, gostando mais de brincar só com os objetos, podem apresentar algumas dificuldades em estabelecerem cenários ricos.

Por exemplo, uma visita a um consultório médico: a educadora pode, quando chegarem à sala de atividades, simular papéis com as crianças, ou mesmo, se planeado, no consultório, as crianças colocarem questões ao médico, à rececionista, etc. Podem ser bons precipitantes para simulação de papéis.

A preparação dos jogos pode consistir em: visitas aos locais, visionamento de filmes, vídeos, livros, revistas. Na sala de atividades, as crianças podem discutir um plano, projeto de dramatização, e os diferentes papéis, podendo ser facultados adereços simples, que podem trazer de casa, etc..

Outros exemplos podem ser apresentados, em que os precipitantes podem ser os próprios profissionais, que contam as suas narrativas, simulando os seus papéis. E até os próprios profissionais podem interagir com as crianças e sugerir simulações. Um aspeto muito importante são as verbalizações contínuas, a propósito de todas e quaisquer ações. Vocábulos ricos e variados.

Em idade de jardim de infância, as crianças apresentam maior facilidade na criação de cenários e papéis, sem necessidade de suporte físico e sem necessidade de interação com o educador. Os educadores contam as histórias e elas representam-nas. Há que ter o cuidado de as histórias serem adequadas à idade das crianças.

3. Escolher os adereços, os suportes e os brinquedos/jogos apropriados. Os adereços, nos jogos, têm múltiplas funções. Primeiro, são importantes no plano mental, contexto em que as crianças atuam, por exemplo, fingindo que um livro pode ser um telefone. Mentalmente, a criança tem a representação do objeto sem necessidade do próprio. O facto de utilizar o livro como telefone, simulando mesmo a marcação de números, revela o seu desenvolvimento cognitivo, que neste caso será superior ao revelado por uma criança que apenas utiliza um telefone para telefonar. Quando a criança é capaz de realizar esta simulação revela que atua segundo uma ideia interna, não estando dependente da realidade externa, que é capaz de separar pensamento e ação. O adereço funciona como um modelo generalizado, pois o livro representa todas as ações possíveis com o telefone, incluindo responder, clicar em números para marcar, etc.

Na perspetiva dos Vygotskianos, os educadores devem ter um vasto *stock* de adereços e brinquedos, pois estes objetos podem assumir múltiplas funções. Por exemplo, roupas de princesa, brinquedos de várias origens culturais, bonecas, etc. Contudo, sabemos que na falta dos objetos, a criança improvisa.

Em segundo lugar, os adereços também podem servir como mediadores externos, para ajudar as crianças a lembrarem-se e a autorregularem as suas ações. Os adereços podem auxiliar as crianças a lembrarem-se dos seus deveres, sustentando, por vezes, o papel. Estes adereços podem ser e devem ser simples e icónicos. Para além disso, é divertido eles vestirem-se para desempenharem os seus papéis. Devemos ter em atenção que a mais importante função dos jogos consiste em aprender a funcionar com a mente. Utilizar as máscaras não é o mais importante para lembrar às crianças os seus papéis; é o jogo de interpretação das personagens que é o aspeto mais importante do jogo e não a máscara. Os acessórios são um suporte.

Os adereços utilizados no jardim de infância podem, para além de físicos, ser abstratos e icónicos. As crianças desta idade devem começar a ser capazes de brincar com menos adereços físicos, e devem começar a criar imagens mentais, através, da linguagem. As crianças não devem estar dependentes de um adereço para permanecer num papel, e até podem desempenhar diversos papéis ao mesmo tempo, mesmo sem adereços.

4. Ajudar as crianças a planificar os jogos. O educador deve, antes de começar o jogo, perguntar às crianças o que é que planeiam fazer. Embora as crianças possam não seguir o plano delineado, podem verbalizar as ideias, promovendo um melhor entendimento mútuo, a partir desta atividade partilhada. Mesmo nos jogos desenvolvidos que podem envolver planificações de múltiplos cenários, as crianças podem ter que ser apoiadas para terem progressos nas atuações, ao interagirem umas com as outras e planificarem o que vão fazer juntas. Há que ajudá-las a identificar novos papéis ou adereços.

A planificação deve acontecer antes da ação propriamente dita. Em algumas práticas de jardim de infância, o dia inicia-se, exatamente, com um momento de planificação do dia. Todavia, dadas as capacidades das crianças (tendo em conta até os limites ao nível da memória), há necessidade de realizar registos destas planificações e, igualmente, que o educador vá lembrando as crianças dos seus próprios planos. Uma estratégia será, igualmente, solicitar que as crianças revejam os seus planos, imediatamente depois de o jogo ou atividade acabar. Ou seja, testar a concretização do plano. Quando o jogo ou tarefa termina, podemos perguntar às crianças se elas querem continuar neste cenário amanhã, e encorajá-las a pensar quais os adereços de que irão precisar e os que não necessitam. Esta estratégia pode estender-se para os jogos que duram mais do que um dia. Começa-se o jogo no dia seguinte, revendo os planos do dia anterior e as atividades, e nunca esquecer que não devemos desprezar o que foi inicialmente traçado, o objetivo inicial. É muito importante em termos de desenvolvimento. Será a estratégia que auxilia as crianças na continuidade das suas ações. Ainda, os jogos planificados no jardim de infância devem ser cada vez mais detalhados. As crianças podem realizar mais do que uma interpretação de uma personagem e consequentemente planear mais do que um papel. Igualmente, as crianças podem trabalhar na estruturação dos papéis em grupo, discutindo os cenários que podem acontecer. E, assim, é possível as crianças poderem gastar mais tempo na estruturação da brincadeira do que propriamente na representação dos papéis. A perspetiva Vygotskiana encoraja o estabelecimento prévio de planos escritos, antes do início do jogo. Como as crianças não sabem escrever, podem desenhar uma figura deles próprios e o que vão fazer, ou os objetos que vão utilizar. Se o educador entender que é apropriado, pode fazer perguntas a cada criança como, por exemplo, o que é que elas vão fazer e quem é que vão imitar. Estes planos escritos ajudam as crianças a recordar o que vão fazer. É uma estratégia de recordação mais eficaz do que um plano meramente verbal, que é facilmente esquecido. É importante que a criança verbalize algo sobre o papel que vai desempenhar, quando entrar em cena. Se a educadora perceber que existem outras crianças que pretendem desempenhar o mesmo papel, este conflito pode ser discutido e resolvido previamente, não perturbando o decurso da ação. Esta perspetiva é potenciadora do desenvolvimento social, sendo-o, igualmente, quando a educadora apoia e dá sugestões. Por exemplo: a educadora sabe que existe, apenas, um fato de bailarina na área dos jogos e que a Antónia e a Verónica querem desempenhar o mesmo papel. A educadora pode intervir, na elaboração do plano, dizendo: só há um fato de bailarina. Como é que vamos resolver esta situação?

5. Monitorizar os progressos do jogo. Ver o que as crianças fazem enquanto jogam. Pensar nas caraterísticas dos jogos e o que se pode sugerir, enquanto decorre o jogo, para melhorar as competências. É importante não se ser demasiado intrusivo ou fazer demasiadas sugestões.

Aventam-se algumas sugestões, dirigidas a crianças com diferentes níveis de jogo:

a) Crianças que parece não serem capazes de desempenhar um papel. Algumas crianças podem tirar materiais dos armários ou manipular aleatoriamente os adereços. Sensibilizar para os eventuais papéis que podiam ou deviam estar a desempenhar: "és o veterinário ou és o paciente" ou "eu estou a ver que o Martim está a ir para o trabalho.";

b) Crianças que podem não estar a desempenhar o papel escolhido. Auxiliar as crianças que não se lembram dos seus papéis e/ou das ações que devem acontecer ao longo do jogo: "Quem, és tu? és o médico? O que vais fazer e dizer?". Deve assegurar-se que cada criança tem um pequeno adereço, que pode facilitar a identificação do seu papel;

c) Crianças que não falam umas com as outras enquanto jogam. Auxiliar as crianças a desenvolver o cenário do jogo: "O que estás a jogar? quem és tu? o que vai acontecer a seguir?". Sugerir novos papéis ou novas ações também pode ser um bom apoio. Sugerir alterações ao cenário. Incentivar o diálogo, as verbalizações;

d) Crianças que estão a jogar mas que parece não seguir o plano. Perguntar às crianças o que vai acontecer a seguir. Intervir, pontualmente, participando no jogo o tempo suficiente para que a criança volte a interagir com as outras. Por exemplo, se as crianças estão a brincar aos restaurantes, simular um telefonema a encomendar algum produto para levar para casa; auxiliá-las a planear a cena seguinte, representá-la e, posteriormente, ajudá--los a planificar outra cena, sem a intervenção da educadora.

6. Acompanhar (*coach*) as crianças que possam apresentar necessidades. Observar as crianças que evitam a área dos jogos. Estas crianças podem necessitar de suporte para se juntarem ao grupo, aceitar novas ideias, ou incluir novos parceiros.

Ver o nível do jogo da criança. Se ela, por exemplo, brinca, somente, com os objetos, pode providenciar-se suporte para alcançar o próximo nível de desenvolvimento: o educador pode auxiliar na construção do contexto imaginário, em que a criança ainda não verbaliza; o educador pode perguntar à criança quem está a fazer bolos de chocolate, "estás a fazer bolos de chocolate para uma festa ou vais vendê-los numa loja?". Por vezes, isto é suficiente para precipitar o imaginário.

7. Sugerir ou modelar temas que podem ser realizados em grupo. Ler e representar histórias com variações de um único tema. Por exemplo, ler histórias sobre ursos num zoo e ursos numa floresta para mostrar como um tema único como os ursos pode ser tratado de diferentes formas. Pode intervir-se com comentários, "e se...", para combinar temas que podem ser diferentes mas podem ser trabalhados em conjunto. Por exemplo, se a Maria quer jogar às escolas e o João aos carros, o educador pode sugerir, "e se o grupo da Maria quiser fazer uma viagem ao campo? como é que o João a pode ajudar?".

8. Modelar, de forma apropriada, soluções para a resolução de conflitos. Num jogo, as crianças podem aprender como resolver disputas sociais. Os educadores não devem esperar que as crianças estejam preparadas para lidar com estas situações sozinhas. As crianças com frágeis competências sociais podem necessitar de apoios adicionais. Os educadores podem modelar vias alternativas, como por exemplo, "eu sinto-me _____.' "eu não gosto quando _____,"ou "e se nós _____ em vez de _____?". A utilização de mediadores externos, como apresentado no capítulo 5, é, igualmente, uma boa estratégia. O educador pode mesmo inventar jogos para levar as crianças a pensar em vias alternativas de resolver situações sociais conflituosas.

9. Encorajar e orientar a criança a envolver-se em novas brincadeiras/ jogos. O educador ter um grupo heterogéneo em termos de idades ou de desenvolvimento facilita a utilização de jogos mais potenciadores da ZDP. As crianças mais velhas ou a um nível superior de

desenvolvimento podem ser muito estimulantes, elevando o nível do jogo para todas as outras crianças, imputando mais responsabilidade ao identificar os adereços necessários, ao descrever cenários e definir os papéis para os jogadores, funcionando como mentor. Verifica-se que as crianças mais pequenas e/ou a um nível mais básico do desenvolvimento ganham com esta estratégia, desenvolvendo-se e envolvendo-se mais nas tarefas. Contudo, há que ter em atenção que o mentor deve facilitar mas, ao mesmo tempo, ter em conta o papel que a criança mais pequena quer desempenhar. Por vezes, as crianças podem ser mais eficazes no papel de mentores que o próprio educador, pois é percecionado como par e não como autoridade.

Apoiar outras atividades em salas do pré-escolar – jardim de infância

Embora o jogo seja a atividade principal e que a maior parte do esforço dos educadores se oriente para este tipo de atividade, existem outras atividades, que foram bastante estudadas, sob uma perspetiva Vygotsyana, que também se revelam bastante importantes e pertinentes. Passando em revista, essas atividades são:

- jogos com regras;
- atividades produtivas (*productive activities*) (drama e contagem de histórias, construção com blocos, arte e desenho);
- atividades pré académicas (literacia, leitura e escrita precoce e matemática);
- atividades motoras (atividades de motricidade global).

Jogos com regras

Tal como os Piagetianos, os Vygotskianos consideram que as crianças são capazes de brincar, envolver-se em jogos, por volta dos cinco anos de idade. Os Vygotskianos, porém, consideram que os jogos têm um certo alinhamento do brincar, embora a um nível mais elaborado, e que contêm também situações imaginárias e regras. Os jogos (games) são igualmente distintos do brincar imaginário (imaginary play) também pelo facto de que as situações imaginárias estão agora escondidas (e não explícitas como no jogo imaginário), e as regras tornam-se explícitas e detalhadas em vez de estarem escondidas ou implícitas:

> Por exemplo, jogar xadrez cria uma situação imaginária. Porquê?. Porque as torres, o rei, a rainha e os restantes só podem mover-se de uma forma específica; porque há regras específicas no jogo do xadrez. Embora o jogo de xadrez não permita uma relação direta com cenas do quotidiano, é, contudo, uma espécie de situação imaginária. (Vygotsky, 1978, p. 95).

Outro exemplo é jogar jogos motores, em que cada criança concorda em seguir as regras como, por exemplo, fingir serem capazes de realizar uma ação, embora na realidade não possam. Por exemplo, uma criança concordar em ser "congelada" e não se mover, ou virar uma estátua, ao sinal do educador. Em ambos estes jogos, há uma situação imaginária muito rudimentar, não tão enfatizada quanto no jogo imaginário.

Comparando com brincadeiras onde as regras são implícitas, as regras do jogo tornam-se as caraterísticas mais salientes da interação. Nos jogos, as regras são a maneira dos jogadores interagirem uns com os outros e se regularem. Em muitas situações, as regras são escritas, e, assim, podem funcionar como um guião que permite à criança comparar as suas ações. Por esta razão, quando as crianças brincam com um novo tipo de jogo, os adultos podem necessitar auxiliá-las na aprendizagem das regras, até que sejam compreendidas e interiorizadas e as crianças estejam prontas a segui-las, de forma independente, ou mesmo serem capazes de ajudar os outros colegas. A capacidade de comparar as próprias ações com um padrão é bastante benéfico na preparação das crianças do jardim de infância para as atividades de aprendizagem (ver capítulos 12 e 13) nos anos próximos, escolares.

Os jogos com regras permitem experiências emocionais próximas ou semelhantes às que as crianças podem ter em atividades de aprendizagem formal (Michailenko & Korotkova 2002). Igualmente, perder é uma dimensão possível quando se joga um jogo. Neste sentido, preparar as crianças para lidar com a frustração faz parte da aprendizagem, do desenvolvimento, do crescimento. No processo de aprendizagem, ao longo da vida, é inevitável cometerem-se erros. E as crianças e os alunos, muitas vezes, não estão preparados para resolver os problemas. Os jogos podem e são uma boa estratégia para auxiliar as crianças a desenvolver a capacidade de lidar com as frustrações, de resolver problemas, etc.

Enquanto o brincar é motivador, naturalmente, os jogos com regras motivam as crianças por permitirem a oportunidade de ganhar. Vencer, contudo, é muitas vezes associado a ser o mestre do jogo, o que vem com a prática. Contudo, até dominar os jogos, por vezes, a tarefa pode não ser muito agradável para as crianças. Esta diferença entre o brincar, que permite uma gratificação imediata, e os jogos, que, inicialmente requerem tempo e esforço de aprendizagem, é muito importante na preparação das crianças para a transição para as atividades de aprendizagem. Os jogos são uma excelente ponte, proporcionando as capacidades necessárias para atingir os objetivos requeridos na aprendizagem formal.

Ainda, os jogos, enquanto, também, processo cooperativo, atividade partilhada, podem, igualmente, facilitar ou suportar as aprendizagens académicas. Os jogos didáticos, hoje, podem ser muito utilizados em sala de aula, como bons recursos de apoio às aprendizagens académicas formais, potenciando o desenvolvimento. Atualmente, os educadores de infância, e os outros educadores, de outros níveis de educação, dispõem de uma ampla gama de jogos didáticos, que permitem potenciar o desenvolvimento e a aprendizagem nas múltiplas dimensões da personalidade.

Atividades produtivas

Os Vygotskianos consideram atividades produtivas a contagem de histórias, construções com blocos, arte e desenho (ver capítulo 10). Todas estas atividades são descritas por Zoporozhets (1978) como potenciadoras do desenvolvimento das crianças em idade de jardim de infância.

Contagem de histórias. Contar histórias é uma atividade muito importante na construção cognitiva, no desenvolvimento da criatividade e da linguagem. Os trabalhos de investigação, na linha Vygotskiana, referem a importância, igualmente, na promoção da memória intencional (*deliberate*), do pensamento lógico, e da autorregulação. Quando as crianças recontam as histórias ou criam umas novas, elas não são completamente livres; a história tem que fazer sentido para as outras pessoas. Neste sentido, contar histórias é similar ao brincar; ambas as atividades permitem a passagem de comportamentos espontâneos a intencionais.

Ouvir histórias familiares e criar novas histórias leva as crianças a aprender padrões gerais, comuns, a todas as histórias. A utilização destes padrões, designados por "gramática das histórias", envolve a colocação dos elementos ou eventos numa sequência lógica. Contudo, a gramática das histórias impõe limites ao próprio contexto das histórias. Por exemplo, as crianças, pelo menos as mais pequenas, ao ouvirem ou aprenderem que uma personagem desaparece do contexto da história, não vão ser capazes de elaborar uma estratégia que a faça reaparecer. Ou seja, a familiaridade com a gramática da história auxilia as crianças a interiorizarem conceitos lógicos, de causa e efeito, de eventos mutuamente exclusivos, etc.

As crianças podem não conseguir aprender toda a lógica de uma história, apenas pela sua leitura, pelo educador. A leitura permite à criança entender textos simples. Porém, histórias mais complexas requerem um suporte muito mais contextual, como mediadores externos, como, por exemplo, a utilização da linguagem, pelas crianças.

No início do ano, as crianças com 3, 4 anos de idade podem necessitar de apoio para recontarem histórias simples. Os mediadores externos simples irão ajudá-las a lembrarem-se da sequência dos acontecimentos. Estes mediadores podem ser criados pelo educador, no início, mas, posteriormente, pela própria criança. É muito importante que a criança aprenda a utilizar os seus próprios símbolos para manter um fio condutor lógico da história. As imagens e as garatujas só precisam de fazer sentido à criança, e podem, até, ser diferentes dos que são apresentados, por exemplo, nos livros. O educador deve clarificar os objetivos dos mediadores e dizer, por exemplo, "esta imagem vai ajudar-te a lembrar-te da história".

Depois de recontar a história várias vezes, quando a história já é familiar, as crianças podem ser encorajadas a reconstruir ou inventar outras histórias, por exemplo, a partir de alterações na sequência das imagens. Por exemplo, o educador com as imagens da história da Branca de Neve e os Sete Anões, pode sugerir novas sequências, alternativas à tradicional.

As crianças mais velhas são capazes de experienciar, mentalmente, os elementos da história, sem muitos mediadores externos. Elas podem dominar diferentes versões da mesma história, de forma a compará-las, como, por exemplo, a versão tradicional dos Três Porquinhos e a história real dos 3 porquinhos, de Jon Scieszka (Bodrova & Leong, 2007). As crianças mais velhas são capazes de criar novos episódios, novos inícios, novos fins às histórias, como, por exemplo, em "escolhe a tua própria aventura". O educador deve, pois, auxiliar as crianças a fazer a transição do recontar uma história familiar para a criação das suas próprias, desenvolvendo a sua imaginação. As autoras (Bodrova & Leong, 2007) recomendam a utilização das técnicas desenvolvidas por Gianni Rodari (Rodari 1996). Rodari sugere uma vasta gama de formas de criar novas histórias, incluindo a combinação de dois episódios ou personagens de diferentes histórias (quanto menos compatíveis melhor) e usar esta combinação como um ponto de partida para outra história. Como, por exemplo, com a história Bela Adormecida, o educador pode pedir às crianças para imaginar, se em vez do príncipe, fosse antes um grande e lobo mau a acordar a princesa.

Para tentar avaliar/analisar a evolução das capacidades das crianças, a partir das intervenções com os recursos histórias, o educador pode perguntar:

- Como se manifestam as capacidades da criança, quando se solicita a recontagem de uma história familiar? A criança consegue utilizar um grande número de elementos da história? Os episódios seguem-se de uma maneira lógica e com sentido?
- Como se manifestam as capacidades da criança, quando se solicita que recordem a história? Quando a criança reconta uma história

familiar, omite episódios ou os episódios são diferentes do original? Que tipo de apoio ou de suportes externos necessita a criança para recontar uma história (e.g. mediadores externos, pede sugestões aos seus colegas ou ao educador)?

- Como se manifestam as capacidades da criança, quando se analisa o grau de compreensão das histórias? Em que elementos da história a criança se foca mais? Consegue a criança mudar elementos da sua história e ainda assim consegue estabelecer uma linha de história que faça sentido?

Construções com blocos. Para as crianças mais novas, em idade pré-escolar, a construção com blocos potencia a autorregulação, a planificação e a coordenação de papéis. Ainda, facilita a reversibilidade (*to move back and forth*) entre representações simbólicas (desenhando) e a manipulação física. De forma a promover o desenvolvimento mental das crianças, as construções com blocos devem ser uma atividade partilhada (ver e.g. Brofman, 1993). Ao envolver mais do que uma criança, pode permitir verbalizações, em torno das realizações. Para os Vygotskianos, o objetivo da construção com blocos, tal como as brincadeiras/jogo, é o estabelecimento de uma experiência partilhada. A construção da estrutura é um subproduto dessa experiência. Se as crianças brincam juntas, mas não estão a realizar conjuntamente a tarefa, e/ou não verbalizam, não se pode falar desta atividade como uma atividade partilhada efetiva, que promove o desenvolvimento mental.

O educador pode incentivar a atividade conjunta, propondo a elaboração de um plano com as crianças. Por exemplo, elas podem pensar se vão construir uma rua ou uma casa para os animais da quinta. Todas as crianças devem ser encorajadas a descrever o que estão a planear construir, muito antes de começarem a construir. Embora muitas crianças mais novas não estejam preparadas para estabelecer um plano específico, é importante incentivar estas atividades. Todavia, o plano pode ser alterado ou abandonado, à medida que as crianças desempenham e realizam a atividade. Ainda, é importante estimular as crianças que tendem a brincar sozinhas, no sentido de se integrarem em atividades conjuntas.

Por exemplo, a Magda está a construir uma casa para as suas bonecas, próximo de um grupo de rapazes, que está a construir um aeroporto. O educador pode sugerir que a construção da Magda possa ser a casa do piloto dos aviões ou até um hotel para hospedar os viajantes. Ela sugere que a rua onde as crianças estão a construir poderá necessitar de se estender para ir até à casa da Magda. Pode acontecer que, decorrido algum tempo, os rapazes estejam já a interagir com a menina... Eles dão-lhe um carro para que ela se desloque até ao aeroporto....

De facto, no jardim de infância, a construção com blocos pode configurar-se numa atividade partilhada, com papéis específicos, sugeridos pelas crianças ou pelo educador. É importante encorajar as crianças a trabalhar/brincar numa estrutura de inter-relação. Através das atividades partilhadas de construção, as crianças aprendem a regular a relação com as outras, a autorregular-se e a verbalizar e expressar as suas ideias. Quando a construção com blocos, enquanto atividade cooperativa, estiver estabilizada, os professores podem proporcionar/sugerir às crianças, com vista ao desenvolvimento das capacidades cognitivas, a construção de uma estrutura com a introdução de critérios externos, como, por exemplo, "deve ser alta e larga para o elefante grande entrar" ou "grande para caberem muitos animais". Este tipo de construção requer um nível superior de planificação e de partilha/regulação em grupo.

Ainda, as atividades de construção com blocos podem ser utilizadas para proporcionar a alternância entre o desenho representacional e a manipulação física dos blocos. Através do processo de reversibilidade, entre estes dois tipos de atividade (manipulação e representação), as crianças fortalecem as conexões entre elas, evoluem para níveis superiores de abstração e planificação.

As crianças mais novas, com 3 anos de idade, podem brincar ou jogar com estas estruturas, em papel, utilizando papéis coloridos e colocando os blocos por cima, contornando-os. Uma vez realizados os planos, podem concretizá-los ou ainda ver/observar outro colega a fazê-lo. Podem ainda fazer comparações com a estrutura inicial do plano. As crianças com 5 a 8 anos de idade podem utilizar modelos, os seus próprios grafismos, ou, eventualmente, um programa de computador para gerar os planos.

Nas crianças mais velhas, as construções tornar-se-ão mais complexas, e podem contemplar papéis mais sofisticados, como arquiteto, construtor civil, ou inspetor de construções....

Se a construção com blocos for uma atividade estruturada, os educadores podem analisar a evolução ou desenvolvimento, a partir de:

- A capacidade para definir um plano do que pretendem executar; o quanto detalhado é?
- A capacidade para cooperar com os outros na elaboração do plano e na distribuição e negociação de papéis; ajudas do educador às interações das crianças?
- O grau de complexidade do plano e o grau de envolvimento das crianças?
- A capacidade para planear diferentes papéis, dar continuidade ao plano, e testá-lo na execução.

Arte e Desenho. Leont'ev (1931, 1981), Luria (1979), e um grupo de contemporâneos pós-Vygotskianos (e.g. Venger, 1996) consideram que o desenho, ou o desenhar, tem um papel importante no desenvolvimento da memória e da linguagem escrita bem como no desenvolvimento da estética (ver Stetsenko, 1995, para uma revisão da perspetiva Vygotskiana sobre o desenho das crianças). Leont'ev (1931) estudou as implicações do desenho na capacidade recordatória, ou da memória, das crianças, mesmo os desenhos mais básicos ou primitivos.

Venger (1996) considera que o desenvolvimento destas dimensões ocorre porque o desenho é uma abstração, a criação de um modelo mental (ver capítulo 10).

Luria considera que as crianças, quando pequenas, não possuem capacidade para distinguir o escrever do desenhar (Luria, 1983). Na realidade, elas escrevem ao desenhar. Desenhar é uma parte integrante das tentativas espontâneas precoces de escrever palavras. Assim, desenhar é um suporte, uma ferramenta, da escrita e da conceitualização, e é particularmente importante quando a criança ainda não tem suficientemente bem interiorizada a correspondência som-símbolo para, posteriormente, estar preparada para escrever com palavras. Desenhar e não apenas comunicar com os outros, tal como a escrita, ajuda a criança a recordar-se.

Os Vygotskianos consideram que é possível um grande desenvolvimento intelectual, a partir de atividades como o desenho e que o jardim de infância é o espaço propício. Os educadores podem sugerir o desenho a partir de todas e quaisquer situações, para além do desenho espontâneo: visitas de estudo ou passeios, histórias que tenham ouvido, etc. Igualmente, solicitar que a criança escreva uma receita culinária.

Capacidades pré académicas

Tal como com as atividades produtivas, os Vygotskianos possuem uma vasta investigação sobre as formas de introduzir as capacidades e conteúdos em leitura e escrita, matemática e ciências (ver e.g. Venger 1986, 1996). Existem várias caraterísticas na perspetiva Vygotskiana que sustentam o desenvolvimento das capacidades pré académicas. Em primeiro lugar, os conteúdos pré académicos são utilizados para auxiliar as crianças a desenvolverem capacidades cognitivas, orientados para a atenção, a memória intencional e a autorregulação. Em segundo lugar, quando apropriado, os conteúdos pré académicos são instrumentais para preparar as crianças para a atividade principal, da fase seguinte: as atividades de aprendizagem (ver capítulo 12). As crianças devem aprender que determinadas atividades possuem padrões de realização (regras, algoritmos, etc.). Na matemática, por exemplo, 5 + 5 são 10. Se não conseguirem chegar ao resultado "10", quando juntam estes dois números, então terão que rever o porquê do 10 ser a resposta. Em idade pré-escolar, no jardim de infância, as crianças experienciam diversas atividades desprovidas de padrões. Quando o educador pergunta o que a criança pensa da história, não há uma resposta única que possamos afirmar estar correta. No jogo, não existe uma única maneira correta de ser a mamã. Neste sentido, as atividades pré académicas, como aprender a reconhecer e a escrever os seus nomes ou aprender a contar até 10 objetos, são adequadas para auxiliar as crianças a perceber da existência de padrões/regras nas áreas académicas.

Introduzindo as atividades pré académicas, num plano cuidadosamente preparado, as crianças podem começar a interiorizar esta ideia de seguir, ou a utilizar, um padrão ou uma regra. Nas atividades pré académicas, numa perspetiva Vygotskiana, as ajudas, os andaimes, são adequadas às tarefas, contextualizadas, e providenciadas de formas diferentes, dependendo da etapa de desenvolvimento das crianças. Muitos suportes são disponibilizados sob a forma de atividades partilhadas, em que as crianças cooperam umas com as outras ou trabalham por pares ou em grupos para resolver problemas. Noutros casos, manipulações específicas e mediadores são utilizados como andaimes. Estes suportes pretendem auxiliar a criança a aprender determinados conceitos ou mesmo capacidades; o objetivo próximo é que a criança passe a executar a tarefa depois de retirada a ajuda.

Por fim, o contexto em que cada criança aprende um conteúdo é importante. A atividade tem que ser compreensível para que a criança veja a razão para fazer algo. Por exemplo, escrever os seus nomes numa lista que poderão até utilizar no computador é mais válido e atrativo do que escrever, apenas, os seus nomes inúmeras vezes num pedaço de papel, numa atividade meramente repetitiva, e sem outro objetivo ou finalidade. As tarefas ou atividades com grupos de pequenas dimensões, em que todas as crianças participam e interagem, permite um maior desenvolvimento cognitivo e da linguagem, do que a mesma atividade em grupo grande. Especialmente, quando o educador tem preocupações com o desenvolvimento individual, é muito importante que o trabalho seja proposto em grupos pequenos. Enquanto as crianças mais velhas conseguem estar atentos, esperar pela sua vez e responder às questões, a maior parte das crianças em idade pré-escolar têm muita dificuldade em controlar e focalizar a atenção. Uma sugestão: os educadores devem promover as tarefas e atividades em pequenos grupos e preferencialmente a pares.

As autoras (ver e.g. Bodrova & Leong, 2001, 2005; Bodrova et al., 2001) adaptam e adotam estas premissas, utilizando-as em contexto de sala de atividades, nos Estados Unidos. Tendo em conta as diferenças entre o inglês e o russo, os aspetos linguísticos e culturais, as autoras realizaram alterações substanciais, adotando uma nova postura de intervenção, com diferentes formas de estar/ensinar, aplicando a abordagem Vygotskiana a situações novas. Nesta secção, damos exemplos de atividades de iniciação e de preparação para a leitura e escrita, e atividades de matemática, como forma de desenvolver um suporte para o desenvolvimento cognitivo da criança em idade de jardim de infância.

Aprender a reconhecer e a escrever o próprio nome. Aprender a escrever o seu nome é um objetivo/desejo típico das crianças em idade de jardim de infância, mas a criança chega à escola com diferentes capacidades para o fazer. Neste processo de aprendizagem de reconhecimento e escrita do seu próprio nome, as crianças aprendem a focar a atenção nuns aspetos específicos da imagem, e têm que praticar na sua recordação e evocação. A atividade tem relevância e significado, porque é realizada em contexto, onde escrever o seu próprio nome é importante. As crianças aprendem a escrever as suas letras com um padrão específico, porque têm que ser legíveis, de forma a apresentar condições de leitura e compreensão.

Normalmente, os educadores que trabalham sob esta perspetiva podem utilizar mediadores externos, que auxiliam a recordação e evocação e funcionam como padrão (*standard*), tipo cartões com um símbolo, foto, nome, ou os dois, para identificação da criança. Igualmente, os educadores podem criar situações/atividades de reconhecimento dos nomes. É frequente, em jardim de infância, os educadores utilizarem estes marcadores, para muitas situações (refeitório, cabides, casa de banho), para identificação dos materiais das crianças. Sempre que possível, devem ser as crianças a escolher e/ou fazer a sua própria identificação. Escrever os seus nomes ou elaborar rótulos para colocar nos seus pertences, nos seus trabalhos de desenho, ou na planificação das atividades, é muito desenvolvente. Escrever os seus nomes para assinar qualquer coisa, como por exemplo uma jogada no computador, ou para dar voz às suas opiniões, "eu adoro brócolos", são outros exemplos criativos e possíveis. Ainda, a escrita (ou outro tipo de símbolo) deve ser sempre feita de forma legível para mais facilmente ser reconhecida.

Apresentamos alguns exemplos de como os educadores podem providenciar suportes específicos para as crianças em diferentes níveis de aprendizagem e de desenvolvimento. Ainda, mais exemplos sobre como se pode progredir na escrita dos seus nomes são providenciados no capítulo 14.

Crianças que não conseguem reconhecer os seus nomes sem ajuda. Quando o Jaime está a tentar encontrar o seu nome, para se poder sentar, outras crianças irão oferecer-lhe ajuda, e quando ele se está a sentar no lugar errado elas informam-no que aquele não é o seu lugar. O educador pode auxiliar a criança, indicando-lhes detalhes específicos sobre o seu nome e como esta pode encontrá-lo facilmente. Por exemplo, pode dizer à criança "o teu nome começa por um J., podes ver o J. no bolso do teu casaco.". Caso existam outras crianças cujo nome comece com a mesma letra, poderá dizer: "o teu nome e o do Joaquim começam com a mesma letra, mas Joaquim começa com "Joa" e o teu com "Jai". Para que a criança possa ter uma referência dela própria, esta pode adicionar uma foto ou desenho feito por si, por trás do seu crachá, para que ela, ao virá-lo, reconheça. Quando ela já esta apta no reconhecimento do seu nome, pode ser removido o desenho.

Crianças que não conseguem escrever nenhuma das letras do seu nome. O educador pode providenciar uma ajuda para levar a criança a aprender a escrever a primeira letra do seu nome. Sublinhando a primeira letra ou chamando a atenção para determinadas letras, a criança pode unir pontos para descobrir a letra, preencher uma letra, pontilhar, identificar letras em palavras familiares, etc.

Crianças que escrevem os seus nomes da direita para a esquerda. O educador pode colocar um ponto verde por baixo da primeira letra do seu nome e uma seta igualmente verde, no sentido desejado, por baixo do resto do nome. À medida que a criança realiza bem a tarefa, as ajudas podem ser gradualmente retiradas.

Crianças que escrevem os seus primeiros nomes corretamente. Gradualmente, a educadora pode começar a ajudar a criança a escrever os seus outros nomes.

Padrões (*patterns*). Os padrões ou modelos são exemplos de atividades matemáticas, bastante frequentes nos jardins de infância, ou em idades pré-escolares, que podem ser adaptadas dos objetivos Vygotskianos. Compreender padrões é um dos objetivos nacionais da área da matemática, para as crianças pequenas (Concelho Nacional de Professores de Matemática, 2000). Isto inclui repetições de padrões simples (AB AB) para as crianças mais novas e padrões com mais itens (ABC), repetições dentro dos itens (AABC ou ABBBC ABBBC), ou repetições de padrões em crescendo (ABC AABBCC AAABBBCCC). A utilização de padrões é realizada em contexto de atividades de desenvolvimento das capacidades cognitivas, de memória, atenção e concentração e ainda de autorregulação. Envolvendo-se nas atividades com os padrões, as crianças, para além da aprendizagem dos padrões, por modelação, treinam a substituição simbólica. Apresentamos alguns exemplos de como as atividades com os padrões podem ser utilizadas:

As crianças traduzem um padrão em movimentos corporais. Estes movimentos são alterados após três a quatro repetições. As crianças 'leem' (ou escutam) os padrões, movendo-se o mesmo número de movimentos quanto os elementos do padrão. Por exemplo, usar um cartão de um certo padrão que dispõe de um círculo e um quadrado, as crianças inicialmente têm que tocar nos seus narizes quando a professora aponta para o círculo e apontar para os seus joelhos quando esta aponta para o quadrado. Após alguns ensaios, a criança e o educador decidem alterar os movimentos e, pode ser, as crianças baterem palmas quando se aponta para o círculo e estalar os dedos quando se aponta o quadrado. Muitos outros exemplos podem ser aventados.

Crianças traduzem um padrão em outros objetos. As crianças jogam um jogo com cartões de padrões. A educadora dá-lhes um objeto para cada item do padrão, para as devidas correspondências. Pode, posteriormente, fornecer à criança cartões semelhantes, apenas diferentes em aspetos que não são relevantes para a correspondência de padrões.

As crianças registam os padrões no papel. É solicitado às crianças que desenhem uma representação do padrão que elas veem ou escutam. O educador conta ou diz ou mostra uma lengalenga, com determinado padrão e a criança desenha esse padrão. O padrão pode ser, posteriormente, mantido mas a sua representação ser substituída por outros objetos. Por exemplo, do padrão "o jardineiro planta uma árvore grande, uma mais pequena e outra ainda mais pequena", a criança pode desenhar este padrão, representando o jardineiro e as árvores de diferentes tamanhos e, posteriormente, substituir as árvores por outros objetos, como, por exemplo, formas geométricas.

Atividades motoras

Conforme foi discutido no capítulo 10, as atividades motoras são importantes para ajudar as crianças a desenvolver a autorregulação. Os jogos mais benéficos são os em que a criança deve parar e recomeçar várias vezes ao longo do próprio jogo. Jogos como A mamã dá licença?, Jogo da estátua, Aqui vai o Lenço e outros, todos requerem que a criança espere até haver um comando verbal para se movimentarem. Os comandos podem ser dados por outras crianças ou pelo educador. As músicas, em que cada criança tem que fazer um movimento específico, jogos com os dedos e as mãos e representação de histórias, também podem requerer uma inibição/controlo motora. Atividades como saltar à corda, bater palmas e saltar conforme o som, entre outros..., requer respostas motoras específicas. Algumas destas atividades podem ser mais complicadas pois estão dependentes da capacidade de autorregulação e de precipitantes e mediadores externos.

Os jogos com regras específicas são também excelentes para promover o controlo motor nas crianças mais velhas. Estes jogos podem ser simples ou podem ser complexos, como o futebol e o basquetebol.

Modificar jogos, nos quais as crianças se revezam, utilizando um mediador externo, como uma bola ou vara, como sinal para "é a minha vez", tipo "estafeta", podem e devem ser utilizados. Os educadores podem e frequentemente utilizam esta técnica durante o tempo do círculo de conversa em grupo, de forma a organizar e a regular a participação de todas as crianças, esperando ordenadamente pela sua vez.

Suporte à preparação escolar

Hoje em dia, os educadores de infância fazem pressão para que as salas de aulas tenham uma capacidade reduzida, possibilitando, assim, às crianças mais pequenas uma orientação mais individualizada e a oportunidade de experienciarem e praticarem muitas atividades e tarefas. Também é um facto que é necessário haver alguma autoridade sobre as crianças para garantir que estas se adaptem à escolaridade obrigatória.

Há pois necessidade de, em contexto de jardim-de infância, aprender regras e hábitos de participação nas tarefas, de ordem, de limpeza, de partilha, fundamentais para as aprendizagens escolares, de conteúdos mais formais e académicos. Capacidades como estar com atenção, recordar as tarefas e atividades, responder a ordens são manifestações de autorregulação, capacidade fundamental para as aprendizagens básicas formais, escolares. Os Vygotskianos consideram que, quando as crianças são autorreguladas aos níveis referidos, estão preparadas para enfrentar as atividades do nível próximo de desenvolvimento, o exigido e requerido na escolaridade obrigatória.

Leituras adicionais

Berk, L. E. (1994). Vygotsky´s theory: The importance of make–believe play. *Young Children, 50*(1), 30-39.

Berk, L. E., & Winsler, A. (1995). Scaffolding children´s learning. Vygotsky and early childhood education. NAEYC *Research and Practice Series, 7.* Washington, DC: National Association for the Education of Young Children.

Elkonin, D. (1997). Toward the problem of stages in the mental development of the child. In M. Cole (Ed), *Soviet developmental psychology.* White Plains, NY: M. E. Sharpe (Original work published in 1971).

Elkonin, D. B. (2005). Chapter 1. The subject of our research: The developed from of play. *Journal of Russian East European Psychology, 43*(1), 22-48.

Vygotsky, L.S. (1977). Play and its role in the mental development of the child. In J. S. Bruner, A. Jolly, & K. Sylva (Eds.), *Play: Its role in development and evolution* (pp. 537--544). New York: Basic Books. (Original work published in 1966).

CAPÍTULO 12
REALIZAÇÕES DESENVOLVIMENTAIS E ATIVIDADE PRINCIPAL:
CRIANÇAS EM IDADE DAS APRENDIZAGENS BÁSICAS
(1º CICLO DO ENSINO BÁSICO)

Os Vygotskianos consideram que as expectativas sobre as crianças variam muito em função das culturas. É cultural o considerar as crianças aptas para iniciar a sua instrução formal em determinada idade, normalmente, entre os 6-7 anos. Mas, a ênfase colocada na importância da escolaridade enquanto o principal contexto de desenvolvimento para crianças de 6 e 7 anos de idade não é novidade. Muitos psicólogos e sociólogos reconhecem este critério (ver Cole, 2005, para uma discussão sobre o tópico). As crianças, normalmente, quando entram no primeiro ano de escolaridade também têm expectativas de que é tudo diferente, mais difícil e mais sério do que no jardim-de -infância. Todas as escolas, independentemente do facto de serem públicas ou privadas, religiosas ou laicas, têm uma organização social e formas de interação sociais, eventualmente, diferentes.

Também os Vygotskianos assumem a distinção entre instrução e/ou educação formal e informal. Igualmente, não desvalorizam o ensino por tutoria, mas argumentam que a forma como a aprendizagem ocorre neste contexto é diferente. Também consideram que os pais podem proporcionar interações diferentes dos professores, porque eles têm apenas uma criança para ensinar.

Fundamentalmente, os Vygotskianos estão preocupados com a instrução formal, mas, igualmente, com as aquisições prévias que a sustentarão, ou seja, com as realizações desenvolvimentais e a atividade principal, especialmente, das crianças de 6 anos de idade.

Os primeiros anos da escolaridade básica englobam, apenas, a primeira parte de um período, durante o qual as realizações são cumpridas e no qual a atividade de aprendizagem é a atividade principal do desenvolvimento. Para compreender como tudo isto se processa, iremos descrever, em primeiro lugar, a perspetiva Vygotskiana em torno da educação formal, as aquisições desenvolvimentais que ocorrem cerca dos 6 anos de idade, e finalmente a atividade de aprendizagem que acontece ao longo dos anos de escolaridade básica. O capítulo termina com a discussão em torno de como todos estes aspetos se manifestam e se revelam na escolaridade básica.

Educação Formal e Desenvolvimento nos primeiros anos da escolaridade básica

Os Vygotskianos consideram que a função da escola, na sociedade ocidental, tem mudado ao longo do tempo. Nos séculos passados, a ênfase era colocada na necessidade de equipar as crianças com capacidades e conhecimento específico que fosse imediatamente aplicável ao mundo real. Os Vygotskianos consideram que as escolas deviam capacitar as crianças com ferramentas culturais, que lhes possibilitem a adaptação às exigências dos locais de trabalho, que estão em constante evolução. Muitas sociedades pós-industriais partilham alguns aspetos em termos de expetativas, sendo um deles o considerar importante os indivíduos desenvolverem a capacidade de planear, monitorizar e controlar os seus processos cognitivos (Gellatly, 1987; Ivic, 1994; Scribner, 1977).

As escolas, de quase todo o mundo, partilham algumas caraterísticas semelhantes e que são, muitas vezes, marginais aos contextos sociais como a família e os grupos de pares e de aquisições individuais, onde a aprendizagem da criança também tem lugar. Por exemplo, em ambiente escolar, o professor trabalha com um determinado número de crianças ao mesmo tempo. O professor pode utilizar livros para ensinar e as crianças usam livros para aprender. O conteúdo que está a ser ensinado é sequenciado de uma maneira específica. Elas aprendem conceitos abstratos e científicos e ao fazê-lo aprendem a pensar de uma forma lógica e sistemática e a aplicar esse pensamento lógico a uma variedade de problemas. Este processo pode prolongar-se até aos 12 anos, e é nos primeiros anos da escolaridade básica que se dá o primeiro passo nessa direção.

Se as crianças chegam à escola bem equipadas com as aquisições desenvolvimentais previstas para as idades pré-escolares, de jardim de infância (ver capítulo 10), a transição é, provavelmente, mais fácil, pacífica e tranquila. No entanto, há crianças que chegam à escola sem esses pré-requisitos que lhes permite uma transição suave, e, neste sentido, podem vir a manifestar problemas de adaptação e dificuldades de vária ordem. Para serem bem-sucedidas na escola, as crianças precisam ter desenvolvidas capacidades cognitivas, linguísticas, sociais e competências emocionais, e, igualmente, terem conhecimento das expectativas dos adultos sobre as aprendizagens escolares (Carlton & Winsler, 1999). Todas estas competências e atitudes continuam a desenvolver-se durante os primeiros anos escolares. Assim, o processo de instrução/ensino deve ser muito bem construído com vista a dar continuidade ao processo de crescimento e de desenvolvimento e, em casos específicos, de compensação e ajuda às crianças que ainda não realizaram determinadas aquisições desenvolvimentais.

O principal papel dos professores das escolas básicas, do primeiro ao terceiro ano de escolaridade, é ajudar as crianças a aprender a ser estudantes. Nos anos seguintes, no quarto e quinto ano de escolaridade, o papel do professor já passa por ajudá-las a agir como estudantes, e depois, no sexto ano de escolaridade, a sua função traduz-se em preparar as crianças para aprenderem as disciplinas formais dadas no ciclo seguinte, no secundário e por aí adiante. Em cada nível de ensino, a criança tem de aprender a ajustar-se a uma relação diferente com o professor, a exigências cognitivas, sociais, adicionais e distintas, e a uma forma diferente de aprender. Neste sentido, o papel de um professor é mais do que apenas ensinar conteúdos. É também o de ajudar as crianças a aprender o como aprender, de forma a tornarem-se alunos eficazes e de sucesso, capazes de lidar com vários tipos e graus de dificuldade e de resolver problemas, de modo a que cresçam e venham a ser adultos produtivos em sociedades cada vez mais tecnológicas.

Realizações desenvolvimentais, da criança na escola do 1º ciclo do ensino básico

À medida que as crianças se envolvem, e têm sucesso, em atividades e na aprendizagem da leitura e escrita, matemática, ciência, arte e outras matérias, elas atingem as aquisições desenvolvimentais referentes a este período de idade: início do raciocínio teórico/abstrato, a emergência de funções mentais superiores e motivação para aprender (Davydov, 1988; Elkonin 1972; Kozullin & Presseise, 1995). Estas aquisições têm por base as aquisições realizadas nas idades pré-escolares, de jardim de infância, e emergem, apenas, se o ambiente de aprendizagem, na escola elementar, for organizado de determinadas formas.

Como no caso de outros períodos de desenvolvimento descritos em capítulos anteriores, as crianças têm de se comprometer e envolver com a atividade principal deste período, a atividade de aprendizagem. Se não o fizerem, as aquisições desenvolvimentais desta etapa serão apenas parcialmente adquiridas e não vão ser suficientes para obtenção de sucesso na etapa seguinte. Na discussão seguinte, iremos descrever as aquisições desenvolvimentais que emergem na altura da escola básica, elementar. Vamos focar-nos nas aquisições desenvolvimentais que ocorrem desde o primeiro até ao terceiro ano de escolaridade, numa secção em separado.

Início do raciocínio formal/teórico (*theoretical reasoning*)

Raciocínio teórico na escola básica, elementar. O termo raciocínio teórico descreve a forma como a criança pensa sobre os conteúdos da matemática, da ciência, da história e de outras disciplinas académicas. Contudo, este não é limitado a matérias da escola, pois também é utilizado para resolver problemas da vida real, de maneira mais eficaz do que por tentativa e erro. Quando for capaz de raciocinar de forma abstrata, as crianças estão a lidar com as propriedades essenciais dos objetos e das ideias, as quais podem ou não ser visivelmente percetíveis ou obviamente intuitivas, como, por exemplo, o conceito de densidade em relação a objetos que flutuam ou afundam.

O raciocínio teórico/abstrato permite à criança uma compreensão mais profunda de conceitos científicos. Ao mesmo tempo que se aprendem conceitos científicos desenvolve-se o raciocínio teórico/abstrato (ver a próxima secção deste capítulo para uma discussão da teoria Vygotskiana sobre conceitos do dia-a-dia e conceitos científicos). É de notar que a palavra científico não se refere apenas à química ou à biologia. A palavra científico significa que as disciplinas, incluindo, artes, história e economia, têm um núcleo central de princípios teóricos que as organiza. Assim, há conceitos científicos na arte, na história, na economia, etc. Por exemplo, aprender a analisar metáforas, como componente da análise da literatura, num currículo de artes e línguas, e aprender o conceito de colónia em história, são exemplos de conceitos científicos em áreas que não a ciência.

Raciocínio teórico nos primeiros anos da escola básica. Entre os 6 e os 10 anos de idade, as crianças iniciam-se no raciocínio teórico (abstrato). O processo do seu desenvolvimento não está completo até aos 18 anos de idade ou até mais tarde. No entanto, os primeiros anos são anos de formação, para o desenvolvimento de conhecimentos básicos, de unidades ou conceitos básicos de áreas de conteúdo que vão facilitar o desenvolvimento do raciocínio teórico/abstrato. Por exemplo, os números como maneira básica e organizada de representar quantidade, são conceitos básicos da matemática, e o conteúdo da educação matemática deve ser baseado neles. Para se compreender como estes conhecimentos (*literacies*) se desenvolvem, temos de abordar as diferenças entre conceitos do dia-a-dia e conceitos científicos.

Nos conceitos do dia-a-dia, os significados são construídos através das experiências diretas da criança (Vygotsky, 1987). A partir destas experiências, as crianças generalizam ideias sobre os fenómenos que veem. Estas ideias, normalmente, não são sistemáticas, são empíricas e inconscientes (Karpov & Bransford, 1995). As crianças formam/constroem estas generalizações ao acaso, dependendo de como as experiências ocorrem, sem planear ou monitorizar as condições destas. A aprendizagem empírica é baseada na comparação de objetos, descobrindo caraterísticas comuns observadas e criando um conceito geral sobre o tipo de objeto. Por exemplo, as crianças observam muitos objetos que flutuam ou se afundam e podem criar regras gerais ou conceitos sobre o que pode afundar ou flutuar e sobre o porquê de certos objetos afundarem ou flutuarem. Estando limitadas apenas às propriedades que podem observar diretamente, as crianças vão chegar a certas conclusões que são consistentes com os conceitos científicos de densidade e deslocação (ex.: que os objetos leves flutuam), e alguns que não são consistentes (ex.: acreditar que todos os objetos de metal afundam). Contudo, úteis no dia-a-dia e importante para o desenvolvimento de conceitos científicos, os conceitos do dia-a-dia ou do quotidiano não são o mesmo que os conceitos científicos.

As propriedades essenciais dos conceitos científicos têm sido identificadas por uma disciplina científica específica e não necessariamente pelo produto da experiência do dia-a-dia. Os conceitos científicos são ensinados e apresentados num sistema concetual, que permite às crianças utilizar as ideias mesmo que elas não as possam ver ou que estas não sejam intuitivamente aparentes ou visíveis. Todos os campos científicos têm as suas assunções básicas e a sua própria linguagem. Estas são introduzidas como definições que têm de ser apreendidas, para se poderem compreender os conceitos dessa ciência. Os conceitos só fazem sentido quando a criança conhece as definições básicas: por exemplo, o conceito de mamífero tem significado porque faz parte da taxinomia, do reino, classe, ordem, família, genes e espécie.

Contrariamente aos conceitos do dia-a-dia, a maioria dos conceitos científicos de cada disciplina específica têm-se desenvolvido ao longo da história. Ao contrário dos conceitos do dia-a-dia, os conceitos científicos são baseados nas propriedades essenciais de objetos e eventos de um certo tipo, que podem ou não ser observáveis. Os conceitos científicos são apresentados ou representados através de modelos simbólicos e gráficos ou através de um conjunto de procedimentos específicos. Ao aprenderem estes modelos e procedimentos, os estudantes aprendem o método específico de análise de uma disciplina específica. Ao contrário dos conceitos do dia-a-dia, os conceitos científicos têm maiores probabilidades de apoiar a resolução de problemas, porque eles contém os métodos adequados para lidar com problemas específicos. Neste sentido, em vez de apenas depender da sua experiência, o estudante pode aplicar o conhecimento e a experiência dos outros e de conhecimento mais consubstanciado. Por exemplo, as crianças de rua do Brasil aprendem a contar sem educação formal prévia (Saxe, 1991). Este conhecimento é usado por elas todos os dias, para ganharem a sua vida através de compras e vendas. Contudo, esta facilidade com a adição e a subtração não é a mesma que a educação formal em matemática, que os faria compreender álgebra ou cálculo. Para compreenderem princípios matemáticos e resolverem problemas abstratos mais complexos, as crianças devem ingressar no processo de aprendizagem da matemática, pela educação formal. As crianças não vão conseguir descobrir álgebra e cálculo sozinhas.

Para aprender conceitos científicos, as crianças devem aprender mais do que um conjunto de definições. Elas precisam aprender as regras e os procedimentos associados aos conceitos. Saber a definição de um ângulo não é o suficiente, a criança tem de ser capaz de identificar e usar o conceito de ângulo para criar ângulos, para analisar figuras geométricas e resolver problemas. A definição e o procedimento/processo para a sua utilização devem surgir interligados para que a criança compreenda em profundidade.

Vygotsky refere que os conceitos científicos "descem" (*"grow down"*) até aos conceitos do dia-a-dia existentes e que estes "sobem/ascendem" (*"grow up"*) aos conceitos científicos (Karpov & Bransford, 1995). Uma vez que as crianças aprendem conceitos científicos, os seus conceitos do dia-a-dia ganham um novo significado e a sua utilização passa a ser mais precisa e sistemática. Por exemplo, aprender sobre a rotação da terra conduz a uma nova compreensão do conceito de noite e de dia, que previamente se baseava num conceito do dia-a-dia, dado pela experiência da criança. De modo semelhante, aprender que existe diferenças entre estrelas, planetas e luas, dá à observação do céu um novo significado. Ser capaz de construir uma frase é muito diferente de ser capaz de fazer um diagrama dessa mesma frase, sintetizando apenas partes do discurso. Se, no entanto, a criança tem falta de conhecimentos de base, ou se os seus conceitos do dia-a-dia não forem equivalentes aos significados convencionais, a criança vai apresentar dificuldades na aquisição de conceitos científicos. Por exemplo, uma criança que não domina o conceito quotidiano de "mais" ou de "menos" não consegue compreender o conceito de "maior que" e "menor que".

Um exemplo da diferença entre conceitos do dia-a-dia e conceitos científicos é apresentado na turma do segundo ano do Professor José. Na aula, ele pede à turma para fazer uma lista do que sabem sobre florestas tropicais. A lista acaba por ser um catálogo de conceitos do dia-a-dia sobre florestas tropicais. As crianças escrevem coisas como "têm árvores", "nós cortamos os troncos e arruinamos a terra", "os pássaros morrem porque não têm sítio para viver" e "eu gosto de florestas tropicais". O professor, de seguida, apresenta informação sobre florestas tropicais, apresentando informação científica relacionada. Fala das florestas tropicais como um ecossistema com caraterísticas específicas, que fazem as florestas diferentes de outros ecossistemas e explica os efeitos da destruição do habitat, de animais e plantas. Depois, propõe um projeto sobre florestas tropicais, sendo solicitado que as crianças formulem uma nova lista de aspetos relacionados com o tema. O professor observa agora que a lista é já bem mais elaborada, já incluindo muitos dos aspetos referidos pelo professor. Agora já expressam aspetos como "É um habitat com árvores densas, e muita chuva"; "Não é um deserto" e "Existem vários tipos de plantas e animais, a viver lá, que precisam de água da chuva para viver". De facto, a informação científica altera a forma como as crianças pensam sobre os diferentes assuntos e matérias. Mas, há que pensar que, também importantes, os conceitos e a informação intuitiva e do quotidiano são utilizados como ponto de partida para a elaboração a um nível superior.

A informação e os conceitos científicos são a base do raciocínio teórico/abstrato e a sua instrução, o ensino, a educação, orienta o desenvolvimento. Esta aquisição desenvolvimental não emerge, somente se as crianças se envolverem em atividades que promovam o desenvolvimento destes conceitos.

Emergência de Funções mentais superiores

Funções mentais superiores na escola básica (*elementary school*). A segunda aquisição desenvolvimental nesta idade é a emergência de funções mentais superiores (FMS), que são descritas no capítulo 2. Como outros psicólogos, Vygotsky considerava que as FMS estão ligadas a um pensamento lógico, abstrato e reflexivo. As FMS são intencionais, deliberadas e mediadas. Elas estão ligadas à interiorização de ferramentas mentais, que ocorrem num sistema de FMS's interrelacionadas e emergem aquando da transição do funcionamento partilhado para o funcionamento individual.

As crianças nesta faixa etária iniciam o desenvolvimento das FMS, que não estão completas antes dos 18 anos. Contudo, para serem bem-sucedidas, as crianças têm de operar a alguns níveis das FMS's. Por exemplo, elas têm de ser capazes de aprender mediante requisitos e aprender de acordo com o plano dos professores para ter sucesso na escola. As crianças têm de ser capazes de focar a sua atenção e de se lembrarem dos objetivos das tarefas. Devem ter capacidade de autorregulação dos seus processos mentais, para poderem comparar a sua aprendizagem com os objetivos estabelecidos pelos professores. Sem a aquisição parcial das FMS, as crianças não serão bem-sucedidas na escola, nem nos anos da escolaridade básica.

Tome-se como exemplo o tipo de atenção requerida nos anos escolares. No jardim de infância, os educadores dizem "prestem atenção", para avisar que as crianças devem ignorar as distrações e prestar atenção ao que a educadora está a dizer ou a fazer. Isto significa, estar sentado, não falar com os colegas e ouvir a educadora. O significado destas palavras muda na escola básica. As crianças, agora, têm que "olhar através" (*"look through"*) do professor, para a atitude, conceito e processo que o professor está a demonstrar, em vez de se concentrarem apenas nas ações do mesmo. Elas têm que ir além do superficial das suas palavras e ações, para compreender o que o professor está a ensinar. A atenção é uma competência que se treina e que se modela e não uma capacidade mística que apenas por força da vontade se consegue aprender. Normalmente, não é que as crianças não estejam a prestar atenção, o que acontece é que estão a prestar atenção a outros aspetos não enfatizados pelo professor. Neste sentido, pode ser importante e mais adequado dizer-se "presta atenção a esta caraterística e não àquela". A Dalila tem de encontrar os erros gramaticais na frase que está afixada no quadro. A frase lê-se "Nós fostes à loja para comprarmos a maçã". Ela lê a frase e decide que não há erros, porque, de facto, a turma ontem foi à loja comprar uma tarte de maçã. Não é que ela não esteja concentrada ou que não tenha lido a frase ou que não tenha participado nas atividades- é que ela está focada em aspetos irrelevantes para o objetivo. Ao invés de prestar atenção à gramática, ela está a prestar atenção ao significado da frase.

Funções Mentais Superiores nos primeiros anos da escola básica (*primary grades*). Nos primeiros anos da escola básica (*primary grades*), as FMS só estão a emergir, portanto, as crianças são capazes de atualizar estratégias, mas precisam de suportes contextuais ou assistência para as utilizar de forma eficaz, que podem ser atividades partilhadas, com os pares ou com o professor. Como ainda estão pouco desenvolvidas as capacidades de planificação, monitorização e avaliação do seu próprio pensamento, as capacidades cognitivas e metacognitivas, as crianças carecem ainda bastante das atividades partilhadas para funcionarem ao nível superior da sua ZDP (Zuckerman, 2003). Estudos realizados por Vygotskyanos revelaram que durante os anos da escola básica, as crianças beneficiavam bastante com ajudas visuais e manipulativas e de outros suportes referidos no capítulo 5. As crianças da escola básica obtêm ganhos ao nível da memória, atenção e capacidade de resolução de problemas quando lhes são facilitados ou proporcionados estes mediadores. De igual modo, a participação em atividades cooperativas/partilhadas reforça a utilização de FMS's. Lembretes verbais e notas propostas pelo professor ou por colegas funciona também como ajuda. Escrever e desenhar providencia apoio adicional ao pensamento reflexivo. À medida que avançam na escolaridade, as crianças dependem cada vez mais da escrita, enquanto suporte primeiro da aprendizagem. Consequentemente, a linguagem escrita torna-se uma ferramenta mental primária, que ajuda o desenvolvimento das FMS. E o grau de dependência da aprendizagem dos livros e da palavra escrita, por contraste à comunicação oral, estende-se ao secundário e ensino superior. A experiência continuada com a atividade de aprendizagem potencia o desenvolvimento das FMS's, ao longo dos anos de escolaridade.

Motivação para Aprender

Motivação para aprender, na escola básica. A última realização desenvolvimental principal deste período é a motivação para aprender. A motivação para aprender inclui aceitar o papel de aluno, interiorizar os padrões de desempenho e *pozenavatel'naya* ou motivação para a descoberta (curiosidade intelectual). Como foi discutido anteriormente, as crianças apercebem-se que a aprendizagem na escola é muito mais séria do que no jardim de infância ou idade pré-escolar. Estudos sobre as atitudes das crianças relativamente à escola (ver, ex., Elkonin & Venger, 1988) revelam que estas dão muito mais valor à instrução na escola, e que consideram o jardim de infância uma brincadeira, encarando como menos séria e com menos valor. Consideramos que esta perceção em relação à escola é importante e necessária para o sucesso escolar. Crianças que não manifestam esta atitude relativamente à importância da escola têm maior dificuldade em motivar-se para as tarefas e objetivos requeridos. Os professores sempre se queixaram que há crianças que são difíceis de motivar. Os Vygotskyanos argumentam que todas as crianças têm capacidade para desenvolver a sua motivação para aprender, dependendo do papel que a escola, professores e pais desempenham. Quando é bem-sucedida na aprendizagem, a criança desenvolve uma maior motivação para aprender. Na perspetiva dos Vygotskianos, a motivação não é uma caraterística de personalidade, fixa, é, antes, encarada como algo passível de ser modelado e aprendido. Muitos outros psicólogos concordam com esta perspetiva (ver Stipek, 2002, para uma discussão sobre diferentes abordagens da motivação). Os Vygotskianos acrescentam ainda outra faceta à ideia de motivação para aprender, definindo-a para além de desejo de aprender. A sua concetualização inclui a interiorização gradual de padrões de desempenho. Estes implicam a compreensão do objetivo da atividade e do nível de perícia que tem de ser alcançado. No início, este conhecimento existe fora da criança, quando o professor explica às crianças o que é que está a ensinar e lhes diz se as respostas estão corretas ou não. Eventualmente, as crianças interiorizam este padrão e, de futuro, são capazes de prever, antes da nota do professor ou dos comentários, quão boa foi a sua prestação. Esta interiorização de padrões não é vista como algo negativo, que diminui a vontade de aprender do aluno, mas, antes, encarada como uma forma de desenvolver uma bússola interna que a ajuda a evitar potenciais frustrações e falhas.

Se pensarmos nos padrões como postes de sinalização que dão informação às crianças do quão perto se encontram da mestria, fica claro que estabelecer padrões vagos e que não sejam claros é uma maneira de não fomentar a motivação para aprender, de não orientar. Por exemplo, qual destas duas crianças ficará mais frustrada? Aquela que escreve 3 elementos de 5 de um parágrafo e sabe que tem em falta 2 ou aquela que apenas sabe que não escreveu o suficiente? Obviamente, que a criança que sabe o que falta vai sentir-se mais motivada para fazer melhor o seu próximo trabalho. A que não escreveu o suficiente vai tornar-se desencorajada, porque ela não sabe o que "o suficiente" significa. Supostamente, deveria escrever duas páginas sobre o assunto? Ou elaborar um trabalho mais extenso sobre o mesmo?. E o que é que ela precisa fazer para ter melhor nota no trabalho seguinte?.

As crianças aprendem por variadas razões. Algumas aprendem para agradar aos pais, outras para impressionar os amigos, outras para agradar aos seus professores, outras por e para si mesmas. Aquelas que possuem uma motivação para a descoberta/questionamento (*enquiry motivation*) têm uma grande curiosidade e objetivos intensos, que atualizam em várias áreas de aprendizagem, não somente às introduzidas por adultos (Davydov, Slobodchikov & Tsukerman, 2003). O objetivo deste período de desenvolvimento é o promover, nas crianças, a motivação para a descoberta, para aprender, para elas se começarem a interessar e para começarem a estudar sem que isso seja sequer solicitado ou imposto. Quando lhes é pedido para estudar algum assunto, e elas encontram algo que lhes interessa, essas crianças têm aquilo a que se chama curiosidade não pragmática (*nonpragmatic curiosity*) (Bogoyavlenskaya, 1983; Poddyakov, 1977), um interesse que existe mesmo não havendo uma recompensa tangível. O Cabé está a escrever um pequeno texto de dois parágrafos de um capítulo de um livro sobre as experiências de Benjamin Franklin e a eletricidade. Ele questiona-se se Benjamin Franklin terá mais experiências, e então dirige-se à biblioteca para procurar mais livros sobre as experiências do cientista. Isto leva-o a questionar-se sobre eletricidade, e rapidamente procura mais livros sobre eletricidade. A curiosidade do Cabé move-o em várias direções e assim ele desenvolve a motivação para a descoberta. Na ausência deste tipo de motivação, segundo Davydov, as crianças são principalmente motivadas pelas notas ou pelo louvor do professor, ou seja, motivação externa. A palavra descoberta/questionamento (*enquiry*) é traduzida da palavra russa *poznavatel'naya* e embora seja similar à conceção Ocidental de motivação intrínseca, existem diferenças na ênfase dada à curiosidade intelectual e à curiosidade para a aprendizagem.

Para os Vygotskyanos, a falta de motivação para a descoberta/questionamento (curiosidade intelectual) é causada por falhas na interação criança-seu contexto social (Elkonin, 2001a; Leont'v, 1978). Ou o contexto social não apoia o valor da aprendizagem ou a criança não consegue diferenciar esforços de aprendizagem de esforços investidos em atividades onde não se aprende, como brincar e estar socialmente. O contexto social tem de transmitir um conjunto de expectativas relevantes para a essência da aprendizagem, levando à interiorização de padrões. Se todos os dias de manhã, antes de irem para a escola, os pais disserem "Assegura-te que fazes o que a professora manda fazer. Não te metas em problemas", é muito menos provável que a criança desenvolva a curiosidade intelectual, do que se lhes disserem "Assegura-te de que aprendes algo hoje". A sala de aula pode plasmar mensagens sobre expectativas da aprendizagem. Se a maior parte das atividades da sala de aula consistir em exercícios sobre factos específicos, com pouco tempo para fazer um *brainstorming* e falar de ideias, pode significar que a memorização é mais importante do que a curiosidade. Algumas crianças chegam à escola sem saber a distinção entre aprendizagem e interação social. Em vez de prestarem atenção à professora, falam e conversam entre si. Uma forma de as crianças compreenderem é, por exemplo, a professora sensibilizar para se prestar atenção ao que se está a aprender.

Motivação para aprender nos primeiros anos da escola. A motivação para aprender de formas mais formais começa a desenvolver-se nos primeiros anos da escola. Muitas crianças podem vir a apresentar dificuldades, na escola, até pelo diferente nível de exigência, especialmente se não tiverem frequentado um jardim de infância e/ou desenvolvido capacidades de autorregulação. Os professores da escola, fundamentalmente, os dos primeiros anos, devem estar sensibilizados para este aspeto da motivação, dimensão importante da aprendizagem e do desenvolvimento. Por exemplo, os padrões de aprendizagem que a criança precisa de interiorizar precisam ser claramente explicitados pelos professores. Os pares podem também providenciar apoio para a utilização de padrões e ajudar na motivação. Desempenhos com sucesso são cruciais para o desenvolvimento da motivação.

Atividade principal: atividade de aprendizagem

Elkonin (1972) e mais tarde Davydov (1988) designaram a atividade principal dos primeiros anos de escolaridade por atividade de aprendizagem. A atividade de aprendizagem é descrita como uma atividade iniciada pela criança por motivação para a descoberta (curiosidade intelectual). Inicialmente, é um processo modelado e guiado pelos adultos, em torno de um conteúdo específico que é formalizado, estruturado e culturalmente determinado, como aprender partes do discurso, operações com números ou ler a pauta de uma música. Nas fases iniciais, pouco desenvolvidas, a atividade de aprendizagem não é dirigida pela criança, mas acontece em atividades de grupo com várias crianças. Numa fase posterior, a atividade de aprendizagem é algo da criança, quando envolvida em vários contextos e situações. Não está limitada a um ambiente de sala de aula.

O objetivo da atividade de aprendizagem não é só aprender factos e competências, mas transformar a mente do aprendiz pela mestria de *sposoby deyatel's nosty,* que é a versão russa para métodos e formas ou maneiras e meios das suas ações (Elkonin, 2011b). Ou seja, o domínio de ferramentas ou estratégias de pensamento e de aprendizagem. Para a criança, não é suficiente encontrar o mesmo produto que o professor ou dar a resposta certa. A resposta tem de ser o resultado da apropriação do processo mental correto.

Ao invés, muito do ensino ministrado hoje toma por garantido que se a criança produz algo aproximado ao modelo do professor, é porque recorreu ao mesmo processo para o obter. Tomemos como exemplo algo simples, como escrever uma frase, utilizando como modelo a frase que está escrita no quadro. Algumas crianças apenas copiam o modelo, olhando para cada letra como uma imagem individual, que elas copiam para o papel. Outras vão ler o modelo e tentar lembrar-se dele, escrever por si mesmas, usando-o para verificar se soletraram as palavras corretamente. No entanto, todas estas crianças vão produzir alguma coisa que se parece com a do professor, embora o processo que elas usaram para escrever a frase possa ser diferente. Na atividade de aprendizagem, o processo de aprendizagem é planeado para que o professor possa distinguir se as crianças estão a utilizar o processo que ele quer que elas aprendam, ou outra via. O facto do resultado se parecer com o apresentado pelo professor pode mascarar processos diferentes. Apenas analisando todo o processo se pode perceber se a criança reproduz, imita, copia, somente, ou cria algo de novo. Para a criança, quando envolvida, de facto, na atividade de aprendizagem, esta torna-se equivalente a um processo de descoberta. Mas tudo depende, também, do comportamento do professor. Ele deve, pois, optar por enfatizar e levar os sujeitos a descobrir as respostas, percorrendo caminhos, em vez de apenas demonstrar todo o processo (Berlyand & Kuraganov, 1993). O professor deve guiar os alunos, fazendo perguntas que os orientem para a resposta certa.

Definição de atividade de aprendizagem

Como na concetualização de jogo/jogar, os Vygotskianos têm uma definição de atividade de aprendizagem (Davydov & Markova, 1983; Elkonin, 2001a). Neste sentido, para categorizar uma atividade têm que estar presentes as seguintes condições:

1. Uma tarefa de aprendizagem, enquanto a maneira generalizada de atuar, que é adquirida pelo estudante;

2. Ações de aprendizagem que vão resultar na formação de uma imagem preliminar da ação que está a ser apreendida;

3. Ações de controlo ou *feedback*, em que a ação é comparada com o padrão;

4. Assimilação ou ação de autorreflexão, revelando que o estudante tem consciência do que aprendeu;

5. Motivação ou desejo de aprender e participar na tarefa de aprendizagem, curiosidade intelectual sobre a atividade, para que a criança veja a tarefa como algo que vale a pena aprender, interessante e útil.

Tarefa de aprendizagem

Na atividade de aprendizagem, o objetivo não é a aquisição de factos, mas a ação generalizada que é suposto a criança aprender. Os factos são apenas os casos específicos ou exemplos usados para praticar uma ação generalizada. Os Vygotskianos fazem a distinção entre tarefa específica e tarefa de aprendizagem. A solução para a tarefa específica é útil, apenas se implicar a utilização da ação generalizada. Numa lógica Vygotskiana, aprender não significa apenas ter a resposta certa mas ter a resposta correta porque um processo específico foi utilizado para a alcançar. Memorizar palavras, para um teste de linguagem, seria considerada a tarefa específica; aprender as regras para construir uma palavra específica seria o princípio geral. Os Vygotskianos defendem que a ênfase deve ser colocada no princípio geral.

Elkonin dá um exemplo de como ensinar às crianças números para que elas os possam adicionar e subtrair, mentalmente (Elkonin, 2001a). O professor conduz à descoberta de um padrão geral que existe na soma de números como 7+8 e 6+7. A tarefa de aprendizagem é descobrir como simplificar os números que são menor que 10, para facilitar a soma, usando o número 10 como estratégia. Neste exemplo, reforça-se o ensino de um princípio generalizado ao invés de casos específicos. As crianças não estão simplesmente a memorizar factos matemáticos de 11 a 20, mas estão a aprendê-los como exemplos da regra generalizada.

Ações de Aprendizagem

Para resolver uma tarefa de aprendizagem, a criança tem de executar determinadas ações de aprendizagem. São exemplos de ações de aprendizagem:

- transformar a tarefa de aprendizagem de maneira a descobrir o princípio geral;
- modelar o princípio geral identificado, utilizando imagens, esquemas, símbolos, etc...;
- manipular um modelo ou modelos para cristalizar e refinar o princípio geral;
- aplicar o princípio geral a uma variedade de problemas específicos.

Cada ação de aprendizagem, que está a ser internalizada, tem de primeiro existir de uma forma explícita e sequencial. No início da aprendizagem do processo, a criança deve proceder passo-a-passo, utilizando mediadores e manipulações que fazem destes passos, passos concretos e discerníveis. Estas ações ajudam a criança a formar imagens visuais e generalizadas do processo conceptual a ser apreendido. À medida que ela internaliza a ação de aprendizagem, a necessidade de manifestações observáveis de cada passo passa a ser desnecessária, passando a utilizar representações simbólicas das ações. Eventualmente, os passos passam a ser automatizados, o que significa que quem está a aprender não vai estar consciente de cada passo, em separado, mas vai ver o processo como um todo indefinido.

No exemplo anterior, a soma de números, usando o 10 para facilitar a ação de aprendizagem, envolve apresentar um número em cada soma de uma maneira muito específica. A soma tem de ser dividida em dois números, em que um dos dois, quando adicionado ao outro membro, vai dar 10. Por exemplo, 8+7 seria representado por (5+3)+7, o que é a mesma coisa que 5+(3+7), que por sua vez é 5+(10). Similarmente, 6+7 seria apresentado como 6+4+3... . Partir as somas pode envolver contadores, cubos, ou gráficos. Outras ações de aprendizagens envolvem a aplicação de um padrão geral de adição a novos exemplos, como 4+8. Outro exemplo, seria utilizar as caixas de Elkonin, que são utilizadas com crianças que estão a aprender/treinar a consciência fonológica. A utilização original destas caixas foi e é adotada por alguns programas no Oriente com outros objetivos, como, por exemplo, ajudar as crianças a aprender a correspondência entre som e símbolo (Clay, 1993). A sua versão original é ilustrativa do conceito de ação de aprendizagem. As caixas são utilizadas para ensinar às crianças os fonemas. É mostrada às crianças uma cartolina com uma imagem e um conjunto de quadrados por baixo, cada um representando os fonemas. Elas colocam as fichas nos quadrados à medida que vão identificando os fonemas da palavra. Por exemplo, a palavra PEIXE é representada por 5 quadrados. Elas dizem P-E-I-X-E, e vão colocando, fazendo corresponder, os fonemas. A ação de fazer a correspondência enquanto verbalizam o som ajuda-os a criar uma imagem mental dos fonemas daquela palavra.

Esta imagem tem propriedades cinestéticas, auditivas e articulatórias. Esta ação de aprendizagem é bastante efetiva no estabelecimento da ideia de que as palavras são compostas por fonemas. Dentro de algumas semanas, quando lhes for pedido para formularem as suas palavras com três ou quatro fonemas, as crianças não vão ter problemas em fazê-lo, nem vão ter problemas com as novas palavras que o professor lhes der, independentemente da palavra poder ser representada por uma imagem ou não. Neste sentido, a ação de aprendizagem resulta em crianças que estão a desenvolver a consciência fonológica, através do processo de isolamento e posterior junção dos fonemas numa palavra.

As ações de aprendizagem envolvem a exploração de um modelo e as suas caraterísticas, e igualmente o teste desse mesmo modelo em problemas concretos.

No exemplo anterior, foram dadas às crianças muitas imagens com caixas de Elkonin, de modo a que elas possam explorar o modelo. Elas tentam identificar os fonemas de várias palavras. Começam a apreender a ideia de que a palavra é composta por estas componentes. Depois, logo que começam a compreender o modelo, o professor apresenta palavras diferentes, pedindo-lhes para identificar o número de fonemas. As crianças podem utilizar manipulações ou imagens para identificar três ou quatro caixas para se lembrarem do que é suposto fazerem. É-lhes pedido para criar palavras com diferentes números de fonemas. A ação de aprendizagem envolve simultaneamente explorar os fonemas de uma palavra específica e eventualmente testar o conhecimento recentemente adquirido com novas palavras. A transferência deste novo conhecimento para novas situações é planeada como parte da ação de aprendizagem. Logo que as crianças tenham aprendido o princípio geral, parte da ação de aprendizagem consiste em usá-lo como base de análise de outros problemas que requeiram um conhecimento mais profundo. São proporcionados às crianças exemplos mais diversificados do que aqueles que lhe foram dados nos estádios iniciais de aprendizagem. Estas variações planeadas são boas estratégias que conduzem as crianças à descoberta da utilização do princípio geral. Quando ocorrem erros, nestes casos mais complexos, as crianças são encorajadas a revisitar o modelo original.

Ação de controlo ou *feedback*

A terceira caraterística da atividade de aprendizagem é a ação controlada ou *feedback*. Uma atividade de aprendizagem específica deve envolver *feedback*, para que as crianças saibam se estão corretas ou erradas. Algumas vezes o *feedback* é simples, dizendo logo se estão certas ou erradas. Voltando ao exemplo das caixas de Elkonin, elas sabem se reproduziram o número certo de sons, porque existe um número exato de fichas e quadrados. Se elas dizem apenas PEI-XE ou P-EIXE, sabem que não está certo, porque há fichas e quadrados a mais. As crianças sabem que não produziram sons suficientes quando desmontam as palavras. Isto faz com que elas procurem as suas falhas, podendo assim autocorrigir-se, sem ter de esperar pelo *feedback* do professor.

Um outro aspeto do *feedback* é que este permite que as crianças comparerem o seu desenvolvimento com um padrão e assim iniciem o processo de interiorização do padrão requerido para a tarefa específica. Pesquisas recentes na área do ensino revelam que uma das diferenças entre bons e maus alunos é a capacidade de saber se sabem, ou capacidade metacognitiva (Zimmerman & Risenberg, 1997). Os bons estudantes são capazes de estimar quão o seu desempenho está perto da mestria. Em contrapartida, os estudantes fracos não sabem se as suas respostas estão certas ou erradas. Em experiências de aprendizagem bem estruturadas, o ato de internalização de padrões é construído na atividade. As crianças começam a aprender a avaliar o seu desempenho atual e a distância que falta para atingir a mestria. Isto ajuda a motivação, à medida que os passos se tornam mais claros. Elas podem, agora, estabelecer objetivos superiores, sendo as autocorreções fundamentais para o seu desempenho no futuro. Em vez de apenas continuarem a adivinhar, as crianças revêm o seu trabalho e modificam-no, de maneira a desenvolver o seu processo de aprendizagem.

A atividade de aprendizagem envolve vários ciclos de exploração do modelo que requer que a criança aplique o conceito/processo em diversos exemplos, desenvolvendo o mesmo conceito. Assim, as crianças necessitam continuar a avaliar a sua mestria. Implícita neste processo está a revisão que a criança deve fazer da compreensão que possui do conceito/processo de algo, para que possa construir confiança e um conhecimento mais profundo sobre o tema. Quando existem erros, as formas de analisar as razões desses erros deverão fazer parte do processo de aprendizagem, revelando, assim, as conceções erradas e os aspetos desse conceito que não são claros. Os erros ajudam a alcançar uma aprendizagem e uma compreensão mais profundas sobre determinado tema.

Os Vygotskianos consideram que muitas vezes a aprendizagem e a prática subsequente não estão cuidadosamente estruturadas. Consequentemente, os erros não contêm muita informação relativamente ao processo de aprendizagem, apenas dizendo que as crianças estão erradas. O aluno é levado a ter que interpretar por si próprio o porquê da sua resposta estar incorreta, em vez do erro mostrar à criança o que ela não percebe, o que, muitas vezes, a torna ainda mais confusa.

Davydov e colaboradores enfatizam que há uma grande diferença entre dar notas e *feedback* na atividade de aprendizagem. As notas sumariam o desempenho, mas não indicam às crianças os passos necessários para obter um resultado melhor. Elas negligenciam o processo e focam-se no produto. Ainda, as notas são dadas pelo professor para que tenham o controlo do processo de aprendizagem, em vez de partilharem a responsabilidade com as crianças. Para serem bem-sucedidas na escola, as crianças precisam de ser capazes de se avaliarem.

Esta capacidade de controlar as ações ou *feedback* é algo que muitas crianças não conseguem realizar sem ajuda. Por esta razão, os Vygotskianos defendem uma orientação cuidadosa em grupos de pares que leve as crianças a aplicarem estes princípios umas com as outras. Exemplo desta regulação pelo outro é uma atividade em que as crianças são associadas aos pares e analisam os sons, com as caixas de Elkonin. Uma realiza a ação (ex.: diz uma palavra, som-por-som) e o companheiro confere, utilizando um certo padrão que está a ser ou já está interiorizado (ex. colocar fisicamente as fichas nos quadrados). Quando trabalham juntas, as crianças conseguem executar os sons com maior correção do que se o fizessem sozinhas. Neste sentido, durante os primeiros anos da escolaridade obrigatória, a ação de controlo deve envolver não só materiais de autocorreção ou um mecanismo para descobrir se estão corretas ou não, mas também o suporte dado por um par (Zuckerman, 2003).

Autorreflexão

Na atividade de aprendizagem é pedido às crianças que façam uma reflexão e uma autoavaliação do que aprenderam. De acordo com Davydov, as crianças terão de ser capazes de recuar e tornarem-se conscientes do que podem fazer, como resultado de terem participado na atividade. Ser capaz de compreender e expressar, de forma independente, os resultados da aprendizagem é um objetivo desenvolvimental para crianças mais velhas. A capacidade de autorreflexão só começa a surgir nas crianças no final da escola básica ou até mesmo no secundário.

Atividade de aprendizagem nos primeiros anos da escolaridade

Davydov, Elkonin e colaboradores implementaram esta abordagem de atividade de aprendizagem a várias áreas, até nos primeiros anos de escolaridade, na Rússia (Davydov, 1988; Davydov, Slobodchikov & Tsukerman, 2003; Elkonin, 2001a e 2001b). Uma das primeiras ilações destas aplicações é que uma criança do primeiro ano não está preparada para se comprometer com a ação de controlo/*feedback* e com os aspetos de autorregulação da atividade de aprendizagem, sem um suporte substancial. Neste sentido, os Vygotskianos defendem o recurso ao grupo de pares para ajudá-las a incorporar estes aspetos importantes na aprendizagem. Afirmam que as outras regulações são semelhantes ao que a criança irá fazer, à medida que se desenvolve. Ela vai ser capaz de executar a ação de aprendizagem e simultaneamente de dar a si mesma *feedback*. Após muita prática, a criança vai ser capaz de fazer autocríticas. Um exemplo disto é a atividade onde as crianças são agrupadas aos pares para fazerem a edição de um texto. Uma criança escreve uma história e a outra procura erros ortográficos, com a ajuda de uma lista. O editor dá *feedback* sobre as palavras mal escritas, sublinhando-as, ao mesmo tempo. Uma realiza a atividade e a outra dá *feedback*. As atividades nas quais as regulações dadas pelo outro estão presentes permitem o desenvolvimento da capacidade de fornecer *feedback* (Zuckerman, 2003).

Outro exemplo seria apresentar a informação na aula, de modo a que o grupo de pares continuasse a interagir entre si, para encontrar soluções para problemas e questões. Isto é muito diferente da prática corrente de pedir a cada criança a sua resposta, individual. O professor pode apresentar o problema num grupo pequeno ou grande, mas encorajar as crianças a dialogar entre si e a produzir soluções. Desta maneira, o professor age mais como moderador de ideias, ajudando as crianças a retirar as propostas que se sobrepõem e as que estão erradas. As crianças são encorajadas a trocar opiniões, numa espécie de sessão de *brainstorming* orientado, onde se propõem muitas ideias e depois se utilizam os princípios/conceitos ou processos a ser ensinados para avaliar as ideias propostas pelo grupo.

Deste modo, a autorreflexão está a desenvolver-se na criança. O objetivo da aprendizagem tem de ser reafirmado no final da atividade de aprendizagem, para recordar às crianças o que é que estão a tentar fazer. Os professores devem proporcionar oportunidades para a autorreflexão no processo de aprendizagem. Sugestões para desenvolver a autorreflexão são aventadas no capítulo 13.

Leituras adicionais

Davydov, V. V. (1988). Problems of developmental teaching: The experience of theorical and experimental psychological research. *Soviet Education, 30*, 66-79.

Elkonin, D. (1972). Toward the problem of stages in the mental development of the child. *Soviet Psychology, 10*, 225-251.

Karpov, Y. V., & Bradsford, J. D. (1995). L.S. Vygotsky and the doctrine of empirical and theoretical reasoning. *Educational Psychologist, 30*(2), 61-66.

Zuckerman, G. (2003). The learning activity in the first years of schooling: the developmental path toward reflection. In A. Kozulin, B. Gindis, V. S., Ageev, & S. M. Miller (Eds.), *Vygotsky's educational theory in cultural context* (pp. 177-199). Cambridge: Cambridge University Press.

CAPÍTULO 13
SUPORTES ÀS REALIZAÇÕES DESENVOLVIMENTAIS: CRIANÇAS EM IDADE DAS APRENDIZAGENS BÁSICAS (1º CICLO DO ENSINO BÁSICO)

Tal como foi descrito no Capítulo 12, as crianças em idade escolar (no primeiro ciclo do ensino básico) desenvolvem aspetos das capacidades intelectuais que emergem ou se manifestam nos anos posteriores. Estes primeiros anos são anos potenciadores das aprendizagens básicas fundamentais, enquanto pilares de aprendizagens mais elaboradas. Nesta idade, as crianças são iniciadas nas aprendizagens básicas da matemática e do conhecimento da língua, a palavra, e também da consciência metalinguística. Ainda, nestas idades, as crianças adquirem a linguagem escrita, uma ferramenta cultural de importância fundamental, que irá potenciar a sua capacidade de aprendizagem, pelo aumento da sua eficácia.

As funções mentais superiores (FMS) emergem também por esta idade. A maioria das crianças consegue agora recordar objetivos, focar a atenção e autorregular alguns aspetos do seu comportamento. Porém, a memória, a atenção e a autorregulação têm ainda um longo caminho a percorrer antes de atingir os níveis necessários, para o sucesso nos anos escolares posteriores. A motivação para aprender de forma formal está ainda em desenvolvimento. Potencia-se à medida que as crianças passam do brincar, enquanto atividade principal, a assumir o papel de aluno e desenvolvem a motivação para a descoberta (curiosidade intelectual, epistémica).

É esperado e importante que as crianças entrem na escola com as aquisições necessárias, desenvolvidas nos anos de jardim de infância. Contudo, nem sempre, e por várias razões, isto se verifica, a acreditar nas queixas de alguns professores do 1º ciclo do ensino básico. De facto, ao entrarem na idade escolar, muitas vezes, os professores dão conta da inexistência de competências e desenvolvimento dos requisitos necessários à aprendizagem escolar. Facto que complexifica a sua atividade e tarefa.

Neste capítulo iremos abordar os dois grandes desafios relacionados com os problemas e os desafios com os quais se confrontam os professores nos primeiros anos de escolaridade (1º ao 4º ano). O primeiro prende-se com o saber providenciar um ambiente de sala de aula gerador de atividades de aprendizagem potenciadoras das competências das crianças desta idade. As crianças ainda não estão preparadas para se envolver, autonomamente, e de forma plena, nas atividades de aprendizagem. Necessitam de suportes para o seu desenvolvimento, que se vai construído em todas as experiências de sala de aula. As estratégias de ensino e de aprendizagem devem ser adaptadas, para criar condições que permitam a emergência das realizações desenvolvimentais posteriores. Devem, no entanto, também, ser orientadas para as competências e níveis de aprendizagem dos primeiro e segundo anos de escolaridade. Assim, o foco, no início da escolaridade, deve situar-se em ajudar as crianças a aprender a ser aprendizes, ou seja, em saber como envolver-se, de forma produtiva, na atividade de aprendizagem, bem como em outras atividades que ocorrem na sala de aula.

O segundo desafio para os professores dos primeiros anos de escolaridade é ajudar as crianças que ainda não atingiram as aquisições/realizações previstas ao nível da idade pré-escolar/jardim de infância e que, consequentemente, têm dificuldade em lidar com as exigências do ensino formal. Como podem os professores apoiar estas crianças para que não fiquem aquém dos seus colegas mais desenvolvidos? No final da escolaridade básica, os alunos devem ter-se tornado aprendizes competentes, capazes de enfrentar os desafios de conteúdo académico mais avançado.

No capítulo 12 descrevemos a estrutura da atividade de aprendizagem, quando ela está totalmente formada. As crianças do primeiro ciclo de escolaridade têm um longo caminho a percorrer antes de terem desenvolvido a atividade de aprendizagem. Dependendo do conteúdo específico, das matérias escolares, e dos métodos do professor, as crianças podem, apenas, por esta altura, participar em aspetos da atividade de aprendizagem. Por exemplo, devido à sua estrutura sequencial e procedimentos bem definidos, a matemática pode ser utilizada para proporcionar a prática em tarefas de aprendizagem específicas. O ditado permite às crianças praticar elementos de controlo e de autoavaliação, na medida em que permite a comparação entre a sua escrita e os modelos corretos. Nos anos escolares posteriores, todos os aspetos da atividade de aprendizagem podem e são praticados na mesma atividade, mas, durante os primeiros anos da escolaridade, apenas determinados aspetos da atividade de aprendizagem são praticados.

Para assegurar que as crianças adquirem e desenvolvem os elementos da atividade de aprendizagem, as práticas de sala de aula devem ser desenhadas de modo a que apoiem a aprendizagem de várias formas. Iremos sumariar algumas das sugestões dos trabalhos de Davydov (1988), Elkonin (2001) e Zuckerman (2003), que se centram nos elementos, como a tarefa de aprendizagem definida, os padrões de aprendizagem e a autorreflexão. De seguida, daremos algumas orientações sobre como apoiar o desenvolvimento das ações de aprendizagem, com base no trabalho de Gal'perin (1969).

Apoiar os elementos fundamentais da atividade de aprendizagem

Os professores podem promover a atividade de aprendizagem modificando práticas de sala de aula. Assim, quando ensinam, podem incluir alguns elementos específicos da atividade de aprendizagem como, por exemplo:

- Utilizar modelos como forma de ajudar as crianças a perceberem ações generalizadas;
- Ajudar as crianças a perceber a atividade através do objetivo de aprendizagem;
- Ajudar as crianças a compreender o conceito de padrão/norma e aprender como utilizar os padrões para orientar a aprendizagem;
- Conceber formas de promover a reflexão.

Utilizar modelos como forma de ajudar as crianças a perceberem ações generalizadas.

À medida que as crianças começam a aprender conceitos e ações generalizadas – os processos essenciais – mediadores externos específicos podem facilitar o processo. A utilização de mediadores externos será eficaz se eles próprios forem ou funcionarem como modelo dos princípios primários e essenciais a ser ensinados. Por exemplo, as manipulações de materiais podem ser planeadas, especificamente, para incluir o conceito a ser aprendido, como, por exemplo, a manipulação das barras de diferentes comprimentos, de Cuisenaire, que permitem estabelecer as relações de proporcionalidade entre 1 e 10. As representações gráficas podem também ajudar as crianças a internalizar os princípios a ser aprendidos. Para compreender o início, meio e fim de uma história, as crianças podem criar quadros com três secções, cada um referente a uma parte da história. Tanto as manipulações como as representações gráficas ajudam as crianças a aprender as relações que estão no cerne dos conceitos ou ações generalizadas a ser ensinadas ou aprendidas.

Ao fomentar ou proporcionar as manipulações e representações gráficas para apoiar o desenvolvimento dos conceitos, os professores devem centrar a sua atenção na forma como as crianças os utilizam e não naquilo que a criança produz como resultado do processo. Ou seja, devem focar-se mais no processo que no produto final. O foco no produto pode ser enganador. O mesmo produto pode ter sido alcançado por vias (processos mentais) bem diferentes, umas mais adequadas que outras.

A turma da professora Ana está a fazer o número 8 com diferentes cubos coloridos. Ela pretende que as crianças vejam que quando o número 8 é representado por cubos de duas cores é possível chegar ao 8 mediante a adição de diferentes combinações. Ela demonstra-o fazendo os seguintes agrupamentos: 1 azul + 7 vermelhos, 2 azuis + 6 vermelhos, 3 azuis + 5 vermelhos, 4 azuis + 4 vermelhos, etc. Mostra às crianças os blocos e explica o que fez. Várias crianças fazem o mesmo padrão. Quando pergunta à Cristina o que ela fez, a Cristina diz "quando se põe mais um azul, o número de vermelhos tem que ser mais pequeno". Quando pergunta ao Daniel, ele diz: "Faz uma escada fixe, então o que eu fiz foi continuar a fazer com que o azul parecesse um degrau de uma escada". A professora rapidamente percebe que apenas a Cristina compreendeu o princípio geral que ela está a tentar ensinar.

De facto, de todas as crianças da sua sala, apenas a Cristina compreende o princípio. As restantes crianças realizam a tarefa de forma correta, mas com argumentos diferentes, nem sempre adequados. Ou seja, vendo os seus produtos, superficialmente, parecia que todas as crianças tinham compreendido cabalmente a tarefa.

Elkonin considera de primordial importância dar tempo suficiente às crianças para as manipulações, para que possam captar os conceitos que se modelam. Caso não sejam previstas manipulações ou estas sejam insuficientes, há risco das crianças perderem uma fase fundamental na aprendizagem. A ideia de proporcionar experiência foi também defendida por Gal'perin e será revista em pormenor na secção seguinte. De facto, os Vygotskianos não consideram a calculadora uma ferramenta particularmente útil nas fases iniciais da aprendizagem de somar, subtrair, multiplicar e dividir. A sua utilização produz uma resposta mas não permite à criança o envolvimento em ações que estimulem os processos de adição, subtração, multiplicação e divisão.

Ajudar as crianças a perceber a atividade através do objetivo de aprendizagem

As crianças devem compreender o propósito da prática ou da atividade que são solicitadas a realizar. Em princípio, as crianças tendem a perceber o objetivo enquanto produto, considerando suficiente aproximá-lo ao modelo fornecido pelo professor. De forma espontânea, não conseguem compreender que não é apenas o produto mas também a forma como o produzem que é importante. Os professores devem deixar claro que a prática é fomentada para que os alunos possam exercitar e assim aprender o processo em jogo.

Numa sala de aula do primeiro ano, as crianças estão a aprender a escrever a letra *a* como preparação para a escrita cursiva. Várias crianças escrevem páginas inteiras de *c*'s e depois fecham-nos para fazer os *a*. Quando questionadas porque fazem assim, as crianças dizem que dessa forma é mais rápido. Não realizam o objetivo primeiro, que é escrever logo o *a*. Ou seja, não têm a noção que o objetivo primeiro era produzir um *a* de forma específica, de modo a que quando formassem a letra cursiva estivesse correta. Fazer ou escrever um *c* e depois fechar a figura, para alcançar um *a*, não ensina às crianças o movimento correto da mão. Provavelmente, o professor não deixou claro às crianças o objetivo da tarefa.

Ajudar as crianças a compreender o conceito de padrão e a aprender como utilizar os padrões para orientar a aprendizagem

Associada à compreensão do objetivo de aprendizagem de uma atividade específica está a ideia de aprender a comparar o próprio desempenho a um padrão. O padrão estabelece e descreve o nível de desempenho requerido para se ter dominado ou executado a tarefa com sucesso. Estipula o que está e deve ser ensinado. Compreendendo o padrão, o aluno pode e deve continuar a trabalhar, melhorando a sua *performance* até atingir esse padrão. Quanto mais e melhor o padrão é internalizado mais apto está o aluno para trabalhar mais e de forma mais independente, pois passa a saber o que aprender e como se tornar mais eficiente.

Uma forma das crianças se aperceberem, de maneira mais ou menos rápida, se o seu desempenho corresponde ao padrão estabelecido pela professora, segundo os Vygotskianos, é dar *feedback* pelas suas realizações e promover competências de autocorreção. E o *feedback* deve ser o mais contingente possível.

Assim, para cumprir estes objetivos, propõem-se algumas orientações para os professores. Assim, deve o professor:

- Fornecer o padrão de realização, logo de início. Deixar claro o que se espera exatamente das crianças/alunos, em termos de desempenho aceitável;

- Fornecer formas das próprias crianças testarem, verificarem, as suas soluções. Estabelecer um guião com o conjunto de regras, para as crianças se autorregularem;
- Quando uma criança comete erros, deve levar a que ela reflita sobre a sua ação, para que possa tomar consciência e compreender os erros que comete;
- Enfatizar o que a criança sabe e distinguir do que a criança não sabe (exercício metacognitivo), dando *feedback* específico relacionado com a tarefa, ao invés de um *feedback* geral como, por exemplo, "boa tentativa", "sem cara triste" ou, somente, numa escala de "certo". O *feedback* geral não ajuda os alunos que cometem erros. Frequentemente, eles não percebem o que estão a fazer errado porque se o soubessem não cometeriam esse erro.

Formas criativas de promoção da reflexão

A capacidade de refletir sobre o pensamento desenvolve-se gradualmente durante os primeiros anos de escolaridade. Tal como todas as outras capacidades intelectuais, para os Vygotskianos, esta capacidade existe primeiramente num estado partilhado, antes de ser apropriada, internamente e individualmente, por cada criança. A reflexão começa com o professor a ajudar a criança a pensar sobre as suas ações mentais. Um suporte adicional pode ser providenciado pelos pares. Seguem-se sugestões para apoiar a reflexão, no ensino básico:

- Programas de intervenção/aprendizagem para ajudar as crianças a pensar como estudam, exercitam e aprendem. Rever com as crianças trabalhos e testes, de modo a identificarem padrões de erro ou ajudar as crianças a tomar consciência de como estudam e aprendem. Os padrões de respostas corretas podem ser utilizados para mostrar às crianças o que elas sabem, assim como os erros que cometem mostram o que não foi compreendido;

- Estabelecer objetivos de aprendizagem que ajudem as crianças a tornarem-se conscientes do que devem fazer para aprender, de forma mais eficaz;
- Propor às crianças trabalhar com colegas ou parceiros de estudo. Colocar uma criança a realizar a atividade e outra a controlar, a verificar se a tarefa ou solução está correta. Desta forma, as crianças praticam, simultaneamente, fazendo e refletindo.

Modelação passo-a-passo como forma de apoiar o desenvolvimento das ações de aprendizagem

Gal'perin interessou-se mais pela forma como o conhecimento externo é internalizado e representado mentalmente (ações mentais), do que as acções físicas (Gal'perin, 1969, 1992). Propôs a existência de etapas através das quais este processo se efetua. Durante os estádios iniciais de aquisição de uma nova competência ou conceito, a aprendizagem deve envolver ações concretas que são externas e que existem em fases sequenciais. Por exemplo, quando aprende pela primeira vez a contar objetos, a criança toca em cada objeto concreto e diz o seu número ou nome. Estas ações são repetidas numa sequência: primeiro toca no primeiro objeto e diz o seu número ou nome; depois passa para o próximo, e assim sucessivamente.

Segundo Gal'perin, quando os alunos sabem como realizar uma tarefa, as suas ações são executadas internamente. Estas ações também se tornam automatizadas, menos demoradas, reduzidas, e armazenadas, significando que muitos passos são não conscientes. Por vezes, as crianças em vez de contarem pelos dedos conseguem contar "na sua cabeça". De facto, o processo pode tornar-se reduzido, de modo a que não seja necessário contar cada objeto; apenas olhando para cinco objetos, as crianças sabem que são cinco. Este processo acontece quando as ações deixam de ser tão conscientes e passam a ser realizadas automaticamente, o que acontece em múltiplas áreas e conteúdos, como, por exemplo, na leitura. Para os leitores competentes são tantos os processos automáticos que, muitas vezes, não têm consciência das palavras, apenas das ideias.

Gal'perin e os seus colaboradores conduziram vários estudos com o objetivo de perceber quais os passos necessários aos principiantes para alcançar o nível de internalização que os capacita a agir mentalmente, de forma proficiente (Arievitch & Stetsenko, 2000). Decorrentes da sua perspetiva foram utilizadas estratégias para ensinar as crianças, em muitas áreas, constatando-se que estas eram capazes de desempenhos a um nível superior ao esperado para a sua idade. Apresentamos um resumo de alguns dos principais conceitos de Gal'perin, que auxiliam os professores a tornar o ensino mais eficaz:

- A importância das bases orientadoras da ação;
- A necessidade da ação materializada;
- A importância da automatização;
- A distinção entre erros naturais e erros evitáveis.

A importância das bases orientadoras da ação

Numa análise aos métodos de ensino tradicionais, em que os professores ensinam partes de um todo, construindo assim a competência subjacente, a partir dessas partes, Gal'perin verificou que as crianças eram, com frequência, deixadas à sua própria sorte para descobrir como as partes se encaixavam entre si. As crianças formavam as suas próprias teorias ingénuas sobre a relação entre as partes e o todo. Por exemplo, o professor ensina como medir objetos utilizando uma régua. São dadas réguas às crianças e estas começam a medir os seus próprios objetos. Contudo, elas apenas têm uma vaga ideia de como fazê-lo. Muitas delas não compreendem que têm de fazer uma marca no final do objeto que estão a medir, quando este é mais comprido do que a régua, para saberem onde colocar a régua de modo a puderem continuar a medir o objeto. Consequentemente, pode acontecer que as crianças da sala obtenham uma medida diferente de um mesmo objeto.

A recomendação de Gal'perin é a de que se identifique o princípio básico que faz com que as partes separadas da experiência façam sentido. Argumenta que as crianças não têm apenas de aprender o conceito deste princípio mas também os fatores primários que influenciam a sua aplicação.

Na perspetiva deste autor, as partes devem ser articuladas para que o todo faça sentido. Por este motivo, o professor deve fornecer um roteiro sobre o que deve ser aprendido, indicando o objetivo principal, as suas principais caraterísticas e aplicações. Ao ensinar medições, por exemplo, o professor deve deixar claro que o comprimento é contínuo e por isso a ação de medir deve também ela ser contínua.

A necessidade da ação materializada

Gal'perin defendeu que as ações mentais (operações) começam por ser primeiro materiais (*material*) ou materializadas (*materialized*). Numa ação material, física, a criança lida com um objeto real; numa ação materializada, a criança utiliza a representação de um objeto. Por exemplo, quando as crianças aprendem a contar do primeiro ao décimo e depois até ao centésimo, elas colocam varas individuais em conjuntos de dez e juntam (ação material). Mas, podem também fazer uma marca de registo por cada dia que passam na escola e depois contar essas marcas. Neste último caso, as crianças estarão a realizar uma ação materializada, na medida em que estão a contar representações de objetos e não objetos reais.

Gal'perin defendeu que as ações físicas não precedem apenas as ações mentais; elas na realidade moldam-nas. A própria forma como a criança constrói um número utilizando as varetas Cuisenaire influencia os processos de pensamento; transmitem o conceito de unidades, e, como as unidades de diferentes tamanhos estão relacionadas entre si, tornam, assim, uma ideia difícil em ideia concreta. A criança, ao utilizar as varas para criar representações de números, envolve-se numa ação materializada. Até as crianças aprenderem o valor, um gráfico, em papel, pode ajudá-las. O gráfico torna o valor e a posição dos dígitos num número concreto. Quando as crianças escrevem e resolvem problemas de adição, utilizando gráficos, estão envolvidas numa ação materializada. Outro exemplo de materialização envolve a utilização de uma "janela de palavra", em que as crianças colocam uma moldura à volta de cada palavra que leram. A janela enfatiza o conceito de "palavra" enquanto entidade separada, uma entidade que é concreta e contida no interior da moldura. A ação da criança de deslocar a moldura de uma palavra para a outra modela o seu conceito de palavras enquanto entidades distintas.

Gal'perin considerou que existe uma progressão na forma como a ação mental é formada: ela passa de material ou materializada (concreta e física) a baseada na linguagem, internalizada. Primeiro, as crianças executam fisicamente uma ação material ou materializada, tal como construir uma soma com as varas Cuisenaire ou deslocar uma janela de palavra ao longo da linha de impressão. Esta ação materializada conjuntamente com um discurso interno dirige a ação da criança, iniciando-se o processo de passagem de ação externa para um esquema interno. A linguagem vai permitir à ação materializada tornar-se um conceito mental. As crianças podem então descontinuar a utilização de manipulações e ações abertas mas continuam a necessitar do discurso privado para completar a ação mental. Por fim, o discurso privado torna-se internalizado e transforma--se em discurso interno (*inner speech*) e eventualmente em pensamento verbal, dirigindo a ação mental.

Retomando o exemplo das varas Cuisenaire, a criança compõe o número 10, colocando juntos material de uma unidade, à medida que conta 1, 2, 3, 4, 5, 6, 7, 8, 9, 10. O discurso privado de ir dizendo os números à medida que manipula as varas facilita a conversão da ação física num conceito baseado na linguagem. Eventualmente, ela internaliza a ideia de que uma unidade maior (10) é composta por dez unidades menores.

Saltar qualquer fase deste percurso levanta problemas. Ao ensinar estudantes mais velhos, se se começar pelo estádio da linguagem conduzirá, por vezes, a problemas, porque podem não ter as dimensões de construção consolidados. Gal'perin (1959) advertiu para as repercussões negativas de se ultrapassarem fases do processo, por exemplo, do estádio da ação material ou materializada, argumentando que os estudantes podem desenvolver um conceito vazio ou competência desprovida do seu verdadeiro conteúdo. Os estudantes que desenvolveram um conceito vazio tendem a falar da ação que é suposto executarem ao invés de a executarem realmente. Um exemplo pode ser o de uma estudante que, ao ser questionada, pode afirmar que para adicionar números de dois dígitos tem de adicionar as décimas e depois as unidades e depois estas duas somas juntas. No entanto, quando solicitada a somar 47 e 38, ela pode não ser capaz de adicionar ou de verbalizar, em concreto, os passos envolvidos. Para estes alunos, os professores podem ter de retornar ao estádio da ação material ou materializada (estádios mais físicos e concretos).

Para uma ação materializada ser internalizada numa ação mental tem que ser acompanhada de um discurso privado que a sustenta ou retém na mente. Os professores não têm apenas de planificar a utilização, manuseamentos e procedimentos, mas também tudo o que as crianças devem dizer quando estão a manipular os objetos. As crianças que continuam a apontar para as palavras enquanto leem, provavelmente, necessitam do discurso privado para dizer cada palavra em voz alta à medida que as sinalizam. Forçá-las a ler silenciosamente pode retardar o desenvolvimento de ações mentais.

Automatização das ações mentais

Gal'perin considerava que antes de qualquer conceito, competência ou estratégia nova ser internalizada, ela existe durante um período de tempo numa forma apoiada externamente. Tal pode ser observado a partir das verbalizações da criança ou pela forma como ela manipula os objetos. A partir destas observações, o professor pode perceber a que nível de aprendizagem está a criança relativamente à nova competência e pode proporcionar ajuda, no sentido de facilitar a aprendizagem. Uma vez internalizada a competência, ela torna-se automatizada e arquivada/memorizada e, assim, alguns dos passos sequenciais são desempenhados de forma simultânea. Isto significa que o conceito ou ideia não está facilmente acessível à correção. Quando uma competência se torna internalizada ou automática, torna-se muito difícil para o professor corrigir uma parte em falta ou imperfeita ou incorreta. A forma internalizada torna-se como um hábito ou rotina. Por exemplo, se habitualmente virarmos à direita quando saímos de uma área de estacionamento para ir para casa ao final do dia, é provável que nos esqueçamos de virar à esquerda nos dias em que precisamos de virar nesse sentido para ir ao supermercado. O comportamento de virar à direita no final do dia está tão estabelecido que é automático.

A automatização explica porque é difícil corrigir coisas que aprendemos incorretamente, mesmo sabendo que estamos errados. Alguns exemplos são grafias incorretas, pronuncia errada de algumas palavras e factos matemáticos incorretamente memorizados. Em todos estes casos, até podemos reconhecer o erro mas é difícil alterar e modificar tais comportamentos.

A forma tradicional de corrigir este tipo de erro é assinalar o erro logo após ter sido cometido. Tal como muitos professores podem confirmar, assinalar o erro posteriormente tem tido muito pouco impacto na sua remoção. A Cátia, uma aluna do primeiro ano, inverte o número 6 quando o escreve. Ela não inverte nenhuma das letras que poderíamos esperar que invertesse, apenas o número 6. A sua professora já tentou muitas estratégias diferentes, incluindo fazê-la escrever corretamente o 6 numa folha de papel ou fazê-la copiar problemas de matemática que continham o 6. Independentemente das tentativas, a Cátia parece esquecer a forma correta de escrever o 6 e continua a escrever sempre na forma anterior. Mesmo a ameaça de uma possível retenção não funciona como estratégia de correção. Para resolver este problema, utilizando a abordagem de Gal'perin, é necessário desautomatizar a ação, interrompendo-a, fazendo, posteriormente, com que a criança a reaprenda até ao ponto da automatização. A Cátia precisa de se autorregular, ou seja, parar, pensar, antes de agir e escrever o 6 e depois aprender a fazê-lo corretamente, passo-a-passo. Para interromper as ações da Cátia, a professora fá-la escrever os seus problemas de matemática a lápis, mas, quando surge um 6, ela tem de parar e passar a usar uma caneta de tinta azul. Quando usa a caneta, a Cátia olha para o cartão mediador externo onde o 6 está escrito corretamente e diz para si própria "o seis é desta forma", e escreve o 6 com a caneta azul. Depois continua o resto dos seus problemas de matemática a lápis. Após poucos dias, a Cátia facilmente, e de forma autónoma, escreve o algarismo de forma correta.

Distinção entre erros naturais e erros evitáveis

Os Vygotskianos reconhecem que existem diferentes tipos de erros. Alguns requerem intervenção, mas outros são naturais ou até benéficos. São uma parte natural do processo de aprendizagem, quando ocorrem por um curto período de tempo e depois são superados. Alguns exemplos são a utilização do discurso de bebé pelas crianças um pouco mais crescidas, as crianças em idade pré-escolar desenharem figuras sem dedos ou orelhas e as crianças no jardim de infância inventarem ortografia.

Alguns erros são benéficos no processo de aprendizagem, providenciando *feedback* à criança sobre o seu desempenho. Corrigindo esses erros, a criança pode melhorar o seu desempenho. Quando a criança, já em idade escolar, lê *caro* como *carro* e a frase deixa de fazer sentido, o erro faz com que a criança olhe de novo para a palavra e tente lê-la corretamente. Assim, a criança é capaz de pensar sobre o erro e a razão por que ocorre ou ocorreu. Este tipo de erro cria uma dissonância cognitiva e pode até despertar a curiosidade da criança.

Por outro lado, há outros erros que não são benéficos. Estes são erros que a criança não compreende ou parecem não ser corrigidos mesmo após *feedback* do professor ou do suporte do contexto social. Em algumas crianças, erros naturais, como inverter letras, não desaparecem num período razoável de tempo e consequentemente podem tornar-se um problema. Após aprender a ler e a escrever com uma direcionalidade da esquerda para a direita, algumas crianças têm problemas em romper com este hábito, quando necessitam de subtrair números de dois e três dígitos. Subtraem começando pela esquerda ao invés de começarem pela primeira coluna. Alguns erros são extremamente frustrantes e podem ter um efeito negativo na motivação da criança para aprender. Estes erros recorrentes são muito resistentes à mudança e podem tornar-se um grande problema na sala de aula.

Gal'perin (1969) escreveu sobre os benefícios da aprendizagem sem erros para ajudar os professores a prevenir os erros repetidos e ajudar as crianças a não os cometer. Primeiro, encorajou os professores, quando planificam experiências de aprendizagem, a antecipar os erros dos alunos.

Por exemplo, se a professora sabe que as crianças confundem as cores laranja e vermelho, quando ela apresenta estas cores deve salientar que elas são diferentes. Se ela sabe que a primeira reação das crianças será a de confundir dois conceitos, ela deve sublinhar isso logo de início. Assim, a professora antecipa os elementos que podem ser confusos e previne dificuldades e erros, promovendo aprendizagem.

Gal'perin salienta que os professores não devem deixar às crianças a descoberta dos elementos essenciais dos conceitos básicos. O autor considera que a aprendizagem por tentativas e erros não é benéfica e não deve ser utilizada na escola. Na escola, aprender por tentativas e erros conduz a erros recorrentes e torna-se muito frustrante por que a criança não consegue adivinhar o que o professor deseja.

Após a fase em que o professor explicita todos os elementos necessários de um conceito ou competência, deve monitorizar-se o processo da sua aquisição, fornecer vários tipos de apoio, tais como experiências partilhadas e mediadores externos, e encorajar a utilização de discurso privado. O professor deve assegurar-se que a compreensão da criança reflete todos os componentes essenciais e que ela é capaz de aplicar o novo conceito ou competência a novos problemas sem o deturpar.

Um erro típico de crianças do segundo ano de escolaridade é a utilização indevida da maiúscula (*capitalization*). Recorrendo à perspetiva de aprendizagem sem erros, professor e crianças elaboram uma lista de todas as situações nas quais as maiúsculas (*capitals*) são utilizadas. A lista (mediador externo) é colocada num cartão na mesa da criança As crianças trabalham numa tarefa de treino de maiúsculas, utilizando o discurso privado e o mediador externo. À medida que vão realizando as tarefas propostas, vão consultando a lista. Após várias frases de treino, as crianças discutem os seus resultados com um parceiro. Posteriormente, o professor monitoriza o seu progresso. Em poucas semanas, a maioria das crianças não necessitará do cartão nas suas mesas e não necessitam utilizar também o discurso privado. Naturalmente que algumas crianças podem necessitar de suporte externo por mais algum tempo.

Quando os erros recorrentes reaparecem, de acordo com Gal'perin, é necessário recapitular e perceber/equacionar o que os está a manter:

Todos os elementos essenciais foram explicitamente transmitidos à criança?, A criança praticou o suficiente ou o desempenho independente foi encorajado antes de ela estar preparada?, Foi dado suporte suficiente à criança, de modo a permitir que domine todas as dimensões da competência ou conceito?.

Uma vez encontrada a causa do erro, o professor deve compensar a experiência perdida, ajudando a criança a reaprender a informação. Por exemplo, a criança pode não estar a perceber a regra que a ajudará a resolver a situação. Em alguns casos, a criança pode necessitar de mais prática, trabalhando com a regra, ou mesmo, com um suporte, como, por exemplo, com uma caneta de cor diferente, como no exemplo anterior, em que a Cátia tinha que escrever todos os seus 6 a caneta azul. Em outros casos, se a criança aprendeu a soletrar uma palavra incorretamente, ela poderá precisar de uma representação visual da regra apropriada e pode precisar de dizer essa regra a si própria enquanto escreve a palavra. Um exemplo disto poderia ser levar a criança a criar uma página de lembretes visuais. Imagens e palavras que representassem as utilizações mais frequentes das letras maiúsculas, tal como a imagem de um globo, para os nomes geográficos. A criança seria depois encorajada a dizer em voz alta se cada palavra em questão se encaixa em alguma das categorias listadas na página.

Escrita apoiada (*Scaffolded Writing*) – a aplicação à escrita da educação passo-a-passo

As ajudas (andaimes) à escrita (*Scaffolded Writing*) (Bodrova & Leong, 1998, 2001, 2003, 2005) é uma aplicação americana das ideias de Gal'perin. Enquanto na Rússia, habitualmente, não se espera que as crianças escrevam frases e historias inteiras antes de saberem ler múltiplos parágrafos impressos, nas escolas americanas isso acontece. Consequentemente, muitas crianças americanas envolvem-se em atividades de escrita tais como repórteres (*journaling*) ou *workshops* de escrita antes de desenvolverem completamente uma compreensão do conceito de palavra.

Muitas crianças que somente utilizam rabiscos e letras com forma estilizada, com frequência, em escrita normal, não deixam espaços entre as palavras, o que faz com que seja virtualmente impossível ler as suas próprias mensagens ou as palavras. Como resultado, estas crianças perdem oportunidades de utilizar o processo de escrita para praticar a consciência fonética, conhecimento das letras e o som correspondente às letras.

As ideias de Gal'perin, relativamente aos passos envolvidos na construção de uma nova ação mental, tornaram-se a base do método *Scaffolded Writing* (ajudas à escrita ou escrita auxiliada), desenvolvido nos EUA em 1995 (Bodrova & Leong, 1995). Durante as sessões de *Scaffolding Writing*, o professor ajuda a criança a planificar a sua própria mensagem, desenhando uma linha, na folha, para colocar cada palavra que ela diz. A criança depois repete a mensagem apontando para cada linha, à medida que diz a palavra. Por fim, ela escreve nas linhas, tentando representar cada palavra com algumas letras ou símbolos.

Durante as primeiras sessões, a criança pode precisar de alguma ajuda e sugestões por parte do professor.

À medida que a sua compreensão do conceito de palavra aumenta, a criança torna-se capaz de levar a cabo todo o processo, de forma independente, incluindo desenhar as linhas e escrever as palavras nessas linhas.

Ao planificar-se ou definir-se um protocolo passo-a-passo para a escrita emergente, primeiro é necessário identificar os aspetos mais críticos da tarefa, a sua base orientadora, que pode ser sustentada por uma ferramenta específica. Embora existam muitas tarefas envolvidas no ato de escrever e, sabendo que os escritores emergentes ou iniciados podem enfrentar dificuldades na execução de qualquer uma delas, segundo esta orientação, o educador deve centrar-se no conceito de palavra como o aspeto mais importante neste estádio de desenvolvimento da escrita. Um grande número de estudos sobre principiantes na escrita indica que o desenvolvimento do conceito de palavras nas crianças se relaciona significativamente com a sua aprendizagem de outros importantes pré--requisitos da literacia (leitura e escrita). Assim, a base orientadora da ação de escrever está em focar explicitamente a atenção da criança na existência de palavras individuais contidas numa mensagem escrita.

O conceito de palavra é fundamental para a aprendizagem da escrita, contudo, nos estádios iniciais da escrita, as crianças mais novas experienciam grande dificuldade em compreender o que é uma palavra. Para apoiar a emergência do conceito de palavra, pode utilizar-se um mediador externo, criado para o ensinar, devendo ser diferente da palavra escrita, mas conter alguns dos atributos das palavras escritas. Consideramos que uma linha desenhada para representar cada palavra, de uma mensagem oral, funciona bem enquanto mediador. As linhas separadas representam a existência de palavras individuais e a sua sequência dá a noção de frase. No mesmo sentido, desenhar uma linha não exige tanto da criança, quer ao nível do conhecimento ortográfico e capacidades motoras finas, como acontece com a escrita da palavra. Assim, desenhar uma linha apresenta-se como a ação materializada de escrever as palavras de uma mensagem.

O discurso privado, que é encorajado durante a *Scaffolded Writing*, auxilia os escritores principiantes, de, pelo menos, três formas. Primeiro, quando uma criança fala consigo mesma, enquanto escreve, isso ajuda-a a recordar mais palavras da sua mensagem inicial. Segundo, na medida em que a criança repete uma palavra enquanto desenha uma linha, ela está a praticar a voz para imprimir correspondência, o que reforça o conceito de palavra. Finalmente, com a existência de linhas, que a relembram das outras palavras da mensagem, a criança pode concentrar-se em repetir cada palavra, quantas vezes forem necessárias, para chegar a algumas representações fonémicas. Assim, a *Scaffolded Writing* começa por ser uma atividade partilhada, com a criança a contribuir com a mensagem e o professor a escrever as linhas e depois a representar os sons da palavra com letras. Mais tarde, as crianças são capazes, por si mesmas, de planear a frase e desenhar a linha para cada palavra, à medida que as dizem. Após as crianças fazerem as linhas para cada palavra, elas voltam atrás e colocam letras nessas linhas, representando os sons das palavras correspondentes. Por fim, as crianças são capazes de planificar uma frase e escrever palavras separadas por espaços. Quando o conceito de palavra tiver sido internalizado, as crianças deixam de utilizar a linha, porque se tornam capazes de executar a ação sem a presença de pistas externas.

Regista-se um aumento significativo na quantidade e na qualidade da escrita das crianças, como resultado da utilização do *scaffolding writing* (ajudas em andaimes, à escrita), verificando-se a aplicabilidade dos métodos de Gal'perin nas salas americanas de iniciação à escrita (início da escolarização).

Auxiliar as crianças do ensino básico que não alcançaram realizações desenvolvimentais da idade pré-escolar, de jardim de infância

Muitas crianças entram para a escola (iniciação da escolaridade básica) sem os pré-requisitos desenvolvimentais que tornam as aprendizagens escolares básicas efetivas. No entanto, consideramos que os educadores não podem nem devem deixar as crianças somente brincar, atividade principal em idade pré-escolar, de modo a compensar as lacunas do seu desenvolvimento. Enfatizando o papel dos jogos com regras enquanto transição entre o jogo de faz-de-conta e a atividade de aprendizagem, os Vygotskianos (Michailenko & Korotkova, 2002; Smirnova, 1998; Smirnova & Gudareva, 2004) defendem o recurso a vários jogos para atingir e alcançar as referidas aquisições/realizações desenvolvimentais. Estes jogos têm várias caraterísticas que ajudam a criança, em idade escolar, a desenvolver a autorregulação, pensamento simbólico e a capacidade para seguir regras. Os jogos têm um cenário simulado, permitindo, deste modo, as crianças envolverem-se em *role-playing* e na planificação das atividades, sendo ambos aspetos do jogo simbólico, que sustentam as competências de autorregulação. Os jogos de aprendizagem (*learning games*) também ajudam as crianças a internalizar conceitos, a envolver-se na regulação dos outros (*other-regulation*) (verificar se as outras crianças estão a brincar corretamente) e na autoavaliação.

Os jogos educativos (*teaching games*) são uma caraterística comum das salas de atividades do início da infância ou mesmo da escolaridade básica. São muitas vezes propostos para as crianças brincarem durante o seu tempo livre ou como parte do tempo de aula. A maioria dos jogos educacionais é pensada, primeiro, enquanto jogo puro e, em segundo lugar, como uma forma de ajudar as crianças a aprender uma dada competência ou conteúdo. São frequentemente utilizados mais como um complemento ao currículo, do que enquanto forma planificada de ajudar as crianças a praticar competências, noutro contexto. Utilizar jogos educativos, cujo propósito principal é estabelecer a ponte entre a atividade principal do jardim de infância e a atividade de aprendizagem, é uma caraterística comum dos currículos baseados na perspetiva Vygotskiana, para as crianças desta idade (Venger & Dyachenko, 1989). Estes investigadores consideram que os jogos proporcionam o suporte da atividade partilhada, potenciando, assim, a motivação, bem como auxiliam as crianças que carecem de uma ajuda suplementar. O potencial dos jogos, enquanto promotores da base real para a aprendizagem de novos conceitos e competências, não está hoje completamente explorado nas salas de aula, do ensino básico, dos Estados Unidos.

Para fazer com que os jogos sejam mais eficazes e para torná-los em algo que ajude as crianças na transição para a atividade de aprendizagem, os professores podem adequar os jogos que já, eventualmente, utilizam e planificar outros, tendo em conta os seguintes aspetos:

* A criança que pratica deve ganhar;
* O jogo deve permitir a autocorreção;
* Os jogos utilizados no início do processo de aprendizagem devem ser diferentes dos utilizados pelas crianças que já estão muito familiarizadas com a competência.

A criança que pratica deve ganhar

Muitos jogos educativos são desenhados tendo em conta apenas o fator sorte na obtenção do produto final, pese embora a criança possa não estar a praticar o conceito ou competência a ser aprendido. Todavia, os jogos devem ser pensados de modo a que as crianças que praticam o conceito ou competência desejado obtenham sucesso. Por exemplo, o jogo Lotto, em que é suposto as crianças identificarem a imagem do seu cartão que comece pelo mesmo som inicial do cartão correspondente. Se o jogo estiver organizado de modo a que apenas uma criança tenha o som correto no seu cartão, então apenas uma criança pode apresentar a resposta correta. É suposto as outras crianças verificarem o seu cartão para o som alvo; no entanto, muitas crianças, particularmente aquelas que são inseguras das suas competências, sentam-se passivamente à espera que o professor ou outra criança assinalem o que têm no seu cartão. De facto, uma criança pode ganhar apesar de nem sequer ter olhado para os seus cartões.

O melhor seria redesenhar o mesmo jogo Lotto, de modo a que todas as crianças tivessem o som correspondente no seu cartão. Por exemplo, cada criança teria no seu cartão uma imagem de algo começado pelo som *t*, e assim uma criança teria a imagem de um tijolo, outra a imagem de um tigre e outra ainda a imagem de um tacho. Neste caso, as crianças não podem copiar-se umas às outras, mas devem procurar as imagens corretas nos seus próprios cartões. Todas elas sabem que terão a resposta se a procurarem. Isto proporciona uma maior motivação e incentiva a atividade das crianças.

O professor será também capaz de monitorizar o que cada criança sabe, porque todas elas podem encontrar respostas nos seus cartões. Isto é tanto mais eficaz quanto potencia a probabilidade de todas as crianças se envolverem cognitivamente no jogo.

O jogo deve permitir a autocorreção

As crianças devem ser capazes de verificar o seu desempenho, comparando com um resultado padrão, permitindo monitorizar as realizações, vendo se estão corretas e/ou corrigindo-as. Por exemplo, num jogo de adição, em que as crianças, alternadamente, lançam dados e adicionam esse número obtido a uma constante, é fornecido um cartão que lhes permite verificar a resposta. A criança só poderá avançar no jogo se a resposta for verificada e estiver correta. É providenciado um meio de verificação, de modo a que todas as crianças saibam o que é certo ou errado.

O jogo deve mudar à medida que as capacidades das crianças também mudam.

Os jogos utilizados nos estádios mais avançados de aprendizagem de uma competência devem oferecer menos ajuda e devem depender sobretudo das próprias crianças, até para se corrigirem umas às outras. Deve também requerer maior rapidez, uma utilização mais fluente das competências em causa. No jogo sonoro referido anteriormente, as crianças tentam identificar imagens de objetos que começam pelo mesmo som que a imagem correspondente. No início, as crianças jogam e brincam ao seu ritmo. Depois de se familiarizarem com o jogo, elas podem impor tempos a si próprias para tentar alcançar o melhor resultado do grupo. Isto é semelhante ao que acontece num jogo de xadrez, onde os jogadores temporizam os seus movimentos. Esta técnica pode ser utilizada para encorajar um desempenho mais rápido, uma vez atingidos os aspetos fundamentais da competência. O jogo pode, assim, promover a fluência e a autonomização da competência e não apenas a sua prática.

Leituras adicionais

Davidov, V. V. (1988). Problems of developmental teaching: The experience of theoretical and experimental psychological research. *Soviet education, 30*, 66-79.

Gal'perin, P. Y. (1992). Organization of mental activity and the effectiveness of learning. *Journal of Russian & East European Psychology, 30*(4), 65-82.

Zuckerman, G. (2003). The learning activity in the first years of schooling: The developmental path toward reflection. In A. Kozulin, B. Gindis, V. S. Ageev, & S. M. Miller (Eds.), *Vygotsky's educational theory in cultural context* (pp. 177-199). Cambridge: Cambridge University Press.

CAPÍTULO 14
AVALIAÇÃO DINÂMICA: APLICAÇÃO DA ZONA DE DESENVOLVIMENTO PROXIMAL (*ZONE OF PROXIMAL DEVELOPMENT*)

Na obra *Mind in Society*, Vygotsky propõe uma forma diferente de realizar a avaliação e a medida das capacidades ou aptidões (*abilities*), que passam de uma visão estática das realizações das crianças para uma visão dinâmica, que pode revelar mais sobre o como a criança aprende (Vygotsky, 1978). A Zona de Desenvolvimento Proximal (ZDP) é o princípio organizador deste tipo de avaliação. O *focus* situa-se na medida ou avaliação das dinâmicas de aprendizagem e desenvolvimento, que incluem quer o estabelecimento do nível atual de desempenho ou realização (*achievement*) da criança, quer o seu potencial para atingir níveis superiores de desenvolvimento. Para os Vygotskianos, o desenvolvimento é definido não como uma acumulação (*unfolding*) universal de capacidades, ou como resultante de processos de maturação, mas como *skills* que emergem da interação entre as capacidades das crianças e o meio ou contexto de suporte. Neste sentido, a avaliação deve assegurar-se e revelar que a aprendizagem ocorre em contexto social e deve incluir e ter em conta a influência dos suportes disponibilizados às crianças. Com base nestes princípios, os pós-Vygotskianos desenvolveram o conceito de experiência instrucional/ensino (*instructional experiment*), mais conhecido, no ocidente, por avaliação dinâmica. O objetivo principal deste tipo de avaliação é auxiliar os professores, ou educadores em geral, a compreender quer o que a criança especificamente sabe e conhece e os passos instrucionais e de ensino necessários potenciadores de futuras e posteriores aprendizagens.

Avaliação Tradicional vs. Avaliação dinâmica

Os Vygotskianos sugerem que as seguintes assunções do paradigma tradicional de avaliação e de testagem reduzem a eficácia da avaliação contínua das aprendizagens em contexto de sala de aula (Guthke & Wigenfeld, 1992; Lidz & Gindis, 2003):

- Somente as competências completamente desenvolvidas podem ser medidas – as que as crianças podem atualizar sem suporte ou auxílio;
- O nível de funcionamento revelado pela avaliação rigorosa reflete as capacidades internas (*inner capacities*) das crianças – o que a criança atualmente sabe e conhece e pode fazer ou realizar;
- O objetivo da avaliação é predizer como a criança pode aprender no futuro e/ou classificar a criança de acordo com uma categoria, como, por exemplo, "pronto ou apto para entrar na escola" ou "exibe problemas de integração sensório-motora".

Os Vygotskianos consideram que a avaliação das competências completamente desenvolvidas subestima as capacidades das crianças, pois a informação obtida pertence somente ao nível mais baixo da Zona de Desenvolvimento Proximal (ZDP). Conhecer o que a criança pode e realiza de forma independente não avalia qualquer coisa que está em processo de desenvolvimento. Somente quando os dois níveis da ZDP são conhecidos - o que a criança pode e realiza sozinho e o que consegue fazer ou realizar com suporte – é que o intervalo das capacidades das crianças está identificado. A ZDP revela os *skills* que estão emergentes (*on the edge of emergence*).

Na Psicologia Ocidental é frequente associar-se as realizações desenvolvimentais e os resultados de aprendizagem ao que a criança é capaz de fazer de forma autónoma, sozinha, independente. Este pensamento afeta as pessoas em todos os níveis de educação- desde o professor da sala de aula que proíbe as crianças de se ajudarem mutuamente, por exemplo, nos testes, aos autores, investigadores ou gestores que definem os objetivos de nível de desenvolvimento esperado em termos das realizações individuais das crianças. Consequentemente, todos os instrumentos de avaliação tradicionais são pensados para minimizar os efeitos da interação entre a criança e o administrador do teste, quer seja o professor, quer outro profissional. Os avaliadores são treinados não para dar ajudas ou tecer quaisquer juízos ou inferências sobre as respostas das crianças, nem para reformular as questões ou explicar as tarefas de teste. Deste modo, o resultado é que, praticamente, toda a informação recolhida, a partir dos instrumentos de avaliação tradicional, reflete somente o que a criança pode e faz sozinha. Esta *performance* independente representa um indicador importante do desempenho atual da criança – o que a criança pode fazer ou faz sozinha – mas, para os Vygotskianos, não é o único indicador.

Vygotsky considera que o nível independente de realização não é suficiente para descrever totalmente o desenvolvimento. De acordo com a Teoria Histórico-Cultural, o desenvolvimento das crianças envolve o domínio de ferramentas culturais, a partir das interações sociais (Vygotsky, 1978). Segundo este paradigma, o quanto a criança é capaz de aprender novas ferramentas é tão importante quanto a forma como é capaz de utilizar as ferramentas que já domina. E, tal como o suporte social é necessário para a aquisição de novas ferramentas, também a utilização do suporte, pelas crianças, pode ser avaliada. Neste sentido, para analisar todas as *nuances* das capacidades da criança, quando se avalia as realizações da criança, Vygotsky recomenda avaliar-se o nível de *performance* assistida. O nível de *performance* assistida representa o que a criança pode fazer quando o meio lhe fornece ajuda. Esta ajuda inclui, embora não se limite, o suporte instrucional (de ensino; de instrução) proporcionado pelo professor. O nível de *performance* assistida mede a potencial capacidade da criança para dominar novas estratégias, conceitos e *skills*, através da avaliação da quantidade de ajuda que a criança necessita para completar a tarefa com sucesso.

As respostas aos testes tradicionais podem não revelar o que a criança pensa aquando da realização da tarefa e daí poder não traduzir fielmente o seu nível de funcionamento. Muitas críticas aos testes padronizados e normalizados indicam que as respostas das crianças podem não refletir a sua verdadeira compreensão pois as questões podem ser mal interpretadas (Mcafee & Leong, 2003). Igualmente, as crianças podem obter respostas corretas utilizando processos incorretos, como referido nos capítulos 12 e 13, do presente livro. É perigoso extrapolar o verdadeiro potencial das suas capacidades a partir das respostas das crianças a uma ou duas questões específicas. As estratégias avaliativas que melhor testam e analisam a compreensão das crianças produzem respostas que revelam mais acerca do que a criança sabe e conhece do que as respostas a poucas questões.

O objetivo da avaliação tradicional é predizer o futuro funcionamento, de formas muito gerais. Está a criança pronta ou apta para entrar na escola? Lê conforme o previsto para a sua idade, à imagem dos seus pares? Somente os testes mais específicos podem disponibilizar ou permitir informação diagnóstica, como, por exemplo, os testes para questões específicas de aprendizagem. Esses testes especializados e específicos proporcionam uma quantidade de informação que, muitas vezes, é pouco útil para as decisões do dia-a-dia, ao nível do ensino, que os professores tomam ou têm que tomar. Os testes tradicionais de diagnóstico tendem a medir capacidades estáticas, a produzir categorias (*snapshots* - estereótipos) de capacidades, num determinado momento. A maior parte das vezes, não proporcionam aos professores muitas orientações sobre como auxiliar uma criança em específico.

A avaliação dinâmica é uma alternativa à avaliação típica, em que somente as competências totalmente desenvolvidas são medidas e em que qualquer intervenção por parte do administrador do teste pode ou inviabiliza os resultados dos testes, tornando-os inválidos. Por outro lado, na avaliação dinâmica, as interações entre a criança e o avaliador são fontes de informação tão valiosas quanto a realização individual da criança. A avaliação dinâmica revela peças ou elementos da "grande fotografia" que geralmente são negligenciadas ou descuradas na avaliação tradicional. Inclui o como a criança realiza a tarefa, com auxílio ou ajuda e a forma como a criança é capaz de transferir esta realização assistida para tarefas diferentes ou mesmo testes. Ainda, a avaliação dinâmica proporciona ao professor informação sobre como as intervenções de suporte fazem a diferença para a criança. Esta informação auxilia-o nas tomadas de decisão sobre como ensinar um conceito ou *skill*.

O que é a avaliação dinâmica?

Numa sessão de avaliação dinâmica típica, a criança é inicialmente pré testada individualmente, para determinar o seu nível atual, ou seja, o que é capaz de realizar, de forma independente. Posteriormente, é retestada, mas agora não sobre o que realiza de forma independente. São dadas, pelo adulto, orientações e suporte ou ajudas, em jeito de precipitantes (*cues*), sugestões, solicitações ou estratégias. Este suporte pode também reverter-se sob a forma de um novo contexto de aprendizagem, em que materiais específicos ou interações com pares potencia ou promove a *performance* da criança, a um nível superior. Finalmente, a criança é avaliada numa tarefa análoga, onde os mesmos *skills* ou conceitos são utilizados ou exigidos (Ivanova, 1976).

Contrariamente aos testes, em que são dadas às crianças tarefas que elas já devem dominar, na avaliação dinâmica, os itens são escolhidos em função da ZDP da criança, que não são, por elas, dominados. O pré teste é realizado para clarificar o que a criança não compreende. Assim, no decurso da avaliação, é suposto que a criança aprenda a tarefa que está a ser avaliada. A tarefa utilizada na avaliação dinâmica é escolhida de entre as tarefas da sala de aula, ou seja, que fazem parte do currículo. Podem ser dados os mesmos testes e as mesmas tarefas às crianças de diferentes níveis de escolaridade. Se a criança revelar domínio do conceito, ou realizar com sucesso a tarefa, no pré teste, é-lhe dado um outro diferente, mais difícil, seguido de um teste de *follow-up*, para avaliar que aprendizagens futuras será capaz de realizar.

Uma vez administrado o pré teste, o professor pode iniciar a segunda fase da avaliação, em que são dadas às crianças sugestões, ajudas, precipitantes (*calibrated prompts, hints and cues*), quantificáveis e controladas. Estes suportes estão baseados no conhecimento que o professor tem do como os *skills* específicos ou conceitos se desenvolvem – o contínuo desenvolvimental dos *skills* ou conceito em foco; a utilização de táticas de ensino – mediação, discurso privado e atividades partilhadas; e o conhecimento sobre o tipo de erros comummente tidos pelos alunos iniciados (*novice learners*). As intervenções são planeadas de forma cuidada e terão em atenção o que a criança compreende e não compreende, fundamentalmente, quando o conceito ou constructo é complexo. O professor deve planear um número de ajudas, ou suportes, que sejam contingentes às respostas das crianças. Não é esperado que as ajudas sejam úteis para todas as crianças, mas devem ser adequadas às especificidades de cada criança, dependendo das suas capacidades específicas e nível de compreensão ou padrão de dificuldades. No decurso da avaliação, o professor deve anotar ou registar não só o que a criança diz ou faz, mas, igualmente, a sua reação às sugestões e ajudas – o quanto elas auxiliam ou não. Os professores podem, caso percebam que a criança não precisa de auxílio, não utilizar certos níveis de suportes ou ajudas.

Depois de completa a avaliação, e a criança for capaz de concretizar a tarefa com sucesso, o professor introduz uma nova tarefa análoga, com os mesmos elementos, à que a criança realizou com ajuda. A *performance* da criança é observada. Será que a criança incorporou, interiorizou, a estratégia que lhe foi ensinada ou sugerida? Será que a criança é capaz de realizar a tarefa de forma autónoma ou independente? Se a criança não é capaz de realizar a tarefa de forma autónoma, será que reintroduzindo-se as mesmas dicas e sugestões ou ajudas auxiliam uma aprendizagem com sucesso?

Aplicações Pós-Vygotskianas da Avaliação Dinâmica

Tal como o conceito de Zona de Desenvolvimento Proximal, a avaliação dinâmica foi inicialmente aplicada na área da educação especial. Este tipo de avaliação é especialmente útil quando utilizada para determinar até que ponto o baixo nível de funcionamento mental é causado por défices ou atrasos no desenvolvimento ou fragilidades educacionais ou educativas. Na Rússia, este tipo de avaliação foi utilizado inicialmente para o diagnóstico dos casos *borderline*, nas situações de deficiência mental (Ivanova, 1976; Rogoff & Lave, 1984; Rubinshtein, 1979). Posteriormente, quando a avaliação dinâmica se tornou mais popular, no Ocidente, a sua utilização estendeu-se a uma grande franja de situações, incluindo as situações em que os instrumentos de diagnóstico estandardizados não eram suficientemente discriminativos para distinguir causas neurológicas ou contextuais, para os casos de frágil funcionamento intelectual ou de progresso académico. R. Feuerstein e os seus colaboradores estão muito associados a este tipo de avaliação; têm aplicado a metodologia avaliação dinâmica como forma de potenciar competências cognitivas e linguísticas das crianças (Feuerstein, Feuerstein, & Gross, 1997; Tzuriel, 2001; Tzuriel & Feuerstein, 1992).

Para além da educação especial, tem havido poucas aplicações da avaliação dinâmica. Contudo, num determinado número de estudos, a avaliação dinâmica tem-se revelado melhor preditor do progresso académico das crianças do que os testes estáticos tradicionais. Muitos desses estudos centram-se no desenvolvimento da leitura e da escrita. Por exemplo, Spector utilizou a avaliação dinâmica para avaliar a consciência fonológica das crianças. No seu estudo, as crianças que não conseguiam segmentar a palavra em fonemas separados recebiam uma série de dicas ou ajudas (Spector, 1992). Essas ajudas incluíam pronunciar a palavra-alvo pausadamente, solicitando-se que identificasse o 1° som da palavra; ajudando (*cueing*) a criança com o número de sons da palavra; modelação da segmentação, utilizando as caixas de Elkonin e utilizando as caixas conjuntamente com a criança, enquanto segmenta a palavra. O resultado obtido pela criança neste tipo de avaliação reflete o número de ajudas e o nível de suporte que cada ajuda proporciona. Por exemplo, dizendo uma palavra pausadamente à criança requer menos assistência ou ajuda do adulto do que trabalhar com a criança para que coloque os cartões nas caixas Elkonin. Spector concluiu que os resultados das crianças, obtidos a partir da avaliação dinâmica, eram um bom preditor do progresso na leitura futura, melhor que as avaliações estáticas tradicionais, em que as crianças eram avaliadas sem uma ajuda do adulto.

Abbot, Reed, Abbot e Berninger (1997) investigaram a utilização da avaliação dinâmica na leitura e na escrita e concluíram que era bastante útil para a identificação de crianças com dificuldades linguísticas. Gillam, Pena e Miller (1999) utilizaram a avaliação dinâmica para avaliar as capacidades narrativas e o discurso expositivo das crianças. Gindis e Karpov (2000) propuseram a utilização da avaliação dinâmica para todo o domínio da resolução de problemas. Kozulin e Garb (2002) desenvolveram a avaliação dinâmica em contexto da compreensão de textos.

A maioria dos estudos que utilizam a metodologia avaliação dinâmica obtêm resultados consistentes com a assunção Vygotskiana que considera que para uma avaliação incisiva e preditiva do desenvolvimento das crianças são necessárias duas medidas: uma da *performance* autónoma da criança e outra da sua *performance* assistida ou suportada ou com ajuda(s). Contudo, o desenvolvimento posterior das medidas de avaliação dinâmica e das suas aplicações em várias áreas do desenvolvimento são um grande desafio, devido à natureza desta metodologia (Grigorenko & Sternberg, 1998). Um dos desafios prende-se com a compatibilidade dos seus resultados com os obtidos pelos instrumentos da avaliação estática tradicional. Outro é a estandardização dos procedimentos de avaliação, quando o tipo de assistência ou ajuda proporcionado varia significativamente entre os sujeitos e/ou entre os avaliadores. Acresce não ser claro se os procedimentos da avaliação dinâmica medem ou avaliam vários processos de domínio específico, ou se medem ou avaliam uma caraterística simples, que reflete a capacidade do aprendiz beneficiar da ajuda do adulto, ou seja, independente de domínio. Os educadores do ensino especial russos utilizam o termo *obuchaemost* (educabilidade) para descrever esta caraterística independente de domínio; Feuerstein utiliza o termo modificabilidade cognitiva.

Enquanto estas questões continuam em aberto, embora de forma lenta, mas reconhecida, cada vez mais pelos educadores, como uma avaliação profícua, orientada para o processo, continuam a desenvolver-se novos instrumentos de avaliação dinâmica, com o objetivo de uma profícua avaliação educacional. A crescente adesão a esta orientação pode ser devida quer à insatisfação com a metodologia de avaliação tradicional, fundamentalmente, quando utilizada com crianças pequenas (cf. por ex., Sheperd, 2000), quer à perceção de que os testes estáticos não são compatíveis com a crescente popularidade das filosofias de ensino em torno da aprendizagem ativa e construção do conhecimento.

Até ao momento, temos vindo a discutir a utilização da avaliação dinâmica enquanto avaliação formal. A caraterística comum da avaliação formal é a utilização do mesmo protocolo de avaliação com todas as crianças, bem como as instruções, sugestões e precipitantes utilizados. Iremos, agora, ver e tratar a avaliação dinâmica, em contexto de avaliação informal, em sala de aula, pelo professor da turma. Diariamente são tomadas decisões sobre as crianças, a partir de informações informais. Na avaliação dinâmica informal, o professor experimenta diferentes níveis de suporte para descobrir se a ajuda e qual a ajuda que promove a aprendizagem. As condições para a avaliação podem variar de criança para criança e de dia para dia. Esta falta de estandardização não é importante para as decisões do dia-a-dia ou do quotidiano, que devem ser revistas frequentemente, não sendo igualmente um objetivo saber qual a relação da *performance* atual de uma criança relativa à das restantes crianças.

Na avaliação dinâmica informal, a ênfase é colocada na descoberta do tipo de ajuda que funciona para a criança num determinado momento ou tarefa. O professor pode ensaiar várias aproximações, para tentar perceber qual a que funciona melhor. Os exemplos seguintes, baseados na utilização da avaliação dinâmica informal, remetem para a tarefa da redação do nome, pela criança, e as ajudas de suporte (*scaffolding*) do professor.

Exemplo de avaliação dinâmica na sala de aula

Pedir à criança que escreva o seu nome é uma tarefa comum utilizada pelos educadores quer do pré-escolar (não propriamente em Portugal), quer do 1º ano do primeiro ciclo, com o objetivo de, rapidamente, avaliar várias competências relacionadas com a literacia (*literacy-related competencies*) das crianças. As primeiras letras que as crianças pequenas são capazes de identificar são as do seu nome. Se acrescentarmos a componente dinâmica a este procedimento auxilia o professor a avaliar as competências de forma mais eficaz, permitindo uma planificação de instrução ou ensino individualizada mais eficiente.

A utilização da avaliação dinâmica implica e carece de uma sequência desenvolvimental que auxilie o professor a identificar quais os elementos críticos a avaliar e que proporcionam um *framework* fundamental para o suporte subsequente. Tem havido um número de descrições do desenvolvimento da escrita do nome, nas crianças. Genericamente, essas descrições seguem a sequência:

- A criança pode descobrir o seu nome, a partir de vários nomes dados;
- A criança rabisca ou desenha, e estas realizações são etiquetadas como nome da criança;
- A criança distingue, de entre várias etiquetas, as que são definidas como *meu nome*;
- A criança faz marcas que parecem letras (formas, tipo letras);
- O nome é distinto e algumas letras são intercaladas com formas tipo letras;
- Várias letras podem representar o nome. Estas podem ser redigidas corretamente, ou em espelho;
- Todas as letras do nome são representadas. Algumas ou muitas podem estar corretamente colocadas, outras podem estar em espelho;
- Todas as letras estão representadas e bem colocadas.

As dicas, sugestões e precipitantes utilizados no suporte da escrita do nome, a um nível mais elevado, envolvem a imitação e a utilização de táticas Vygotskianas: a mediação (a utilização de uma letra como exemplo ou uma caneta de cor, para atrair a atenção para aspetos específicos da letra), o discurso privado [utilizando palavras tipo para cima-roda, para descrever a ação motora quando se escreve P (*down-up-down-up to escribe the motor action of making a W*] e a atividade partilhada (quando o professor orienta fisicamente a mão da criança ou quando a criança somente escreve algumas das letras do nome).

Apresentamos, de seguida, um exemplo da avaliação dinâmica numa sala no início do 1º ciclo[6]:

---

[6] Os autores referem em sala de jardim de infância, contudo, em Portugal, tal prática não nos parece frequente e digna de registo enquanto paradigma.

António: Avaliação 1. O professor pede ao António para escrever o seu nome. A criança escreve sem suporte. Este representa o nível independente/autónomo da *performance*. O professor pergunta se isto é o nome e ele diz que "sim".

O professor mostra ao António uma série de nomes de colegas, a partir de etiquetas escritas. Ele é capaz de descobrir o seu nome, quando não começam por A. Todavia, tem dúvidas quando os outros nomes começam por A.

O professor coloca a etiqueta com o seu nome à sua frente e encoraja-o a prestar atenção à letra. Modela como se escreve um A, dizendo para baixo-para baixo-traço, proporcionando-lhe discurso privado como suporte, que o irá auxiliar. A criança não responde. O professor coloca a sua mão sobre a mão da criança e repetem o grafismo, dizendo em simultâneo para baixo-para baixo-traço. O professor retira devagar a sua mão e a criança termina a tarefa, repetindo a frase para baixo-para baixo-traço.

Como se pode constatar, após estes exemplos, avaliar o António enquanto se lhe proporciona suporte (utilizando uma avaliação dinâmica) é melhor revelador de um nível mais elevado na escrita do que a avaliação da sua *performance* individual e independente. A resposta da criança ao suporte do professor significa que a sua capacidade para juntar as letras está num ponto de emergência, ou seja, a sua capacidade para controlar e dominar a escrita pode beneficiar do suporte de modelação do professor.

António: Avaliação 2. Algumas semanas depois, António escreve o seu nome sozinho. Contudo, somente algumas letras estão representadas e estão invertidas e, embora bem escritas, estão redigidas da direita para a esquerda.

O professor aponta para o sítio onde a criança deve iniciar a sua escrita e coloca um ponto e uma seta indicando a direção.

Concomitantemente, deve ser acompanhado pela verbalização "Começa o teu nome aqui, neste ponto verde". Dizendo isto aguarda-se que a criança faça sozinho. Vai-se observando a sua *performance*..... : começa a primeira letra pela esquerda, hesita na segunda letra e pergunta como se escreve o T.

Comparando a escrita da criança com e sem modelação, o professor percebe que o António necessita de auxílio na orientação/direção da sua escrita e na grafia de algumas letras. Procura a etiqueta com o seu nome e tenta escrever o seu nome. Durante umas semanas vai utilizar o modelo como forma de suporte.

António: Avaliação 3: Várias semanas passaram desde a última avaliação dinâmica. O professor observa o António a escrever o seu nome. Já inclui quase todas as letras do seu nome. A maior parte das letras estão bem escritas, embora algumas não.

O professor entende que será necessário, para uma melhor aprendizagem, a criança ter sempre o modelo à sua frente e opta por sublinhar as letras que ainda não surgem na redação da criança, retirando os outros suportes.

Posteriormente, o professor tenta que a criança faça uma correspondência entre a sua redação e a etiqueta fornecida, para que se aperceba das eventuais falhas de letras. Vai chamando a atenção.

Após estas reflexões, a criança produz a tarefa.

Nas semanas seguintes, o professor percebe que o António precisa, cada vez menos, da placa ou etiqueta com o seu nome e, paulatinamente, encoraja-o a redigir, sem apoio. Ao fim de duas semanas, o António consegue escrever o seu nome sem qualquer tipo de suporte, nem do professor nem do mediador.

Os suportes disponibilizados pelos professores são adaptados às necessidades e caraterísticas das crianças. Embora as estratégias possam ser as mesmas, devem ser adequadas às situações e ao sujeito.

Estes exemplos de avaliação dinâmica não se esgotam numa sessão. O professor deve acompanhar e estar atento aos ensaios das crianças até que interiorize as ajudas e os suportes.

Avaliação dinâmica: uma ferramenta de ensino/instrução

A avaliação dinâmica proporciona ao professor novas ferramentas para tomar decisões e auxiliar e potenciar as aprendizagens das crianças.

O professor pode aperceber–se de quais as ajudas que fazem mais sentido e são mais válidas para auxiliar cada criança em situações específicas. Estas ajudas são utilizadas sempre que a criança necessite delas. Quando a criança é capaz de realizar a tarefa sem uma ajuda específica, ou seja, de forma autónoma, realiza-se nova avaliação dinâmica para determinar e estabelecer novo plano de ajudas, em função de novas ou tarefas diferentes e/ou mais complexas. As ajudas só serão suspensas, ou retiradas, quando o professor tem garantias que a criança realiza a tarefa com sucesso, de forma perfeitamente autónoma.

É importante perceber que a ajuda direta, proporcionada pelo adulto, não é o único tipo de suporte que pode ser ou é utilizado na avaliação dinâmica e consequente ensino. Outros tipos de suporte podem incluir mediadores externos, discurso privado, ou escrita, igualmente, vários contextos sociais de suporte, como, por exemplo, jogos de simulação para crianças de idade pré-escolar. Por exemplo, observar a linguagem que a criança utiliza, nos jogos de simulação, normalmente, mais rico e complexo do que em situação de interação com o professor, pode ajudar a determinar ou estabelecer formas de suporte, fundamentais ao desenvolvimento da linguagem.

A avaliação dinâmica é, pois, fundamental, até para facilitar a instrução/ensino, para além de ser importante, porque informativa, em todas as situações, das mais simples, em que a criança realiza autonomamente, às mais complexas, em que a criança não é capaz de realizar sozinha. É este tipo de gradientes de tarefas e a *performance* das crianças que permitem definir a ZDP. Definida a ZDP, e a partir dela, é possível planificar um ensino individualizado.

Igualmente, a avaliação dinâmica permite aos professores estabelecer até um novo quadro alternativo de comunicação com os pais. Assim, ao invés de informações e descrições do tipo "domínio" ou "necessidades", o professor pode utilizar as expressões "*performance* independente", para descrever os progressos da criança, "*performance* com assistência moderada", ou "realização com muita ajuda", nos diversos domínios ou *skills*. Este tipo de linguagem refoca o diálogo com os pais, valorizando as capacidades e as probabilidades de desenvolvimento, numa perspetiva bem mais positiva e reforçadora.

Leituras adicionais

Gindis, B., & Karpov, Y. V. (2000). Dynamic assessment of the level of internalization of elementary school children's problem-solving activity. In C. S. Lidz & J. G. Elliot (Eds.), *Dynamic assessment: Prevailing models and applications*. Amsterdam, Netherlands: JAI, Elsevier Science.

Grigorenko, E. L., & Sternberg, R. J. (1998). Dynamic testing. *Psychological Bulletin, 124*, 75-111.

Lidz, C. S., & Gindis, B. (2003). Dynamic assessment of the evolving cognitive functions in children. In A. Kozulin, B. Gindis, V. S. Ageyev, & S. M. Miller (Eds.), *Vygotsky's educational theory in cultural context*. Cambridge, UK: Cambridge University Press.

Tzuriel, d. (2001). *Dynamic assessment of young children*. NY: Kluwer Academic/Plenum Publishers.

EPÍLOGO

Onze anos se passaram desde a publicação da primeira edição de *Tools of the Mind*, e muitas mudanças ocorreram na educação de infância. As ideias de Vygotsky são agora comuns em livros de Psicologia do Desenvolvimento e Educação, e, atualmente, muitos são os programas que as utilizam como base. A abordagem Vygotskiana continua a inspirar os educadores e a fornecer explicações para a sua prática. Esta fornece aos educadores uma nova forma de olhar o seu papel na condução da aprendizagem e desenvolvimento das suas crianças, sem deixar de incentivá-los a participar ativamente no diálogo educacional. O conceito de andaime (*scaffolding*) tornou-se muito popular entre os educadores de todos os níveis de ensino e de educação, colocando-se grande ênfase na elaboração de estratégias para ajudar os alunos a atingir níveis mais elevados da Zona de Desenvolvimento Proximal (ou Potencial, na nossa perspetiva, enquanto possível. Está próximo, mas é possível.). Neste momento, muitas das estratégias utilizadas em sala de atividades para a primeira infância, nos Estados Unidos e no estrangeiro, radicam na perspetiva de Vygotsky (ex: caixas de Elkonin). Outras são baseadas em ideias mais gerais, provenientes da tradição Vygotskiana.

Um dos principais pontos-fortes da abordagem Vygotskiana continua a ser a ênfase nas competências cognitivas, grande preocupação de pais e professores: a autorregulação, a memória intencional e a atenção focalizada. Muitos professores têm observado que o desenvolvimento de tais competências conduz a mudanças radicais na perspetiva geral de uma criança na escola. Ao desenvolverem a autorregulação – ou nas palavras de Vygotsky, quando se tornam donos do seu próprio comportamento – as crianças começam a mostrar grande progresso nas tarefas académicas, melhoria das competências sociais, e uma atitude mais positiva em relação à escola. Além disso, o aumento dos níveis de deliberação e intencionalidade das crianças, resultante da utilização dos instrumentos da mente, resultam em mudanças no funcionamento do cérebro. Isto foi descoberto por Vygotsky e Luria numa pioneira pesquisa e, atualmente, está a ser confirmado, através de métodos modernos, na área da neurofisiologia.

Outra característica da abordagem Vygotskiana, relativamente à educação na primeira infância e educação de crianças em idade pré-escolar, de jardim de infância, é a sua ênfase no brincar, enquanto atividade desenvolvente. Numa altura em que muitos são aqueles que afirmam que o jogo não é necessário e que consideram, de facto, um desperdício de tempo para as crianças, Vygotsky aponta razões, fundamentando, para manter o jogo com um papel central no currículo destas faixas etárias. Ainda, e até mais importante, com o objetivo de ajudar os professores a fortalecer o seu contributo, a sua abordagem e o trabalho dos seus alunos e colegas fornecem formas claras de o atualizar e implementar.

O trabalho de Vygotsky proporciona, ainda, formas para os educadores orientarem e proporcionarem ajudas ou suportes (andaimes), mantendo e enfatizando uma abordagem centrada na criança, em contexto de sala de aula. A sua perspetiva realça o papel do professor, que é central para o processo de ensino, reforçando a ideia de individualização. Sendo difícil a tarefa do professor, para que possa manter um equilíbrio, ele pode recorrer a um conjunto de princípios, que são claramente enunciados.

Desde a 1ª edição da obra, em 1996, e decorrente das questões suscitadas e do interesse crescente manifesto pelos diversos profissionais, que os objetivos têm sido ampliados.

Esperamos (as autoras, Bodrova & Leong) que esta nova edição reforce a adesão às ideias de Vygotsky, e que possa incentivar a investigação e a exploração inovadora dos aspetos do desenvolvimento da criança, que foi o trabalho de uma vida, a de Vygotsky, e dos seus seguidores.

Bodrova & Leong

GLOSSÁRIO

Este glossário contém palavras que são frequentemente referidas no texto e que têm significados diferentes no âmbito da abordagem Vygotskiana, comparativamente às outras abordagens.

Ação de controlo Processo utilizado pelos estudantes, para comparar os resultados das suas aprendizagens com uma série específica de padrões ou normas.

Ação material[izada] Um dos passos iniciais do método de ensino/instrução passo-a-passo, de Gal'perin. Os estudantes, para desenvolver as ações mentais desejadas, devem envolver-se em ações físicas com objeto real (material) ou a sua representação materializada, como, por exemplo, um esquema ou imagem.

Ações de aprendizagem (*learning actions*) As ações que os alunos utilizam para resolver tarefas de aprendizagem. Exemplos de ações de aprendizagem incluem definição do problema, estratégias gerais e específicas de resolução de problemas, monitorização, avaliação dos resultados e autocorreção.

Amplificação Uma técnica para auxiliar a emergência de comportamentos, utilizando as ferramentas e desempenho assistido, na Zona de Desenvolvimento Proximal ou Potencial da criança; o oposto de aceleração, ou estimulação rápida.

Andaimes (*Scaffolding*) O processo de proporcionar e, gradualmente, remover, apoio externo à aprendizagem. Durante este processo, a tarefa em si não é alterada, mas o que o aluno inicialmente faz é feito, de forma mais fácil, com ajuda. À medida que o aluno tem mais responsabilidade no desempenho da tarefa, menos ajuda lhe é prestada.

Animação complexa (*ozhivleviia kompleks*) A reação complexa dos bebés, ao aparecimento de um adulto familiar, que inclui sorrisos, gestos e vocalizações.

Aprendizagem sem erros (*errorless learning*) Aprendizagem que resulta da utilização do método de instrução/ensino passo-a-passo, de Gal'perin. Os erros, evitados pela utilização deste método, são causados pela incapacidade do aluno em concentrar-se nas propriedades essenciais do problema ou na internalização de estratégias ineficazes.

Apropriação do conhecimento Fase ou estádio em que a criança já tem interiorizado ou aprendido certas informações ou conceitos e os pode utilizar de forma independente ou autonomamente.

Atenção focalizada A capacidade de estar atento, intencionalmente, e ignorar as distrações.

Atividade de aprendizagem Atividade guiada/orientada pelo adulto, em torno de um conteúdo específico, estruturado, formal, culturalmente determinado; a atividade principal do ensino básico (1º ciclo). A atividade de aprendizagem que é encontrada nas escolas, quando as crianças começam a adquirir literacias básicas, tais como conceitos matemáticos, de ciências e de história; as imagens em arte e literatura, e as regras da gramática.

Atividade instrumental Utilização de objetos como ferramentas ou instrumentos.

Atividade principal (*leading activity*) Um tipo específico de interação entre a criança e o ambiente social, que é muito benéfica para o surgimento de realizações desenvolvimentais.

Atividades produtivas (*productive activities*) Atividades que envolvem alguns resultados tangíveis, tais como contagem de histórias, desenho, ou construções com blocos. Estas são diferentes do jogo de faz-de-conta, que enfoca o processo e não o produto.

Automatização Processo pelo qual um conceito, competência, estratégia ou ação se torna internalizado, na medida em que o seu desempenho é uniforme e os seus componentes ou elementos iniciais não são mais percetíveis.

Autorregulação O estado em que a criança é capaz de regular ou dominar o seu próprio comportamento; o oposto da regulação por outros (*other-regulation*). A criança pode planear, monitorizar, avaliar e escolher o seu próprio comportamento.

Avaliação Dinâmica Uma técnica de avaliação, em sala de aula, que avalia os níveis superior e inferior da Zona de Desenvolvimento Proximal ou Potencial.

Base orientadora da ação (BOA) (*orienting basis of action* – OBA) O primeiro passo do método de educação/ensino passo-a-passo, de Gal'perin. BOA é a identificação das bases principais ou princípio central que permite a um aluno dar sentido à experiência de aprendizagem.

Cognição partilhada socialmente Processos mentais, como a memória e a atenção, que são partilhados, ou existem, entre duas ou mais pessoas.

Complexo Um conjunto de atributos indiferenciados, utilizado para categorizar objetos. Por exemplo, uma criança pode usar o complexo "grande-redonda-vermelha" para entender "bola". Os complexos existem antes do desenvolvimento de conceitos.

Comunicação Emocional O diálogo emocional entre a criança e o prestador de cuidados primários; a atividade primordial da infância.

Conceitos básicos (do quotidiano; do dia-a-dia) Conceitos baseados em intuições e experiências quotidianas. Estes conceitos não têm definições rigorosas, nem são integrados numa estrutura mais ampla.

Conceitos científicos Conceitos ensinados dentro de uma disciplina que tem a sua própria estrutura lógica e vocabulário.

Conceitos sensório-motores Esquema específico para interagir com um objeto, baseado em ações motoras e sensoriais.

Conhecimento, raciocínio (*reasoning*) **teórico** Raciocínio que não se destina a resolver um problema prático específico, mas, ao invés, permite identificar padrões fundamentais ou essenciais, princípios e relacionamentos. Requer a descoberta das propriedades essenciais de um conceito, que são principalmente inferidas e não observáveis.

Contexto social Tudo o que existe no ambiente da criança que foi direta ou indiretamente influenciado pela cultura. Isto inclui as pessoas (ex: pais, professores, colegas) e materiais (ex: livros, vídeos).

Curiosidade não pragmática (*nonpragmatic curiosity*) Interesse manifesto, embora possa não existir nenhuma recompensa prática tangível; semelhante à motivação intrínseca.

Desempenho máximo assistido (*maximally assisted performance*) Comportamentos que a criança pode realizar com a maioria de ajuda ou assistência, a partir do contexto social; o nível mais elevado da ZDP. Esses comportamentos tornam-se naquilo que a criança pode fazer sozinha, num momento seguinte.

Diálogo Educacional A interação professor-aluno, em que o professor orienta o debate e a criança revela a compreensão da informação; semelhante ao diálogo socrático.

Discurso interno (*inner speech*) Discurso que é totalmente interno, inaudível, auto dirigido, mas que apresenta algumas características do discurso externo. As pessoas utilizam o discurso interno para conversar com elas mesmas, ouvir as palavras, mas não dizê-las em voz alta.

Discurso privado (*private speech*) O discurso auto dirigido, que não é destinado à comunicação com os outros. O discurso privado é voltado para si mesmo, tendo uma função autorregulatória.

Discurso público (*public speech*) Linguagem dirigida para os outros; que tem uma função social, comunicativa. Este tipo de discurso é dito em voz alta, dirige-se e objetiva a comunicação com os outros.

Distribuído Algo existente ou partilhado entre duas ou mais pessoas.

Dupla Estimulação (método micro genético) Método de investigação em que é ensinado à criança algo de novo, através da utilização de ferramentas mentais (ex: símbolos, categorias). O investigador observa e regista o que é que a criança é capaz de aprender e como as ferramentas são aprendidas.

Educação/ensino passo-a-passo Designação do método de Gal'perin, que visa ajudar os estudantes no desenvolvimento de novas ações mentais. Ensinar as crianças a internalizar o conhecimento externo, a partir de ações físicas.

Erros repetidos Erros que não são de desenvolvimento ou de parte do processo de aprendizagem. Estes tipos de erros são, por vezes, entendidos pelo aluno como enganos, mas o aluno não consegue parar de repeti-los. Erros repetidos tendem a persistir, apesar dos esforços para corrigi-los. Eles são, muitas vezes, resultado de automatização incorreta de uma ação.

Ferramentas mentais Ferramentas internalizadas que se estendem às capacidades mentais, ajudando-nos a recordar, a focar a atenção e a resolver problemas. As ferramentas mentais são diferentes, de cultura para cultura, e passam de geração em geração. Elas ajudam a criança a dominar o seu próprio comportamento. Exemplos são a linguagem e os mediadores.

Filogenia (ou Filogénese) O desenvolvimento evolutivo e a história das espécies. A Filogénese das funções mentais superiores é uma parte da Teoria Histórico-Cultural de Vygotsky.

Função simbólica Utilização de objetos, ações, palavras e pessoas para representar algo ou alguma coisa. Exemplos: utilizar um lápis como uma nave espacial ou um livro como uma cama para uma boneca.

Funções mentais inferiores Processos cognitivos comuns a animais superiores e seres humanos que dependem principalmente da maturação para se desenvolverem. Exemplos são as sensações, a atenção reativa, a memória espontânea e a inteligência sensório-motora.

Funções mentais superiores Processos cognitivos, único dos humanos, adquiridos através da aprendizagem e do ensino. São comportamentos intencionais, mediados e internalizados, construídos a partir das funções mentais inferiores. Exemplos: perceção mediada, atenção focalizada, memória intencional (*deliberate memory*), autorregulação e outros processos metacognitivos.

Instrução formal Instrução escolar, em que a informação é ensinada de uma forma prescritiva, muitas vezes, retirada das tarefas quotidianas.

Instrução informal Instrução dada num ambiente informal.

Internalização Processo de apropriação ou de aprendizagem, em que as ferramentas utilizadas são mentais e a sua utilização não é visível pelos outros.

Interpessoal (interindividual, intermental, partilhado) Descreve a fase ou estádio de utilização ou de partilha de ferramentas mentais com os outros.

Intrapessoal (individual, intramental) Descreve a fase ou estádio em que as ferramentas mentais foram internalizadas e são utilizadas autonomamente ou de forma independente.

Jogar/Brincar (*Play*) Interação que envolve funções (papéis) explícitas (os) e regras implícitas; a atividade principal nas idades de jardim de infância.

Jogo do diretor (*Director's Play*) Jogo em que criança brinca com os seus companheiros imaginários ou físicos e é capaz de encenar mesmo com acessórios e sem ninguém presente.

Jogo orientado para o objeto (*object-oriented play*) Jogo que incide sobre objetos em que os papéis e a interação social são secundários.

Jogo socialmente orientado Jogo focalizado nos papéis e regras.

Jogos (*games*) Tipo de jogo ou ação em que as regras são explícitas e os papéis implícitos; geralmente, as crianças iniciam-se entre os 6/7 anos de idade.

Mediação A utilização de um objeto ou símbolo para representar um determinado comportamento ou outro objeto do ambiente. Por exemplo, a palavra *vermelho* medeia a perceção das cores.

Mediador Algo que se destaca como um intermediário entre a criança e o ambiente e que facilita um comportamento específico. Um mediador torna-se uma ferramenta mental, quando a criança o incorpora na sua própria atividade. Exemplos disso são: uma guita em torno de um dedo, uma lista ou uma rima.

Memória deliberada/intencional (*deliberate memory*) Quando as crianças conseguem lembrar-se de qualquer coisa, utilizando estratégias de memória e mediadores, elas revelam memória deliberada. Quando já não necessitam de muitos estímulos provenientes do meio ambiente, bastando, apenas, fazer o esforço mental necessário para se lembrar.

Micro genética Características do desenvolvimento (*Genesis*) de uma habilidade ou conceito, ao longo de um período relativamente curto de tempo. A era Pós-Vygotsky alargou o âmbito da teoria histórico-cultural, acrescentando os estudos micro genéticos aos estudos filogenéticos e ontogenéticos.

Motivação para a descoberta (*enquiry motivation*) Curiosidade intelectual que motiva a criança a aprender por si mesma.

Nível de desempenho assistido Comportamentos que a criança pode realizar com a ajuda de/ou através da interação com outra pessoa, seja um adulto ou colegas. A assistência/ajuda pode ser direta ou indireta, como escolher um livro ou materiais.

Nível de desempenho independente Comportamentos que a criança pode realizar sozinha e sem ajuda; o nível inferior, ou mais baixo, da ZDP.

Ontogenia (ou Ontogénese) A origem e o desenvolvimento de um ser humano (individual), ao longo do tempo. A Ontogénese das funções mentais superiores é uma parte da Teoria Histórico-Cultural de Vygotsky.

Padrão sensorial Representações de características sensoriais de objetos, correspondentes aos padrões elaborados socialmente, que permitem uma maior discriminação entre essas características. "Mar verde" ou "abóbora laranja" são exemplos de padrões sensoriais de cor, e "cítricas" ou "bosque" são padrões sensoriais para o cheiro.

Partilhado Existente entre duas ou mais pessoas.

Pensamento verbal Um tipo de pensamento que é mais depurado (*distilled*) do que o discurso interior, que Vygotsky apelidou de dobrado (*folded*). Quando o pensamento é do tipo dobrado (*folded*), o indivíduo pode pensar em várias coisas ao mesmo tempo (simultaneamente), embora possa não estar consciente de tudo o que está a pensar.

Realizações desenvolvimentais (*developmental accomplishments*) As novas formações cognitivas e emocionais que surgem em diferentes idades.

Regulação do/pelo outro (*other-regulation*) O estado em que a criança regula outras pessoas ou é regulado por outras pessoas; o oposto da autorregulação.

Situação social de desenvolvimento O contexto social e a forma como a criança interage nesse contexto.

Socialmente mediado Influenciado pelas passadas e presentes interações sociais. A interação com o ambiente é sempre mediada por outros.

Substituição simbólica Utilização de um objeto por outro (substituição), para representar algo, no jogo de faz-de-conta.

Tarefa de aprendizagem Um tipo especial de problema utilizado no contexto da instrução formal. Quando os alunos participam na resolução de tarefas de aprendizagem, adquirem estratégias gerais que podem ser aplicadas a uma ampla gama de problemas.

Teoria Histórico-Cultural Designação da abordagem Vygotskiana que enfatiza o contexto cultural da aprendizagem e do desenvolvimento e da história da mente humana.

Zona de Desenvolvimento Proximal (*proximal*; potencial) Os comportamentos que estão em situação (na "ponta") de emergência. É definida por dois níveis: o nível mais baixo (inferior) é o nível em que a criança pode fazer ou faz de forma independente e o nível mais alto (elevado) corresponde ao que a criança pode fazer ou faz com ajuda.

REFERÊNCIAS

Abbot, S., Reed, E., Abbot, R., & Berninger, V. (1997). Year-long balanced reading/writing tutorial: A design experiment used for dynamic assessment. *Learning Disability Quarterly, 20*(3), 249-263.

Arievitch, I. M., & Stetsenko, A. (2000). The quality of cultural tools and cognitive development: Gal'perin's perspective and its implications. *Human Development, 43,* 69-92.

Atkinson, R. C, & Shiffrin, R. M. (1968). Human memory: A proposed system and its control processes. In K W. Spence & J. T. Spence (Eds.), *Advances in the psychology of learning and motivation* (Vol. 2, pp. 90-195). New York: Academic Press.

Beilin, H. (1994). Jean Piaget's enduring contribution to developmental psychology. In R. D. Parke, P. A., Ornstein, J. J. Reiser, & C. Zahn-Waxler (Eds.), *A century of developmental psychology* (pp. 333-356). Washington, DC: American Psychological Association.

Berk, L. E. (1994). Vygotsky's theory: The importance of make-believe play. *Young Children, 50*(1), 30-39.

Berlyand, I., & Kurganov, S. (1993). *Matematika v shkole dialoga kul'tur* [Mathematics in the school "Cultural Dialog"]. Kemerovo, Russia: ALEF.

Blair, C. (2002). School readiness: Integrating cognition and emotion in a neurobiological conceptualization of children's functioning at school entry. *American Psychologist, 57*(2), 111-127.

Bodrova, E. (2003). Vygotsky and Montessori: One dream, two visions. *Montessori Life, 15*(1), 30-33.

Bodrova, E., & Leong, D. J. (1995). Scaffolding the writing process: The Vygotskian approach. *Colorado Reading Council Journal, 6,* 27-29.

Bodrova, E., & Leong, D. J. (1998). Scaffolding emergent writing in the zone of proximal development. *Literacy Teaching and Learning, 3*(2), 1-18.

Bodrova, E., & Leong, D. J. (2001). *The tools of the mind project: A case study of implementing the Vygotskian approach in American early childhood and primary classrooms.* Geneva, Switzerland: International Bureau of Education, UNESCO.

Bodrova, E., & Leong, D. J. (2003a). Chopsticks and counting chips: Do play and foundational skills need to compete for the teacher's attention in an early childhood classroom? *Young Children, 58*(3), 10-17.

Bodrova, E., & Leong, D. J. (2003b). Learning and development of preschool children from the Vygotskian perspective. In A. Kozulin, B. Gindis, V., Ageyev, & S. Miller (Eds.), *Vygotsky's educational theory in cultural context* (pp. 156-176). NY: Cambridge University Press.

Bodrova, E., & Leong, D. J. (2005). Vygotskian perspectives on teaching and learning early literacy. In D. Dickinson & S. Neuman (Eds.), *Handbook of early literacy research* (Vol. 2). New York: Guilford Publications.

Bodrova, E., Leong, D. J., Paynter, D. E., & Hensen, R. (2001). *Scaffolding literacy development in a preschool classroom.* Aurora, CO: McREL.

Bodrova, E., Leong, D. J., Paynter, D. E., & Hughes, C. (2001). *Scaffolding literacy development in a kindergarten classroom.* Aurora, CO: McREL. Communication and cognition: Vygotskian perspectives (pp. 21-34). Cambridge: Cambridge University Press.

Bogoyavlenskaya, D. B. (1983). *Intellektual'naya aktivnost kakkk problema tvorchestva* [Intellectual activity and creativity]. Rostov: Rostov University Publishers.

Bowlby, J. (1969). *Attachment and loss: Vol. I. Attachment.* New York: Basic Books.

Bretherton, I. (1992). The origins of attachment theory: John Bowlby and Mary Ainsworfh. *Developmental Psychology, 28,* 759-775.

Brofman, V. (1993). Ob oposredovannom reshenii poznavatel'nykh zadach [Mediated problem solving]. *Voprosy Psychologii, 5,* 30-35.

Bronfenbrenner, U. (1997). Toward an experimental ecology of human development. *American Psychologist, 32,* 513-531.

Bruner, J. S. (1968). *Process of cognitive growth: Infancy.* Worcester, MA: Clark University Press.

Bruner, J. S. (1973). *The relevance of education.* New York: Norton.

Bruner, J. S. (1983). Vygotsky's zone of proximal development: The hidden agenda. *New Directions for Child Development, 23,* 93-97.

Bruner, J. S. (1985). Vygotsky: A historical and conceptual perspective. In J. Wertsch (Ed.), *Culture, communication and cognition: Vygotskian perspectives* (pp. 21-34). Cambridge: Cambridge University Press.

Campione, J. C, & Brown, A. L. (1990). Guided learning and transfer. In N. Fredriksen, R. Glaser, A. Lesgold, & M. Shafto (Eds.), *Diagnostic monitoring of skill and knowledge acquisition* (pp. 141-172). Hillsdale, NJ: Erlbaum.

Carlton, M. P., & Winsler, A. (1999). School readiness: The need for a paradigm shift. *School Psychology Review, 28(3),* 338.

Cazden, C. B. (1981). Performance before competence: Assistance to child discourse in the zone of proximal development. *Quarterly Newsletter of the Laboratory of Comparative Human Cognition, 3,* 5-8.

Cazden, C. B. (1993). Vygotsky, Hymes, and Bakhtin: From word to utterance to voice. In E. A. Formar, N. Minick, & C. A. Stone (Eds.), *Contexts for learning: Sociocultural dynamics in children's development* (pp. 197-212). New York: Oxford University Press.

Ceci, S.J. (1991). How much does schooling influence general intelligence and its cognitive components? A reassessment of the evidence. *Developmental Psychology, 27(5),* 703-722.

Chaiklin, S. (2003). The zone of proximal development in Vygotsky's analysis of learning and instruction. In A. Kozulin, B. Gindis, V. Ageyev, & S. Miller (Eds.), *Vygotsky's educational theory in cultural context.* New York: Cambridge University Press.

Clay, M. (1993). *Reading recovery: A guidebook for teachers in training.* Portsmouth, NH: Heinemann.

Cole, M. (Ed.). (1989). *Sotsialno-istoricheskii podkhod v obuchenii* [A social-historical approach to learning]. Moscow: Pedagogika.

Cole, M. (2005). Cross-cultural and historical perspectives on the developmental consequences of education. *Human Development, 48,* 195-216.

Cole, M., & Scribner, S. (1973). Cognitive consequences of formal and informal education. *Science, 182,* 553-559.

Cole, M., & Wertsch, J. (2002). *Beyond the individual-social antimony in discussions of Piaget and Vygotsky*. Retrieved January 8, 2006, from http://www.massey.ac.nz/~alock/virtual/colevyg.htm.

Copple, C., & Bredekamp, S. (2005). *Basics of developmentally appropriate practice: An introduction for teachers of children 3-6*. Washington, DC: National Association for die Education of Young Children.

D'Ailly, Hsiao, H. (1992). Asian mathematics superiority: A search for explanations. *Educational Psychologist, 27*(2), 243-261.

Davydov, V. V. (1988). Problems of developmental teaching: The experience of theoretical and experimental psychological research. *Soviet Education, 30*, 66-79. (Original work published in 1989).

Davydov, V. V. (Ed.). (1991). *Psychological abilities of primary schoolchildren in learning mathematics: Vol. 6. Soviet studies in mathematics education* (J. Teller, Trans.). Reston, VA: National Council of Teachers of Mathematics. (Original work published in 1969).

Davydov, V. V., & Markova, A. K. (1983). A concept of educational activity for school children. *Journal of Soviet Psychology, 21*(2), 50-76. (Original work published in 1981).

Davydov, V. V., Sloboduchikov, V. I., & Tsukerman, G. A. (2003). The elementary school student as an agent of learning activity. *Journal of Russian & East European Psychology, 41*(5), 63-76.

DeVries, R. (1997). Piaget's social theory. *Educational Researcher, 26*(2), 4-16.

DeVries, R. (2000). Vygotsky, Piaget, and education: A reciprocal assimilation of theories and educational' practices. *New Ideas in Psychology, 18*(2-3), 187-213.

Dyachenko, O. M. (1996). *Razvitie voobrazheniya doshhol'nika*. Moscow: PIRAO.

Edwards, C, Gandini, L., & Forman, G. (1994). *Hundred languages of children: The Reggio Emilia approach to early childhood education*. Chicago: Teachers College Press.

Elkonin, D. (1969). Some results of the study of the psychological development of preschool--age children. In M. Cole & I. Maltzman (Eds.), *A handbook of contemporary Soviet psychology*. New York: Basic Books.

Elkonin, D. (1972). Toward the problem of stages in the mental development of the child. *Soviet Psychology, 10*, 225-251.

Elkonin, D. (1977). Toward the problem of stages in the mental development of the child. In M. Cole (Ed.), *Soviet developmental psychology*. White Plains, NY: M. E. Sharpe. (Original work published in 1971).

Elkonin, D. (1978). *Psikhologija igry* [The psychology of play] Moscow: Pedagogika.

Elkonin, D. (1989). *Izbrannye psychologicheskie trudy* [Selected psychological works]. Moscow: Pedagogika.

Elkonin, D. B. (2001a). O structure uchebnoy deyatel'nosti [On the structure of learning activity]. In *Psychicheskoe razvitie v detskikh vozrastah* [Child development across ages] (pp. 285-295). Moscow: Modek.

Elkonin, D. B. (2001b). Psychologiya obucheniya mladshego shkol'nika [Psychology of education in primary grades]. In *Psychicheskoe razvitie v detskikh vozrastah* [Child development across ages] (pp. 239-284). Moscow: Modek.

Elkonin, D. B. (2005). Chapter 1: The subject of our research: The developed form of play. *Journal of Russian & East European Psychology, 43*(1), 22-48.

Elkonin, D. B. (2005). Chapter 3: Theories of play. *Journal of Russian & East European Psychology, 43*(2), 3-89.

Elkonin, D. B. (2005). The psychology of play: Preface. *Journal of Russian and East European Psychology, 43*(1), pp. 11-21. (Original work published in 1978).

Elkonin, D. B., & Venger, A. L. (Eds.). (1988). *Osobennostipsychicheskogo razvitiya detey 6-7- -Utnegovozrasta* [Development of 6- and 7-year-olds: Psychological characteristics]. Moscow: Pedagogika.

Erikson, E. E. (1963). *Childhood and society* (2nd ed.). New York: Norton.

Erikson, E. E. (1977). *Toys and reasons.* New York: Norton.

Ferreiro, E., & Teberosky, A. (1982). *Literacy before schooling.* Exeter, NH: Heinemann Educational Books.

Feuerstein, R., & Feuerstein, S. (1991). Mediated learning experience: A theoretical review. In R. Feuerstein, P. S. Klein, & A. J. Tannenbaum (Eds.), *Mediated learning experience (MLE): Theoretical, psychological and learning implications.* London: Freund.

Feuerstein, R., Feuerstein, R., & Gross, S. (1997). The learning potential assessment device. In D. P. Flanagan, J. L. Genshaft, & P. Harrison (Eds.), *Contemporary intellectual assessment theories, tests, and issues* (pp. 297-313). New York: Guilford Press.

Feuerstein, R., Rand, Y, & Hoffman, M. (1979). *The dynamic assessment of retarded performers: The learning potential assessment device (LPAD).* Baltimore, MD: University Park Press.

Flavell, J. (1979). Metacognition and cognitive monitoring: New area of cognitive- -developmental inquiry. *American Psychologist, 34,* 906-911.

Fletcher, K. L., & Bray, N. W. (1997). Instructional and contextual effects on external memory strategy use in young children. *Journal of Experimental Child Psychology, 67*(2), 204-222.

Frankel, K., & Bates, J. (1990). Mother-toddler problem solving: Antecedents in attachment, home behavior, and temperament. *Child Development, 61,* 810-819.

Frawley, W. (1997). *Vygotsky and cognitive science: Language and the unification of the social and computational mind.* Cambridge: Harvard University Press.

Freud, A. (1966). Introduction to the technique of child analysis. In *The writings of Anna Freud* (Vol. 1, p. 3069). New York: International Universities Press. (Original work published as *Four lectures on child analysis,* 1927).

Gallimore, R., & Tharp, R. (1990). Teaching mind in society: Teaching, schooling, and literate discourse. In L. Moll (Ed.), *Vygotsky and education: Instructional implications and applications of sociohistoricalpsychology* (pp. 175-205). Cambridge: Cambridge University Press.

Gal'perin, P. Y (1959). Razvitie issledovaniy po formirovaniyu umstvennykh dey'stviy [Progress in research on the formation of mental acts]. In *Psickhologicheskaya nauka v SSSR* [Psychological science in the USSR] (Vol. 1, pp. 441-469). Moscow: APN RSFSR.

Gal'perin, P. Y (1969). Stages of development of mental acts. In M. Cole & I. Maltzman (Eds.), *A handbook of contemporary soviet psychology.* New York: Basic Books.

Gal'perin, P. Y (1992a). Organization of mental activity and the effectiveness of learning. *Journal of Russian and East European Psychology, 30*(4), 65-82. (Original work published in 1974).

Gal'perin, P. Y (1992b). The problem of attention. *Journal of Russian and East European Psychology, 30(4),* 65-91. (Original work published in 1976).

Garvey, C. (1986). Peer relations and the growth of communication. In E. C. Mueller & C. R. Cooper (Eds.), *Process and outcome in peer relationships* (pp. 329-344). San Diego, CA: Academic Press.

Gellatly, A. R. H. (1987). Acquisition of a concept of logical necessity. *Human Development, 30,* 32-47.

Gerber, M., & Johnson, A. (1998). *Your self-confident baby: How to encourage your child's natural abilities-from the very start*. New York: John Wiley & Sons.

Gillam, R. B., Pena, E. D., & Miller, L. (1999). Dynamic assessment of narrative and expository discourse. *Topics in Language Disorders, 20*(1), 33-37.

Gindis, B. (2003). Remediation through education: Socio/cultural theory and children with special needs. In A. Kozulin, B. Gindis, V. S. Ageyev, & S. M. Miller (Eds.), *Vygotsky's educational theory in cultural context* (pp. 2.00-222). New York: Cambridge University Press.

Gindis, B. (2005). Cognitive, language, and educational issues of children adopted from overseas orphanages. *Journal of Cognitive Education and Psychology, 4*(3), 290-315.

Gindis, B., & Karpov, Y. V. (2000). Dynamic assessment of the level of internalization of elementary school children's problem-solving activity. In C. S. Lidz & J. G. Elliot (Eds.), *Dynamic assessment: Prevailing models and applications.* Amsterdam, Netherlands: JAI, Elsevier Science.

Ginsberg, H. P., & Opper, S. (1988). *Piaget's theory of intellectual development* (3rd ed.). Englewood Cliffs, NJ: Prentice Hall.

Grigorenko, E. L., & Sternberg, R.J. (1998). Dynamic testing. *Psychological Bulletin, 124,* 75-111.

Grossman K. E., & Grossman, K. (1990). The wider concept of attachment in cross-cultural research. *Human Development, 13,* 31-47.

Guthke, J., & Wigenfeld, S. (1992). The learning test concept: Origins, state of the art, and trends. In H. C. Haywood & D. Tzuriel (Eds.), *Interactive assessment.* New York: Springer-Verlag.

Horowitz, F. D. (1994). John B. Watson's legacy: Learning and environment. In R. D. Parker, P. A. Ornstein, J. J. Rieser, & C. Zahn-Waxler (Eds.), *A century of developmental psychology.* (pp. 233-252). Washington, DC: American Psychological Association.

Howes, C. (1980). Peer play scale as an index of complexity of peer interaction. *Developmental Psychology, 16,* 371-379.

Howes, C, & Matheson, C. C. (1992). Sequences in the development of competent play with peer: Social and social pretend play. *Developmental Psychology, 16,* 371-379.

Istomina, Z. M. (1977). The development of voluntary memory in preschool-age children. In L. Moll (Ed.), *Soviet developmental psychology.* New York: M. E. Sharpe.

Ivanova, A. Y. (1976). *Obuchaemost kakprintsip otsenki ymstvennogo pazvitia u detei* [Educability as a diagnostic method of assessing cognitive development of children]. Moscow: MGU Press.

Ivic, I. (1994). Theories of mental development and assessing educational outcomes. In *Making education count: Developing and using international indicators* (pp. 197-218). Paris: OECD.

Jahoda, G. (1980). Theoretical and systematic approaches in mass-cultural psychology. In H. C. Triandis & W. W Lambert (Eds.), *Handbook of cross-cultural psychology* (Vol. 1). Boston: Allyn & Bacon.

John-Steiner, V., Panofsky, C, & Blackwell, P. (1990). The development of scientific concepts and discourse. In L. C. Moll (Ed.), *Vygotsky and education: Instructional applications of sociohistorical psychology.* Cambridge, MA: Cambridge University Press.

John-Steiner, V., Panofsky, C. P., & Smith, L. W. (Eds.). (1994). *Sociocultural approaches to language and literacy: An interactionist perspective.* Cambridge: Cambridge University Press.

Johnson, D., & Johnson, R. (1994). *Learning together and alone: Cooperation, competition, and individualization* (4th ed.). Boston: Allyn & Bacon.

Karasawidis, I. (2002). Distributed cognition and educational practice. *Journal of Interactive Learning Research Special Edition: Distributed Cognition for Learning, 13*(1-2), 11-29.

Karpov, Y. V. (2005). *The neo-Vygotskian approach to child development.* New York: Cambridge University Press.

Karpov, Y. V., & Bransford, J. D. (1995). L. S. Vygotsky and the doctrine of empirical and theoretical reasoning. *Educational Psychologist, 30*(2), 61-66.

Katz, L. G., & Chard, S. C. (1989). *Engaging children's minds: The project approach.* Norwood, NJ: Ablex.

Kozulin, A. (1990). *Vygotsky's psychology: A bibliography of ideas.* Cambridge, MA: Harvard University Press.

Kozulin, A. (1999). Cognitive learning in younger and older immigrant students. *School Psychology International, 20*(2), 177-190.

Kozulin, A., & Garb, E. (2002). Dynamic assessment of EFL text comprehension. *School Psychology International, 23*(1), 112-127.

Kozulin, A., & Presseisen, B. Z. (1995). Mediated learning experience and psychological tools: Vygotsky's and Feuerstein's perspectives in a study of student learning. *Educational Psychologist, 30*(2), 67-76.

Kravtsova, E. E. (1996). Psychologicheskiye novoobrazovaniya doshkol'nogo vozrasta [Psychological new formations during preschool age]. *Voprosy-Psikhologii, 6,* 64-76.

Kukushkina, O. I. (2002). Korrektsionnaya (special'naya) pedagogika [Corrective (special) pedagogy]. *Almanac 5.* http://www.ise.iip/almanah/5/index.html.

Laboratory of Comparative Human Cognition. (1983). Culture and cognitive development. In P. Mussen (Ed.), *Handbook of child psychology: Vol. I. History, theory, and methods.* New York: John Wiley & Sons.

Leont'ev, A. (1978). *Activity, consciousness, and personality.* Englewood Cliffs, NJ: Prentice Hall. (Original work published in 1977).

Leont'ev, A. (1994). The development of voluntary attention in the child. In R. Van der Veer & J. Valsiner (Eds.), *The Vygotsky Reader* (pp. 279-299). Oxford: Blackwell.

Leont'ev, A. N. (1931). *Razvitie pamyati: Experimental'noe issledovanie vysshikh psikhologicheskikh funktsii* [The development of memory: Experimental study of higher mental functions]. Moscow: GUPI.

Leont'ev, A. N. (1981). *Problems in the development of mind.* Moscow: Progress Publishers.

Lidz, C. S., & Gindis, B. (2003). Dynamic assessment of the evolving cognitive functions in children. In A. Kozulin, B. Gindis, V. S. Ageyev, & S. M. Miller (Eds.), *Vygotsky's educational theory in cultural context.* Cambridge, UK: Cambridge University Press.

Lisina, M. I. (1974). Vliyanie obscheniya so vzroslym na razvitie rebenka pervogo polugodiya zhizni [The influence of communication with adults on the development of children during the first six months of life]. In A. V. Zaporozhets & M. I. Lisina (Eds.), *Razvitie obscheniya u doshkolnikov* [The development of communication in preschoolers]. Moscow: Pedagogika.

Lisina, M. I., (1986). *Problemy ontogeneza obscheniya* [Problems of the ontogenesis of communication]. Moscow: Pedagogika.

Lisina, M. I. & Galiguzova, L. N. (1980). Razvitie u rebenka potrebnosti v obschenii so vzroslym i sverstnikami [The development of a child's need for communication with an adult and with peers]. In *Problemy vozrastnoj i pedagogicheskoj psikhologii.* Moscow: NIIOP APM SSSR.

Luria, A.R. (1969). Speech development and the formation of mental processes. In M. Cole & I. Maltzman (Eds), *A handbook of contemporary Soviet psychology* (pp. 121-162). New York: Basic Books.

Luria, A. R. (1973). *Working brain: An introduction to neuropsychology.* New York: Basic Books.

Luria, A. R. (1976). *Cognitive development: Its cultural and social foundations* (M. Lopez-Morillas & L. Solotaroff, Trans.). Cambridge, MA: Harvard University Press.

Luria, A. R. (1979). *The making of mind: A personal account of Soviet psychology.* (M. Cole & S. Cole, Trans.). Cambridge, MA: Harvard University Press.

Luria, A. R. (1983). The development of writing in the child. In M. Martlew (Ed.), *The psychology of-written language* (pp. 237-277). New York: John Wiley & Sons.

Matusov, E., & Hayes, R. (2000). Sociocultural critique of Piaget and Vygotsky. *New Ideas in Psychology, 18,* 215-239.

McAfee, O., & Leong, D. J. (2003). *Assessing and guiding young children's development and learning* (3rd ed.). Boston: Allyn & Bacon.

McAfee, O., & Leong, D. J. (2006). *Assessing and guiding young children's development and learning* (4th ed.). Boston: Allyn & Bacon.

Meshcheryakov, A. (1979). *Awakening to life.* Moscow: Progress.

Michailenko, N. Y, & Korotkova, N. A. (2002). *Igra s pravilami v doshkol'nom vosraste* [Playing games with rules in preschool age]. Moscow: Akademicheskii Proekt.

Moll, L. C. (2001). Through the mediation of others: Vygotskian research on teaching. In V. Richardson (Ed.), *Handbook of research on teaching* (4th ed., pp. 111-129). Washington, DC: American Educational Research Association.

Montessori, M. (1912). *The Montessori method.* New York: Frederick A. Stokes Company.

Montessori, M. (1962). *Dr. Montessori's own handbook: A short guide to her ideas and materials.* New York: Schocken Books.

National Council of Teachers of Mathematics (2000). *Principles and standards for school mathematics.* Reston, VA: National Council of Teachers of Mathematics.

Newman D., Griffin P., & Cole, M. (1989). *The construction zone: Working for cognitive change in school.* Cambridge: Cambridge University Press.

Newman F., & Holzman, L. (1993). *Lev Vygotsky: Revolutionary scientist.* New York: Routledge.

Nicholls, J. G. (1978). The development of concepts of effort and ability, perception of academic attainment, and the understanding that difficult tasks require more ability. *Child Development, 49*(3) 800-814.

Novoselova, S. L. (1978). *Razvitie myshleniya v rannem vosraste* [The development of thinking in toddlers]. Moscow: Pedagogika.

Obukhova, L. (1996). *Detskayapsychologiya* [Child psychology]. Moscow: Rospedagenstvo.

Obukhova, L. (1996). Neokonchennye spory: Gal'perin i Piaget [Unfinished discussions: Gal'perin and Piaget]. *Psikhologicheskaya nauka i obrazovanie, 1.*

Ostrosky-Solis, F., Ramirez, M., & Ardila, A. (2004). Effects of culture and education on neuropsychological testing: A preliminary study with indigenous and nonindigenous population. *Applied Neuropsychology, 11*(4), 186-193.

Palincsar, A. S., Brown, A. L., & Campione.J. C. (1993). First-grade dialogues for knowledge acquisition and use. In E. A. Forman, N. Minick, & C. A. Stone (Eds.), *Contexts for learning: Sociocultural dynamics in children's development* (pp. 43-57). New York: Oxford University Press.

Palincsar, A. S., Brown, A. L., & Martin, S. M. (1987). Peer interaction in reading comprehension instruction. *Educational Psychologist, 22*(3-4), 231.

Paris, S. G, & Winograd P. (1990). How metacognition can promote academic learning and instruction. In B. F.Jones & L. Idol (Eds.), *Dimensions of thinking and cognitive instruction*. Hillsdale, NJ: Lawrence Erlbaum.

Parten, M. B. (1932). Social participation among preschool children. *Journal of Abnormal and Social Psychology, 27,* 243-269.

Perret-Clermont, A-N., Perret,J-R, & Bell, N. (1991). The social construction of meaning and cognitive activity in elementary school children. In L. B. Resnick, J. M. Levine, & S. D. Teasley (Eds.), *Perspectives on socially shared cognition,* (pp. 41-62). Washington, DC: American Psychological Association.

Piaget, J. (1926). *The language and thought of the child* (M. Gabain, Trans.). London: Routledge & Kegan Paul. (Original work published in 1923).

Piaget, J. (1951). *Play, dreams and imitation in childhood*. New York: Norton.

Piaget, J. (1952). *The origins of intelligence in children*. New York: International Universities Press. (Original work published in 1936).

Piaget, J. (1977). The stages of intellectual development in childhood and adolescence. In H. E. Gruber & J. J. Vone'che (Eds.), *The essential Piaget*. New York: Basic Books.

Piaget, J., & Inhelder, B. (1969). *The psychology of the child*. New York: Basic Books.

Pick, H. L. (1980). Perceptual and cognitive development of preschoolers in Soviet psychology. *Contemporary Educational Psychology, 5,* 140-149.

Poddyakov, N. N. (1977). *Myshlenie doshkol'nika* [Preschooler's thought]. Moscow: Pedagogika.

Pressley, M., & Harris, K R. (In press). Cognitive strategies instruction: From basic research to classroom instruction. In P. A. Alexander & P. Winne (Eds.), *Handbook of educational psychology*. New York: MacMillan.

Rodari, G. (1996). *The grammar of fantasy: An introduction to the art of inventing stories*. New York: Teachers & Writers Collaborative.

Rogoff, B. (1986). Adult assistance of children's learning. In T. E. Raphael (Ed.), *The context of school-based literacy*. New York: Random House.

Rogoff, B. (1990). *Apprenticeship in thinking: Cognitive development in social context*. New York: Oxford University Press.

Rogoff, B. (1991). Social interaction as apprenticeship in thinking: Guided participation in spatial planning. In L. B. Resnick, J. M. Levine, & S. D. Teasley (Eds.), *Perspectives on socially shared cognition* (pp. 349-364). Washington, DC: American Psychological Association.

Rogoff, B., & Lave, J. (Eds.). (1984). *Everyday cognition: Its development in social context*. Cambridge, MA: Harvard University Press.

Rogoff, B., Malkin, C, & Gilbride, K. (1984). Interaction with babies as guidance in development. In B. Rogoff & J. V. Wertsch (Eds.), *Children's Learning in the "Zone of Proximal Development"* (pp. 31-44). San Francisco, CA:Jossey-Bass.

Rogoff, B., Topping, K, Baker-Sennett, J., & Lacasa, P. (2002). Mutual contributions of individuals, partners, and institutions: Planning to remember in Girl Scout cookie sales. *Social Development, 21(2),* 266-289.

Rogoff, B., & Wertsch, J. (Eds.). (1984). *Children's learningin the "zone of proximal development"*. San Francisco: Jossey-Bass.

Rubin, K. H. (1980). Fantasy play: Its role in the development of social skills and social cognition. In K. H. Rubin (Ed.), *Children's play* (pp. 69-84). San Francisco: Jossey-Bass.

Rubinshtein, S. Y. (1979). *Psikhologia umstvenno otstalogo snkolnika* [Psychology of a mentally retarded student]. Moscow:Trosveshchenie Press.

Rubstov, V. V. (1981). The role of cooperation in the development of intelligence. *Soviet Psychology, 23,* 65-84.

Salomon, G. (Ed.). (1993). *Distributed cognitions: Psychological and educational considerations.* Cambridge: Cambridge University Press.

Sapir, E. (1921). *Language: An introduction to the study of speech.* New York: Harcourt Brace.

Saran, R., & Neisser, B. (Eds.). (2004). *Enquiring minds: Socratic dialogue in education.* Stoke-on-Trent, England: Trentham.

Saxe, G. B. (1991). *Culture and cognitive development: Studies in mathematical understanding.* Hillsdale, NJ: Erlbaum.

Schickendanz, J. A. (1982). The acquisition of written language in young children. In B. Spodek (Ed.), *Handbook of research in early childhood education,* (pp. 242-263). NewYork: Free Press.

Schickedanz,J., & Casbergue, R. M. (2003). *Writing in preschool.* Newark, DE: International Reading Association.

Scribner, S. (1977). Modes of thinking and ways of speaking: Culture and logic reconsidered. In P. N. Johnson-Laird & P. S. Wason (Eds.), *Thinking: Reading in cognitive science* (pp. 483-500). Cambridge: Cambridge University Press.

Shepard, L. A. (2000). The role of assessment in a learning culture. *Educational Researcher, 29*(7), 4-14.

Sirotkin, S. A. (1979). The transition from gesture to word. *Soviet Psychology, 17*(3), 46-59.

Slavin, R. (1994). *Practical guide to cooperative learning.* Boston: Allyn & Bacon.

Sloutsky, V. (1991). Sravnenie faktornoj struktury intellekta u semejnych detej i vospitannikov destskogo doma [Comparison of factor structure of intelligence among family-reared and orphanage-reared children]. *Vestnik Moskovskogo Universiteta, 1,* 34-41.

Smilansky, S., & Shefatya, L. (1990). *Facilitating play: A medium for promoting cognitive, socio--emotional, and academic development in young children.* Gaithersburg, MD: Psychosocial and Educational Publications.

Smirnova, E. O. (1998). *Razvitie voli i proizvol'nosti v rannem i doshkol'nom vozraste* [Development of will and intentionality in toddlers and preschool-aged children]. Moscow: Modek.

Smirnova, E. O., & Gudareva, O. V. (2004). Igra i proizvol'nost u sovremennykh doshkol'nikov [Play and intentionality in modern preschoolers]. *Vopprosy Psychologii, 1,* 91-103.

Spector, J. E. (1992). Predicting progress in beginning reading: Dynamic assessment of phonemic awareness. *Journal of Educational Psychology, 54,*353-363.

Spitz, R. A. (1946). Anaclitic depression. *Psychoanalytic Study of the Child, 2,* 313-342.

Stetsenko, A. (1995). The psychological function of children's drawing: A Vygotskian perspective. In C. Lange-Kuettner & G. V. Thomas (Eds.), *Drawing and looking: Theoretical approaches to pictorial representation in children.* London, England: Harvester/Wheatsheaf.

Stipek, D. (2002). *Motivation to Learn: Integrating Theory and Practice* (4th ed.). Boston, MA: Allyn & Bacon.

Teale, W. H., & Sulzby, E. (Eds.). (1986). *Emergent literacy: Writing and reading.* Norwood, NJ: Ablex.

Tharp, R. G., & Gallimore, R. (1988). *Rousing minds to life: Teaching, learning and schooling in social context.* Cambridge: Cambridge University Press.

Thomas, R. M. (2000). *Comparing theories of child development* (5th ed.). Belmont, CA: Wadsworth/ Thomson Learning.

Tronick, E. Z. (1989). Emotions and emotional communication in infants. *American Psychologist, 44,* 115-123.

Tryphon, A., & Voneche, J. J. (1996). Introduction. In A. Tryphon & J. J. Voneche (Eds.), *Piaget-Vygotsky: The social genesis of thought* (pp. 1-10). Hove, UK; Psychology Press.

Tzuriel, D. (2001). *Dynamic assessment of young children.* New York: Kluwer Academic/ Plenum Publishers.

Tzuriel, D., & Feuerstein, R. (1992). Dynamic group assessment for prescriptive teaching. In H. C. Haywood & D. Tzuriel (Eds.), *Interactive assessment* (pp. 187-206). New York: Springer-Verlag.

Valsiner, J. (1988). *Developmental psychology in the Soviet Union.* Bloomington: Indiana University Press.

Valsiner, J. (1989). *Human development and culture: The social nature of personality and its study.* Lexington, MA: Lexington Books.

Van derVeer, R., & Valsiner, J. (1991). *Understanding Vygotsky: A quest for synthesis.* Oxford: Blackwell.

Venger, L. A. (1977). The emergence of perceptual actions. In M. Cole (Ed.), *Soviet developmental psychology: An anthology.* White Plains, NY: M. E. Sharpe. (Original work published in 1969).

Venger, L. A. (Ed.). (1986). *Rezvitijepoznauatel'nych sposobnostey vprotsesse doshkol'nogo vospitanija.* [Development of cognitive abilities through preschool education]. Moscow: Pedagogika.

Venger, L. A. (1988). The origin and development of cognitive abilities in preschool children. *International Journal of Behavioral Development, 11*(2), 147-153.

Venger, L. A. (Ed.). (1994). *Programma "Razvitije": Osnovnye polozhenija* [Curriculum "Development": Main principles]. Moscow: Novaja Shkola.

Venger, L. A. (Ed.). (1996). *Slovo iobraz vresheniipoznavatel'nykhzadach doshkol'nikami* [Worldand image in the preschoolers' cognitive problem solving]. Moscow: Intor.

Venger, L. A., & Dyachenko, O. M. (Eds.). (1989). *Igry i uprazhnenija po razvitiju umstvennych sposobnostej u detej doshkol'nogo vozrasta* [Games and exercises promoting the development of cognitive abilities in preschool children]. Moscow: Prosveschenije.

Vocate, D. R. (1987). *The theory of A. R Luria: Functions of spoken language in the development of higher mental process.* Hillsdale, NJ: Erlbaum.

Vygodskaya, G. (1995). Remembering father. *Educational Psychologist, 30*(1), 57-59.

Vygodskaya, G. (1999). On Vygotsky's research and life. In S. Chaiklin, M. Hedegaard, & U. J. Jensen (Eds.), *Activity theory and social practice: Cultural historical approaches* (pp. 31-38). Oakville, CN: Aarhus University Press.

Vygotsky, L. S. (1962). *Thought and language* (E. Hanfmann & G. Vokar, Trans.). Cambridge MA: MIT Press. (Original work published in 1934).

Vygotsky, L. S. (1967). Play and its role in the mental development of the child. *Soviet Psychology, 5,* 6-18 (Original work published in 1933).

Vygotsky, L. S. (1977). Play and its role in the mental development of the child. In M. Cole (Ed.), *Soviet developmental psychology* (pp. 76-99). White Plains, NY: M. E. Sharpe. (Original work published in 1966).

Vygotsky, L. S. (1978). *Mind and Society: The development of higher mental process.* Cambridge, MA: Harvard University Press. (Original work published in 1930, 1933, 1935).

Vygotsky, L. S. (1981). The instrumental method is psychology. In J. V Wertsch (Ed.), *The concept of activity in Soviet psychology* (pp. 134-143). Armonk, NY: M. E. Sharpe.

Vygotsky, L. S. (1987). *Thinking and speech* (Vol. 1). New York: Plenum Press. Vygotsky, L. S. (1993). *The fundamentals of defectology (abnormal psychology and learning disabilities)*. New York: Plenum Press.

Vygotsky, L. S. (1994a). The problem of the environment. In R. Van der Veer & J. Valsiner (Eds.), *The Vigotsky Reader* (pp. 338-354). Oxford: Blackwell. (Original work published in 1935).

Vygotsky, L. S. (1994b). The development of academic concepts in school-aged children. In R. Van der Veer & J. Valsiner (Eds.), *The Vygotsky Reader* (pp. 355-370). Oxford: Blackwell. (Original work published in 1935).

Vygotsky, L. S. (1997). *The history of the development of higher mental functions* (M. J. Hall, Trans., Vol. 4). New York: Plenum Press.

Vygotsky, L. S. (1998). *Child psychology* (Vol. 5). New York: Plenum Press.

Vygotsky, L. S. (1999). Tool and sign in the development of the child. In R W. Rieber (Ed.), *The collected works of L. S. Vygotsky*. (Vol. 6, pp. 3-68). New York: Plenum Press.

Vygotsky L. S., & Luria, A. (1994). Tool and symbol in child development. In R. Van der Veer & J. Valsiner (Eds.), *The Vygotsky Reader* (pp. 99-174). Oxford: Blackwell. (Original work published in 1984).

Wadsworth, B. J. (2004). *Piaget's theory of cognitive and affective development* (5th ed.). Boston, MA: Pearson.

Wells, G. (Ed.). (1981) *Learning through interaction: The study of language development* (Vol. 1). Cambridge: Cambridge University Press.

Wells, G. (1999a). *Dialogic inquiry: Towards a sociocultural practice and theory of education*. New York: Cambridge University Press.

Wells, G. (1999b). The zone of proximal development and its implications for learning and teaching. In *Dialogic inquiry: Towards a sociocultural practice and theory of education*. New York: Cambridge University Press.

Wertsch J. (1979). From social interaction to higher psychological processes. *Human Development, 22,*1-22.

Wertsch, J. V. (1979). The regulation of human action and the give-new organization of private speech. In G. Zivin (Ed.), *The development of self-regulation through private speech* (pp. 79-98). New York: John Wiley & Sons.

Wertsch, J. V. (1985). *Vygotsky and the social formation of mind*. Cambridge, MA: Harvard University Press.

Wertsch, J. V. (1991). *Voices of the mind: A sociocultural approach to mediated action*. Cambridge, MA: Harvard University Press.

Wertsch, J. V, & Tulviste, P. (1994). Lev Semynovich Vygotsky and contemporary developmental psychology. In R. D. Parke, P. A. Omstein, J. J. Reiser, & C. Zahn-Waxler (Eds.), *A century of developmental psychology* (pp. 333-356). Washington, DC: American Psychological Association.

Whorf, B. L. (1956). Science and linguistics. In J. B. Carrol (Ed.), *Language, thought and reality: Selected writings of Benjamin Lee Whorf (pp.* 207-219). Cambridge, MA: MIT Press.

Wood, D., Bruner, J. S., & Ross, G. (1976). The role of tutoring in problem solving. *Journal of Child Psychology and Psychiatry, 17,* 89-100.

Zaporozhets, A. (1986). *Izbrannyepsickologicheskie trudy* [Selected works]. Moscow: Pedagogika.

Zaporozhets, A. (2002). Thought and activity in children. *Journal of Russian & East European Psychology, 40*(4), 18-29.

Zaporozhets, A., & Lisina, M. (Eds.). (1979). *Razvitie obscheniya u doshkolnikov* [The development of communication in preschoolers]. Moscow: Pedagogika.

Zaporozhets, A., & Markova, T. A. (1983). Principles of preschool pedagogy: The psychological foundations of preschool education. *Soviet Education, 25*(3), 71-90.

Zaporozhets, A., & Neverovich, Y. Z. (Eds.). (1986). *Razvitije social'nykh emotsij u detej doshkol'nogo vozrasta: psychologicheskije issledovanija* [Development of social emotions in preschool children: Psychological studies]. Moscow: Pedagogika.

Zaporozhets, A. V. (1977). Some of the psychological problems of sensory training in early childhood and the preschool period. In M. Cole & I, Maltzman (Eds.), *A handbook of contemporary Soviet psychology.* New York: Basic Books. (Original published in 1959).

Zaporozhets, A. V. (1978). *Printzip razvitiya vpsichologii* [Principle of development in psychology]. Moscow: Pedagogika.

Zimmerman, B. J., & Risenberg, R. (1997). Self-regulatory dimensions of academic learning and motivation. In G. D. Phye (Ed.), *Handbook of academic learning: Construction of knowledge* (pp. 105-125). Mahwah, NJ: Erlbaum.

Zivin, G. (Ed.) (1979). *The development of self-regulation through private speech.* New York: John Wiley & Sons.

Zuckerman, G. (2003). The learning activity in the first years of schooling: The developmental path toward reflection. In A. Kozulin, B. Gindis, V. S. Ageev, & S. M. Miller (Eds.), *Vygotsky's educational theory in cultural context* (pp. 177-199). Cambridge: Cambridge University Press.